从这里开始
—— 日本战犯在上海的审判

徐家俊 著

三联书店

Copyright © 2022 by SDX Joint Publishing Company.
All Rights Reserved.

本作品版权由生活·读书·新知三联书店所有。
未经许可,不得翻印。

图书在版编目(CIP)数据

审判从这里开始:日本战犯在上海的审判/徐家俊著. —北京:生活·读书·新知三联书店,2022.10
ISBN 978-7-108-07143-9

Ⅰ.①审… Ⅱ.①徐… Ⅲ.①侵华—战犯—审判—史料—日本 Ⅳ.①K265.706

中国版本图书馆 CIP 数据核字(2021)第 066075 号

责任编辑	麻俊生
封面设计	徐　旻
出版发行	生活·讀書·新知 三联书店
	(北京市东城区美术馆东街 22 号)
邮　编	100010
印　刷	常熟高专印刷有限公司
版　次	2022 年 10 月第 1 版
	2022 年 10 月第 1 次印刷
开　本	880 毫米×1230 毫米　1/32　印张　11.25
字　数	282 千字
定　价	58.00 元

序言

上海是中国抗日战争的战略要地,是两次淞沪抗战的爆发地,也是全国抗日救亡运动的前期中心。抗战胜利后,上海既是审判日本战犯的初始地,也是审判日本战犯的终结地,是全国 10 个军事法庭中存在时间最长、审判日本战犯最多的城市。这里,既有盟军美军军事法庭,又有中国国民政府的上海军事法庭。作为中国国民政府的法庭,实际上由两个军事法庭组成,即第一绥靖区军事法庭和 1947 年 8 月从南京迁往上海的国防部审判日本战犯军事法庭,其中后者的规格又要高于前者。不过这两个军事法庭的审判是相互连接的,一般媒体及民众把它们统称为"上海军事法庭"。上海保留下了众多抗战遗址及设施,据不完全统计,上海已梳理出与抗战有关的历史遗址 260 余处,其中上海监狱陈列馆、淞沪抗战纪念馆、四行仓库纪念馆、国歌展示馆、金山卫城南门侵华日军登陆处、侵华日军罗泾大烧杀遇难同胞纪念地等 6 处被中共中央、国务院列为国家级抗战遗址和设施,显示了上海在中国乃至世界反法西斯战争史上所具有的特殊重要地位。

上海法庭审判日本战犯,是上海抗战史中一个重要的组成部分。但几十年过去了,对这段历史研究的氛围依然十分冷清。究其原因,一是新中国成立后,在很长时间内一直不承认国民政府对日本战犯审判的合法性,以致这段史迹被长期湮没;二是由于天灾人祸等各种因素的破坏,当年审判日本战犯的大量档案资料或者遗失,或者散落于各地的档案馆、图书馆以及各种报纸杂志上,使得查阅、收集工作难度很大。近些年来,日本右翼势力不断否认日本侵华历史,迫切需要我们重新审视当年对日本战犯的审判,以作为正义的利器。为此学界投入力量,通过多种途径,致力于此项研究,并取得了一定的学术成果。徐家俊先生的《审判从这里开始:日本战犯在上海的审判》一书就是代表。作为第一个读者,我感到该书有以下几个特点:

一、史料丰富,内容翔实,既有文字叙述,还有各类表格、历史照片,堪称图文并茂。全书分为概述篇、上海法庭篇、美军法庭篇、附录等四个部分。在概述篇中,主要介绍了上海军事法庭、美军军事法庭对日本战犯的审判,还介绍了位于江湾路的上海军事法庭、位于殷高路的国防部战犯监狱以及位于长阳路的提篮桥监狱的历史格局,介绍了上述单位有关关押、审判和执行判决日本战犯的历史场景。在本书的上海法庭篇和美军法庭篇中,通过一人一案或多人一案的方法叙述审判日本战犯的前因后果,让人知晓当年复杂曲折的审判过程。据统计,美军军事法庭共审判日本战犯47名,上海军事法庭共审判日本战犯183名,其中13人被判处死刑,21人被判处无期徒刑,88人被判处有期徒刑,61人被判处无罪释放。附录中收录了一些重要的资料,如国民政府公布的261名日本重要战犯名单,抗战胜利后上海关押过的部分日本战犯及战犯嫌疑人名单,提篮桥监狱关押并执行判决的日本战犯及德国纳粹战犯要录,民国时期审判日本战犯有关数据的考证等。

二、本书是目前记载上海军事法庭审判日本战犯最为详细的权威之作。现存各图书馆、档案馆等处,有关中国抗战的书籍很多,研究角度各有千秋,但是许多书籍的下限往往为1945年的抗战胜利。关于日本战犯的审判,不少书籍均反映南京审判和新中国成立后的沈阳审判、太原审判等。由于种种原因,反映国民政府时期各军事法庭,特别是上海军事法庭审判日本战犯的书籍不多,资料亦较零碎。本书详细提供了美军军事法庭审判的47名日本战犯的名单,上海军事法庭审判处决的13名日本战犯和判处无期徒刑、有期徒刑、无罪释放的日本战犯的名单,其中不少人还标有籍贯、年龄、任职等信息。书中还详细记录了1946年4月至1948年9月间,上海共处决日本战犯22名,其中6人由美军军事法庭在提篮桥监狱执行绞刑,2人在江湾刑场、14人(其中3人系广州法庭判处)在提篮桥监狱刑场执行枪决。这是经过严格考订的,有根有据之判定,可以大胆转录、引用。

三、本书不乏新史料公之于世,填补了上海审判史、上海抗战史研究领域的若干空白。过去人们虽然对提篮桥监狱关押过日本战犯、上海军事法庭包庇过侵华日军派遣军总司令冈村宁次等情况有所关注,但对于上海军事法庭及国防部战犯监狱却鲜为知之,许多人甚至从未听说过。前者是1946年3月至1949年1月审判日本战犯的重要场所,后者是关押日本战犯的重要场所。国防部战犯监狱的典狱长系少将军衔,在该处关押的日本战犯的职务之高、人数之多位列全国各监狱(看守所)之首。书中还刊载了其他一些鲜为人知的资料,如由上海军事法庭庭长李良现年80多岁的女儿提供的上海军事法庭组成人员名单(含籍贯、年龄、职务)和李良全家的合影照等。上海关押过的部分日本战犯及嫌疑人的名单等,都是首次公布。

本书作者徐家俊,系共和国同龄人。他长期研究日本战犯审判史,相关学术成果颇丰。2018年我被推荐担任上海抗战与世界反法西斯战争研究会会长后,就力荐他担任研究会理事。徐先生走上学术之路,全靠他的智慧和毅力。他是一位人民警察,自1972年10月参加司法监狱工作始,就长期任职于提篮桥监狱及监狱管理局机关。1989年起,徐先生专职从事监狱史志的编纂工作,从此他咬定青山不动摇,全身心投入该研究领域。1996年任上海市监狱管理局史志办主任,系《提篮桥监狱志》的副主编和《上海监狱志》的执行副主编,主持编纂出版了《上海监狱志》,是名副其实的上海监狱史研究专家。多年来徐先生兼任中国监狱工作协会监狱史学专业委员会秘书长、中国政法大学监狱史学研究中心研究员兼副主任,出版有《提篮桥监狱》《上海监狱的前世今生》等学术著作。他利用监狱工作的独特优势,长期关注日本战犯的关押、审判,并通过系统查阅、利用历史档案及报刊资料,去各地寻访抗战遗址、抗战纪念馆,采访抗战历史的当事人及其后代,收集掌握到大量史料,参与了上海监狱陈列馆的筹建及管理,撰写发表过不少有关上海审判日本战犯的文章,接待过不少媒体的采访。特别是在 2015 年 8 月,徐先生曾在上海政协、上海社联和上海社会科学院联合召开的纪念中国抗战胜利 70 周年会上,作了"提篮桥监狱关押、审判和执行日本战犯"的专题报告,给学界留下了深刻印象。正是长期的资料积累和锲而不舍的研究毅力,促成了这部审判日本战犯史著作的问世,也圆了这位年逾七旬的老专家的学术之梦,真是可喜可贺。

中国抗战,包括上海抗战,是学术研究领域的一棵常青树。我隆重推荐这部创新之作,并撰写上述文字,是为序。

张 云
国防大学政治学院教授、博导
上海市中共党史学会名誉会长
上海抗战与世界反法西斯战争研究会会长

目 录

序言 张 云 /001

概述篇

第 一 章　上海军事法庭对日本战犯的审判　003
第 二 章　美军军事法庭在上海对日本战犯的审判　042
第 三 章　日本战犯在提篮桥监狱的关押、审判与执行　056
第 四 章　上海军事法庭所在地的旧事碎影　067
第 五 章　上海战犯拘留所和国防部战犯监狱　073

上海法庭篇

第 六 章　汤浅寅吉：上海军事法庭第一个受审的日本战犯　091
第 七 章　下田次郎："江阴之虎"　米村春喜："常熟之狼"　097
第 八 章　黑泽次男：第一个被枪毙于提篮桥的日本战犯　112
第 九 章　富田德：溧阳"疯狗"　118
第 十 章　芝原平三郎："杭州花花太岁"　123
第十一章　浅野隆俊：临刑前要求唱日本国歌的日本战犯　129
第十二章　中野久勇：越狱后典狱长被撤职关押　132

第十三章	从羊城押解到申城处决的三名日本战犯	141
第十四章	大场金次：宁波日酋	145
第十五章	松谷义盛：死刑枪决前向法庭索要剪刀的日本战犯	148
第十六章	伊达顺之助：提篮桥被处决的最后一个日本战犯	153
第十七章	谷寿夫：被关押于上海监狱的南京大屠杀首犯	160
第十八章	冈村宁次：逃脱法律制裁的侵华日军派遣军总司令	175
第十九章	多名日本宪兵被审判处刑	189
第二十章	判处无期徒刑及有期徒刑的将级日本战犯	194
第二十一章	判处无罪释放的将级日本战犯	201
第二十二章	伊藤忠夫：被中美两个法庭判刑的日本战犯	207
第二十三章	大寺敏、本田同：虐待盟国侨民获刑的日本战犯	210
第二十四章	冈部直三郎：病亡中国的侵华日军最高将领	216
第二十五章	上海民众营救美军飞行员的前尘往事	222

美军法庭篇

第二十六章	日本战犯在华第一审	235
第二十七章	安藤利吉：在狱中服毒自杀的末任台湾总督	245
第二十八章	田中久一：被判两次死刑的日本驻香港总督	253
第二十九章	桑岛恕一：东方奥斯维辛的恶魔走进提篮桥的绞刑房	264
第三十章	残害杜立特飞行员的罪犯受审记	271
第三十一章	对三起台湾地区日本战犯案的审判	287
第三十二章	五名菲律宾人蒙难雪耻 三名日本战犯受审获刑	295
第三十三章	石原勇：上海盟军战俘营的恶魔	297

附录 301
一、日本重要战犯名单 301
二、抗战胜利后曾在上海关押过的部分日本战犯及嫌疑人 313
三、提篮桥监狱关押、审判、执行日本战犯及德国纳粹战犯要录 322
四、国民政府审判日本战犯的数据及各地审判日本战犯两张表格的考述 331

参考文献 341

后记 345

概述篇

第一章

上海军事法庭对日本战犯的审判

抗日战争胜利后,国民政府于1945年11月成立了战争罪犯处理委员会。从同年12月中旬起至1946年,先后在南京、上海、北平、汉口、广州、沈阳、徐州、济南、太原、台北等10个城市设立"审判战犯军事法庭",其中除了南京军事法庭直属国防部以外,其他法庭分别隶属于各地区的最高军事机构。设在上海的军事法庭于1946年3月15日成立,1949年2月撤销,是全国10个军事法庭中存在时间最长的法庭。在近3年的时间内,它为中国抗战留下难忘的余响。

一、上海军事法庭简述

上海军事法庭与其他各地军事法庭最大的不同点是,它有前后两个阶段,由两个法庭衔接组成,即前期的第一绥靖区司令部军事法庭和后期的国防部军事法庭(即原南京军事法庭)。不少媒体文字中及市民口中的"上海军事法庭"从严格意义上说是前后两个军事法庭的合称。现把前后两个法庭的情况分述如下。

(一) 第一绥靖区司令部军事法庭

"第一绥靖区司令部军事法庭",也称"第一绥靖区军事法庭",因它属国民政府军事委员会第三战区总部,又称"第三战区审判战犯军事法庭"。1946年8月改称"徐州绥靖公署第一绥靖区司令部军事法庭"。第一绥靖区由原中国陆军第三方面军改组而成,第三方面军在上海接受日军投降后,于1945年12月奉命移驻无锡,后改为第一绥靖区,归徐州绥靖公署直辖,由汤恩伯兼任第一绥靖区司令官,张雪中、李觉为副司令官,于1946年2月完成编制。[1]

第三方面军司令部军法处长徐镇球及审理日本战犯军事法庭庭长刘世芳,于1946年3月19日下午假座虹口乍浦路"军之友社",邀请各报记者,报告军事法庭的人事与组织情况。会上先由徐镇球讲话,他说在1945年12月间奉军令,组织军事法庭审理日本战犯,后因具体人事问题未能开始办公,至今年2月底,决定由上海高等法院高检处推荐3位军法官,分别为高院刑庭庭长刘世芳、推事瞿曾泽、高检处检察官林我朋;第三方面军遴选律师蒋保鳌、京沪卫戍司令部军法官陆起,尚有一名则在物色中。现军事法庭开始办公,由林检察官侦讯日本战犯。自1945年12月至1946年2月底,国民政府军令部下达名单七批,按此名单目前已逮捕战犯共48名。所有战犯已查明犯罪行为及证据而予拘捕者,计日侨管理处、港口司令部等42名,第三方面军6名,内有10名已送提篮桥监狱战犯拘留所羁押。战犯拘留所所长由典狱长江公亮兼任。接着,军事法庭庭长刘世芳报告军事法庭的审判程序,适用法律为《陆海空军审判法》《刑事诉讼法》等,所以开庭前必须先由检察官侦查,搜集相关犯罪证据,提起公诉,再行公开审判。侦查时不公开,审判时各被告依法延请律师或由军事法庭指定义务律师为之辩护,一切辩论宣判公开。审理中,凡是人民团体均可派代表陈述意见。之后,徐镇球向各媒体介绍了军事法庭的组成人员。最后,徐镇球一再声明,外界称"上海军事法庭"其实不规范,正

---

[1]《第一绥靖区司令部绥靖工作纲要》,1947年4月。

规的名称应为"徐州绥靖公署第一绥靖区司令部军事法庭"。[1]不过这一名称很拗口,上海民众及许多媒体还是通称"上海军事法庭"。

上海军事法庭设在上海虹口江湾路1号第三方面军司令部原址的4楼,成立于1946年3月15日。因为受上海部分水木工人罢工影响,法庭内部布置没有如期完成,所以在3月20日才正式开始办公。[2]军事法庭初期设检察官1人,审判官5人,通译(翻译)2人,副官1人,军需1人,司书2人,文书1人,传达长1人,传达2人,庭丁2人,工役2人,炊事兵3人;合计官佐18人,士兵11名。[3]第一绥靖区军事法庭由上海高等法院刑庭庭长刘世芳任庭长,瞿曾泽、蒋保釐、陆起任审判官,林我朋为检察官,冯俊岳任书记官,罗涤等为通译。法庭主要成员大多系中年人,年富力强,并有较高的学历,如刘世芳,时年46岁[4],浙江镇海人,先后毕业于美国耶鲁大学、法国格林诺大学、德国柏林大学,系法学博士。[5]瞿曾泽,时年64岁,江苏崇明人(今属上海),日本留学生。[6]蒋保釐,时年47岁,福建同安人,毕业于美国密歇根大学。陆起,时年58岁,江苏昆山人,毕业于日本大学。林我朋,时年39岁,江苏丹阳人,毕业于上海政法学院。上海军事法

---

[1]《审讯日战犯 上海方面今日开始侦查》,载《大公报》1946年3月20日。《上海军事法庭今日开始侦讯审讯 目前已捕日战犯四十八名》,载《民国日报》1946年3月20日。

[2]《上海军事法庭展期审讯》,载《申报》1946年3月15日。《上海军事法庭今日第一次侦讯》,载《申报》1946年3月20日。

[3]《清算日军罪行 军事法庭近日办公 二十日起开始审判》,载《和平日报》1946年3月15日。《日战犯十四余名将受军事法庭审讯》,载《申报》1946年3月16日。

[4] 系虚岁,下同。

[5] 刘世芳(1901—?),1927年从国外回到上海后,开设律师事务所,兼任东吴大学法科教授。1936年救国会"七君子"事件后担任王造时的辩护律师。译有《新中国民法财产法律和中国流通票据法》。

[6] 瞿曾泽(1882—1951),字润初,著有《强制法执行释义》《户籍法释义》《罗马法释义》等。

庭拘留所设在提篮桥监狱内，拘留所所长由提篮桥监狱典狱长江公亮兼任。[1]他们都被授予军衔，如刘世芳、瞿曾泽为军简二阶，少将衔；林我朋、蒋保鳌、陆起、江公亮为军简三阶，上校衔。后来由于法庭案件数量多、任务重，经法院申请，上海高等法院又委派顾永泉为上海军事法庭的检察官。

1946年6月，刘世芳辞职，7月去美国讲学，由陆起代理庭长的工作。随后，原上海高等法院民庭庭长李良[2]于8月27日接任军事法庭庭长。[3]法庭成员有所调整。审判官为瞿曾泽、陆起、胡永龄[4]，检察官为林我朋、符树德、屠广钧，李业初为主任书记，汪叔申、袁潇庆为书记官，罗涤等为通译。同年11月，又增补夏陆利为检察官。[5]1947年2月，又增补张世杰、王健为审判官。同年4月，张世杰转任安徽歙县地方法院院长后，又调任上海高等法院推事王可权为军事法庭审判官。[6]其间部分人员也有一定调动。

---

[1] 江公亮(1895—1986)，安徽旌德人，曾任安徽高等法院第一分院检察官、江苏镇江地方法院院长等，1986年2月任上海市文史馆馆员。
[2] 李良(1901—1963)，字次升，云南华宁人，新中国成立后，历任上海法学院法律系主任、上海法学院教务长、华东政法学院图书馆主任、上海社会科学院教授，系上海市第二届人大代表。著有《国难集》，与人合著《刑事诉讼实录》。
[3] 《军事法庭庭长李良后日接篆》，载《民国日报》1946年8月25日。
[4] 胡永龄(约1905—?)，江苏奉贤人(今属上海)，字泳麟。曾任国民政府外交官，法学教授。著有《战时国际公法》。
[5] 《军法庭加紧清理积案》，载《民国日报》1946年11月17日。
[6] 《张世杰为审判官　王健补充审判官》，上海市档案馆档案，1947年，档案号Q187-1-18。

上海军事法庭庭长李良一家在抗战胜利后的合影
——照片由李良的女儿李景瑾提供

上海军事法庭职员名录[1]（1947年6月15日）

姓名	别号	年龄	籍贯	级别	职位
李　良	次升	48	云南华宁	少将	庭长
瞿曾泽	润初	65	江苏崇明（今属上海）	少将	军法审判官
陆　起	东豪	59	江苏昆山	军简三阶	军法审判官
胡永龄	泳麟	41	江苏奉贤（今属上海）	军简三阶	军法审判官
林建鹏	养初	43	福建林森[2]	军简三阶	军法审判官
王可权	天平	46	浙江奉化	军简三阶	军法审判官
符树德	士德	42	浙江黄岩	军简三阶	军法检察官
屠广钧	慕於	44	浙江绍兴	军简三阶	军法检察官
李业初		28	江苏海门	军阶二阶	主任书记官
汪叔申		28	浙江海宁	军阶三阶	书记官
袁潇庆	辉	28	上海	军阶三阶	书记官
杜翠珠	家鸿	26	安徽	军阶三阶	书记官
萧煜峰	诺夫	28	浙江吴兴	军阶三阶	书记官
谭万雄		27	四川	军委一阶	书记官
箕逸萍	嘉华	26	江苏吴县	军委一阶	书记官
李祖烈	存天	32	浙江镇海	军委一阶	书记官
郑仪威		28	广东中山	军委一阶	书记官
罗　涤		30	江苏南京	军委二阶	通译
李明北		49	浙江镇海	军委一阶	通译
史继运		30	浙江杭州	军委一阶	通译
江永如		20	浙江杭州	军委一阶	通译

---

[1] 本名录由上海军事法庭庭长李良的女儿李景瑾提供。原文的"永久通讯处""现在通讯处"两项资料省略。

[2] 福建省林森县，1943年由闽侯县改称，1950年复改名闽侯县。陈潮、王锡光编：《中国县市政区沿革手册》，中国地图出版社1992年版，第254页。

续表

姓名	别号	年龄	籍贯	级别	职位
周复初		26	湖南湘阴	一等	军需佐
刘　珊		30	广东梅县	上尉	副官
何承尚	绍彦	37	江苏盐城	军委三阶	司书
王怀瑾		35	江苏无锡	军委三阶	司书
陈振德	又从	45	福建仙游	军委三阶	司书
罗惕时		44	江苏	军委三阶	司书
郑慕德		29	广东		军医
杨若定		27	广东		军医

上海军事法庭所受理案件如下：一是日本战犯；二是其他国籍战犯；三是我方军事机关移解之战犯；四是由司法机关检察署移解之战犯；五是危害盟国军民之战犯。[1] 上海军事法庭案件受理的地域范围较大，具体为：一是日军犯罪案件发生在上海的；二是日军犯罪地在宁（南京）沪（上海）沿线的；三是中国其他地区。

上海军事法庭在调查证据、审讯日本战犯期间，由国民政府军事委员会、行政院共同组织的战犯罪证调查小组于1946年5月12日下午在八仙桥青年会举行茶会，招待各媒体记者。军令部、军政部、司法行政部、外交部等有关人士出席。该小组的工作主要是加强战犯的逮捕及审讯，并巡视上海军事法庭、战犯拘留所、地方法院等部门。该小组称，上海市民已经向地方法院检查处等地登记检举敌人罪行案件共30 600余件，其中列举被告人姓名者仅2 000余件，此种情况使战犯的逮捕倍增困难。该小组将用预定一个月的时间去福州、广州、桂林、衡阳、长沙、武汉、郑州、北平、徐州等地工作。[2]

---

[1]《专事审判战犯军事法庭令成立》，载《文汇报》1946年3月15日。
[2]《战犯罪证调查小组在沪展开工作》，载《神州日报》1946年5月13日。

（二）国防部军事法庭

1947年2月，司法行政部电令各省战犯军事法庭，加快审判战犯进度。从1947年下半年至1948年，除南京的国防部审判日本战犯军事法庭外，其余各军事法庭结束审判工作，对其未结案件集中在南京军事法庭审判。1947年8月16日，上海军事法庭(第一绥靖区军事法庭)奉国防部令正式撤销，归并于国防部军事法庭(即原南京军事法庭)。[1] 第一绥靖区军事法庭原有人员大部分被遣散，法庭给予每人一个月的遣散费。

南京军事法庭于1946年2月15日成立，开始时隶属中国陆军总司令部，1946年6月国防部成立后，该法庭改隶属国防部，正规名称为"国防部审判战犯军事法庭"，工作上受国防部军法局的指挥与监督。法庭位于南京国防部内正面大楼的3楼，后迁到马标。南京军事法庭设庭长1人，审判官4人，主任检察官1人，检察官1～3人，主任书记官1人，书记官5～7人，通译2人，副官1人，军需1人，司书4人，军需文书1人，传达3人，庭丁3人，公役2人，炊事兵3人。1948年8月，南京军事法庭移驻上海(不少媒体及民众仍称其为上海军事法庭，但是该法庭的规格显然高于前者)。由于工作量增加，故扩大编制，增设审判官多人，检察官2人，通译1人，书记官5人，司书2人。该军事法庭组成人员有：庭长石美瑜[2]，主任检察官王家楣，检察官李浚、徐乃堃、高硕仁、施泳，审判官陆起、李元庆、林建鹏、叶在增、孙建中、龙钟煌、张体坤，主任书记官丁家庵，书记官王成华、郭镇寰、郭薪夫、

---

[1]《战犯法庭归并　石美瑜来沪接收》，载《新闻报》1947年8月14日。《沪战犯军庭裁撤　案件移首都军法庭办理》，载《前线日报》1947年8月15日。
[2] 石美瑜(1908—1992)，福建福州人，福建法政专门学校及政治大学毕业，曾任上海第一特区地方法院推事兼上海政法学院教授、江苏高等法院刑庭庭长、国民政府国防部军法局第一处处长。1949年初赴台湾辞去公职从事律师工作。

国防部军事法庭庭长暨法庭审判官合影,中为石美瑜
——照片翻拍于上海淞沪抗战纪念馆

黄耀、杜康钊、苏孝斌、方家模、胡民铎、戴燊、宋定亚、余福明、郑子华，通译王仁明、黄文政、宋景秋、罗涤，军需毛尚玉，副官曹淮泗，司书彭心彰、程振声、余家奎、何承尚、陈耀青、万荣琳、李伯朗、陈玉瑛、刘平。[1] 第一绥靖区军事法庭和国防部军事法庭这两个法庭的工作人员尽管变动较大，但是工作前后衔接，审判数字是合在一起统计的，统称上海军事法庭。

1947年8月16日，国防部军事法庭开庭后，接手当时积案127起，涉案人犯162人，至当年年底共审理判决积案105起，其中判死刑案6起，无期徒刑案3起，有期徒刑案56起，无罪释放案39起。[2]

二、审讯日本战犯的困难及法庭人员的努力

1945年12月16日，苏、美、英三国在莫斯科举行会议，决定组成中、美、英、苏等11个国家参加的远东国际军事法庭，根据《远东国际军事法庭宪章》，以破坏和平罪、普通战争罪、违反人道罪三种罪行，对日本甲级（又称A级）战犯进行审判，对乙级（又称B级）、丙级（又称C级）战犯由各受害国军事法庭审判。

在民国期间，对日本战犯（包括嫌疑人）的确定主要有两种情况：一种是由国民政府圈定，这类战犯均为罪大恶极并担任较高职务，而且对其中具体名单的确定，也经历了几个反复。最初国民政府将审判的重点集中在日本政界、军界的主要头目上，后来进行了多次压缩与调整，最后国民政府战争罪犯处理委员会于1947年7月公布了日本重要战犯261名，列举了各战犯在侵华战争时期的阶级、职务及主要

---

[1] 胡菊蓉：《中外军事法庭审判日本战犯》，南开大学出版社1988年版，第117—118页。
[2] 张铨、庄志龄、陈正卿：《日军在上海的罪行与统治》，上海人民出版社2015年版，第352页。

罪行[1],基本上包括了侵华日军旅团长(少将)以上的军官,还有少量的日本政府官员、经济战犯和文化战犯。另一种是发动受害者、知情人及广大老百姓检举,这类战犯一般是作恶多端并直接残害群众的日军中的下级军官和普通士兵。按规定,日军军官士兵缴械集中后,每人都要填写国民政府印制的"经历表"以供有关部门核查,发现有关对象则立案审理。也有许多战犯逃脱了惩罚,其中情况复杂,原因众多。经分析主要有以下几点:

首先,证据缺乏。自1931年"九一八"事变以来,中国遭受日本侵略长达14年,时间和空间的跨度很大。侵华战争中,日军往往在中国流动作战,在沿途有犯罪行为,受害民众在战后也不可能知道该日军部队所在的位置。由于多年来不少受害人及其亲人、家属已经去世或流转各地,再加上语言不通,受害者很难提供日军犯罪时作案人准确的姓名、职务、年龄、部队番号,而且日军中同名同姓者很多。据国民政府外交部杨觉勇的报告,上海法庭自1945年10月至1946年,接到上海人民检举案件有36 038件,但是其中有被告方姓名的仅2 000件。[2]检举战犯的案件虽然多,但因被检举的战犯嫌疑人不明确,真正符合起诉条件的仍然是少数。此外,日本投降时,日军想尽办法销毁一切可以销毁的罪证,给调查取证工作造成很大困难。1946年10月,行政院战犯处理委员会也指出:"我国对战犯处理历时一年,对战犯之罪证及一切资料之收集多不齐全。"[3]同年11月,有记者问及:"为什么审判战犯如此之少?为什么不能治以应得之罪?"负责战犯处理的当局回应:"最大困难在于证据缺乏。"

其次,法庭办公经费不足,设施较为落后,严重影响了调查、审讯

---

[1] 详见《北京档案史料》,1990年第1—4期、1991年第1—2期,刘庆旻整理。
[2] 杨觉勇:《战犯罪证调查工作报告》,1946年6月13日,台北"国史馆"藏。
[3] 秦孝仪主编:《中华民国重要史料初编:对日抗战时期》第二编(四),第422页。

工作的开展。如1946年组建的上海军事法庭办公设备大多是旧桌破椅,新上任的法庭庭长刘世芳少将原系上海滩的名律师之一,家境优渥,为改善办公条件,提高办事效率,他从自己家里搬来几堂家具到军事法庭。[1] 法庭开办初期连一辆办公用的汽车也没有,他们还专门打了一份书面报告,请求有关部门提供。上海军事法庭受理的案件范围比较广,案中犯罪人罪行的发生地不但遍及整个华东地区,而且还有中南等地区。由于法庭出差经费少,缺口大,有些案件的调查取证无法落实。正如1946年11月《申报》的一篇报道中提到:"远地的证人,由于交通旅费等,势难希望他们肯自动出庭作证,而负责机关本身由于经费的缺乏与人事的牵制,亦迟缓了工作的进行。……由于旅费与车辆的缺少,使调查与审讯时感困难。"[2] 在调查案件的过程中涉及军事、司法、行政各部门的配合协助时,甚至还出现相互推诿的情况。

再次,抗战胜利以后,暂时放下武器的百万日军始终是一个不安定因素,而且需要国民政府供养这支军队,这是一项不小的开销,对于财政不佳、寅吃卯粮,正准备与共产党开战的国民党政府来说,及早遣返日军是最佳选择。因此许多战犯尚没有经过任何调查取证,就和其他战俘及日本侨民一起被遣返日本。另外,受审的日本战犯有的不在国内,需要通过外交途径引渡。这正如司法行政部长谢冠生在引渡工作的报告中所称:"查远东分会及战争处理委员会通过之战犯约计8 000名之多,嗣经国防部第二厅重新整理,将姓名、番号、阶级不全及重复者予以剔除外,尚余2 033名,除已知国内逮捕之928名外,尚有1 105名不在国内,势须解送来华受审。"[3] 面对众多需要引渡的战犯,国民政府只能一再核减人数。该情况既对全国适用,也对上海适用。最终,成功引渡来华、由上海军事法庭审判的日本战犯屈指可数。

---

[1]《刘世芳博士风度 把几堂上好家具摆到办公处去了》,载《周播》1946年12月。
[2]《暴行在宽大中被遗忘 刽子手倒要回国去了》,载《申报》1946年11月18日。
[3] 国民政府外交部档案,档案号:02001011700390070x,台北"国史馆"藏。

1940年日军的装甲车在外滩示威
——[日]星野辰男:《日支事变画报》
第85辑,朝日新闻社1940年版,第
18页

最后,被害人畏缩怕事。抗战刚胜利,许多受害者心有余悸,认为苦难的日子已经过去,何必再去计较、回顾这些痛苦与心酸的事情。出庭作证不仅耽误出庭者工作,有的还需要自掏差旅费,在路途上来回折腾,吃不好,睡不好,从经济利益上考虑有损失。有的还认为证人多一个或少一个无关紧要,也许自己不出庭,还有其他人出庭作证,一样可以审案结案。更有甚者害怕日本人打回来报复他们。曾经有人所说的话较有代表性,如:"我出庭作证,仅仅凭我口里说的,是否能判他罪还不能知道。万一将来日本人再得势,我倒又要遭殃。"[1]

面对当时的种种不利条件,为了尽可能收集战犯证据进行审判,上海军事法庭做了不少努力,采取了不少措施。具体说来主要有:

1. 组织蒙难民众到关押日本战犯嫌疑人、日本战俘的所在地指认。当时上海在江湾、沪西、浦东各战俘营共关押、收容日本战俘15余万人,数量庞大。该方法也收到一定的成效,有的被审理判刑的日本战犯就是受害民众指认出来的。当时上海民众对日本战犯的审讯呼声强烈,对指认工作积极配合,踊跃参与。如1945年初浦东三林塘因营救美军飞行员而被日本人残害致死的薛和尚,其亲属就是通过该方法在沪西日本战俘营指认了参与暴行的野间贞二、片冈晃等多名日本战犯,其中1人后来被判处死刑执行枪决。[2] 又如某机关一公务员于1944年2月在青浦被日本宪兵拘捕,遭到沪西宪兵队毒打、刑讯,并被判刑入狱。这次通过指认,他揪出了当事人沪西日本宪兵队军曹管元堪三郎、日侨大三、沼野正吉、平良正弘,这些人被法庭依法拘押。[3] 后来该4人均于1947年2月被判处6年或5年有期徒刑。但是该办法主要对一些驻地时间较长的宪兵、特务,及受害人比较熟

---

[1]《暴行在宽大中被遗忘 刽子手倒要回国去了》,载《申报》1946年11月18日。
[2]《薛和尚见义勇为营救美飞行员 日宪兵下毒手》,载《申报》1946年5月14日。
[3]《蒙难同志指认日犯 一部分已侦讯完毕》,载《申报》1946年11月16日。

悉的日本人有用。后来部分日本人也采取对策,当局组织民众到场前,他们就以生病等种种理由请假,故意逃避指认活动。总体来说,该指认办法犹如大海捞针,成功率较低。

2. 登报发布消息,张贴海报,扩大宣传,寻找线索。法庭考虑到中国地广人多,有的地区偏僻,消息不灵,他们在较有影响的《申报》上发布消息,告知民众。如上海军事法庭为了审判在杭州地区民愤极大、被人称为"花花太岁"的日战犯芝原平三郎,在1947年4月30日就提前20多天发布新闻称:"……定于5月26日借浙江高院开庭,接受当地民众前来检举,搜集实地证据。"[1]同时,法庭还印制大批宣传品,派人到浙东一带张贴布告,希望受害的妇女齐来揭发。在审理其他案件时,军事法庭也饬令各地军政机关在穷乡僻壤张贴布告,使之周知。经提出证据后,民众可向当地县政府、社会团体检举,依法严办战犯。

3. 致函犯罪地所在当局,协助调查战犯罪行。如日本战犯福田良三中将任中国方面舰队司令,系日本侵华海军最高指挥官。福田良三等6名战犯曾在香港任职,上海军事法庭在审理时,就致函香港当局,列出他们的姓名和战时职务,如果有他们的犯罪证据,希望可直接向上海军事法庭检举及联系。福田良三罪行累累,"其统帅之舰队遍及整个中国海岸线,所有我国军民之遭日本海军军法会议判处死刑者,均须向其请示及核准后方能执行,地位之高,权力之大,尤为侵华战争中之巨擘。军事法庭深盼各地民众曾受日海军荼毒者收集证据,向该庭检举,俾可治以应得之罪"。[2]

4. 组织法庭人员实地调查取证。如上海军事法庭曾派法官、书记官去常熟,在当地乡民指引下,不畏艰难寻找日军活埋被害人的现场,挖掘被害人尸体、尸骨,带来死者骷髅,为审判提供物证。[3]这里还

---

[1]《日战犯芝原平三郎 将借杭州高院开审》,载《申报》1947年4月30日。
[2]《军事法庭开始侦查福田罪行》,载《申报》1947年5月19日。
[3]《常熟日宪兵队长——大肆残杀 证据确凿》,载《申报》1946年10月10日。

须指出,在当时的政局下,上海军事法庭在采用各种方式搜集证据时,没有涉及中国共产党领导的抗日根据地及解放区的范围,致使日军的许多罪行没有被收录,造成很大的遗憾。

5. 到日军犯罪地开庭审理。如常熟日本宪兵队队长米村春喜在常熟地区杀害了许多爱国志士及无辜民众,民愤极大。法庭派法官率队去常熟当地开庭,传讯有关人证并接受乡民的检举。[1]芝原平三郎曾任日军驻杭州的特务机关长,在杭州期间作恶多端,为引起受害人的关注,上海军事法庭专门在杭州开庭,接受市民举报。

三、审判日本战犯概述

上海军事法庭前期的上海第一绥靖区军事法庭,自1946年4月29日起至1947年7月止,共受理案件250余起,其中审结120余起,尚待审理120余起。军事法庭首次开庭审判的日本战犯是日军沪南俘虏收容所管理员汤浅寅吉,他被判处有期徒刑4年半。[2]在1946年6月至1947年6月期间,上海军事法庭对江阴日本宪兵队军曹下田次郎、常熟日本宪兵队队长米村春喜、杭州艮山门日军招抚班成员黑泽次男、溧阳日本宪兵队军曹富田德等4人判处死刑,对上海日本宪兵队军曹仓科伯次判处无期徒刑,对松江日本宪兵队军曹安田辉忠、青岛海军港务部翻译丸山辰幸等各判处有期徒刑10年,对日军北支队派遣独立混成第5旅团独立步兵第29大队第4中队分队长岩间力男、上海沪西日本宪兵队军曹川谷长次郎各判处无期徒刑。上海军事法庭还对为日军生产军火的意大利海军驻沪指挥官巴达底尼判处无期徒刑,对无故拘禁并殴打中国船工的日本水上宪兵队军曹篠源久夫

---

[1]《"常熟之狼"昨在虞开审 接受乡民检举》,载《申报》1946年10月22日。
[2]《军事法庭今审汤浅寅吉》,载《民国日报》1946年4月29日。《军事法庭开始公审 汤浅寅吉罪恶昭彰》,载《和平日报》1946年4月30日。

判处有期徒刑5年。[1]

1947年8月，第一绥靖区军事法庭撤销。国防部军事法庭移驻上海后，在前期工作的基础上，加快了审判步伐，从同年8月起至1949年1月，共审理日本战犯案件120多起，其中判处的死刑犯中有制造"崇明大烧杀"的大庭早志、中野久勇，有对营救美国飞行员的浦东乡民酷刑拷打致死的久保江保治、野间贞二，还有杭州日本宪兵队情报人员芝原平三郎、宁波日本宪兵队队长大场金次、松江日本派遣队附员松谷义盛以及老牌特务伊达顺之助。

从1947年8月起，上海军事法庭判处上海新市街日本宪兵队军曹尾崎寅次无期徒刑，判处青岛日本宪兵队宪兵美浓轮武夫无期徒刑，判处上海日本宪兵司令部曹长石崎良雄有期徒刑10年，判处青岛日本宪兵队邮政检查员荒木菊勇有期徒刑13年，并判处侵华日军第131师团长小仓达次中将、侵华日军第68师团独立第61大队长南部博之等几十人无罪释放。

上海军事法庭审理的20多名将级以上的日本战犯[2]

姓名	籍贯	年龄	主要职务	军衔	宣判日期	判决结果
粟岩尚治	长野	56	侵华日军第3师团辎重联队长	少将	1947年12月22日	有期徒刑3年半
四方谅二	神户	52	侵华日军华中宪兵司令	少将		无罪释放
黑濑平一	山口	54	侵华日军第20军第68师团步兵第57旅团长	少将	1948年2月25日	无期徒刑

---

[1]《巴达底尼无期　篠源久夫五年》，载《申报》1947年2月9日。
[2] 表格中日本战犯的年龄，系判决时的年龄，虚岁、实岁均有。

续 表

姓名	籍贯	年龄	主要职务	军衔	宣判日期	判决结果
野地嘉平	宫城	59	侵华日军第133师团长	中将	1948年4月12日	无期徒刑
小仓达次	东京	60	侵华日军第84师团长，第131师团长	中将		无罪释放
船引正之	东京	58	侵华日军第64师团长	中将	1948年5月31日	无期徒刑
三浦忠次郎	宫城	61	侵华日军第69师团长	中将		有期徒刑12年
福田良三	东京	59	侵华日军中国方面舰队司令	中将		有期徒刑15年
大井川八郎	福岛	61	侵华日军日本独立第83旅团长	少将		无罪释放
宫川清三	东京	59	侵华日军第40师团长	中将	1948年5月31日首判，同年11月24日改判	首判有期徒刑12年，后改判无罪释放
落合甚九郎	栃木	57	侵华日军第27师团长	中将	1948年6月7日	无期徒刑
菱田元四郎	东京	59	侵华日军第116师团长	中将		无期徒刑

续表

姓名	籍贯	年龄	主要职务	军衔	宣判日期	判决结果
梨冈寿男	东京	55	侵华日军第64师团第55旅团长	中将	1948年6月8日	有期徒刑20年
内田孝行	山梨		侵华日军第70师团长	中将	1948年6月30日	无期徒刑
原田清一		55	侵华日军厦门根据地司令官	中将	1948年7月5日	有期徒刑10年
神田正种	爱知	59	侵华日军第6师团长,第17军司令官	中将	1948年11月10日	有期徒刑14年
柴山兼四郎	茨城	60	侵华日军第26师团长	中将	1948年11月24日	有期徒刑7年
专田盛寿	神奈川		侵华日军独立混成第81旅团长	少将	1948年12月	无罪释放
冈村宁次	东京	58	侵华日军中国派遣军总司令	大将	1949年1月26日	无罪释放
樱庭子郎[1]	青森	56	侵华日军第20军独立混成第82旅团长	中将		
土桥勇逸			侵华日军第38军司令官,日本驻越南总督	中将		1948年1月10日被法国政府引渡到巴黎审讯[2]

----

[1] 樱庭子郎曾被上海军事法庭两次判处无罪释放,第一次是1948年7月5日,第二次是1949年1月26日。

[2]《日战犯土桥勇逸军庭移交法领馆 今晨登机解巴黎审讯》,载《申报》1948年1月10日。

四、上海军事法庭审判的部分日本战犯名录

（一）上海军事法庭判处死刑的日本战犯[1]

姓名	出生日期	籍贯	职务	宣判死刑日期	执行枪决日期	枪决地
下田次郎	1918年11月29日	广岛	江阴日本宪兵队军曹	1946年6月8日	1947年6月17日	江湾刑场
米村春喜	1895年6月1日	熊本	常熟日本宪兵队队长	1947年1月6日		
黑泽次男	1914年2月26日	枥木	杭州艮山门日军招抚班成员	1947年3月17日	1947年8月12日	提篮桥监狱刑场
富田德	1919年6月25日	爱知	溧阳日本宪兵队军曹	1947年4月17日	1947年8月14日	
芝原平三郎	1900年9月5日	德岛	杭州、金华、宁波等地日特务机关情报主任	1947年7月19日	1947年11月22日	
浅野隆俊	1914年12月24日	枥木	上海日本宪兵队准尉	1947年9月22日	1947年12月10日	

---

[1] 上海军事法庭判处死刑的日本战犯的出生年月资料来源于上海市档案馆,档案号:C63-2-77。

续 表

姓名	出生日期	籍贯	职务	宣判死刑日期	执行枪决日期	枪决地
久保江保治	1914年5月22日	山口	浦东日本宪兵队特高课课长	1947年10月27日	1948年3月15日	提篮桥监狱刑场
野间贞二	1917年10月23日	广岛	浦东日本宪兵队杨思桥支队东昌路分队军曹			
中野久勇	1917年10月23日	岐阜	崇明日本宪兵队特高课课长	1948年2月28日	1948年4月8日	
大庭早志	1916年5月6日	福冈	崇明日本宪兵队队长			
大场金次	1909年12月1日	静冈	宁波日本宪兵队队长	1948年4月19日	1948年6月24日	
松谷义盛	1919年4月12日	静冈	杭州、松江日本派遣队附员	1948年5月26日	1948年9月1日	
伊达顺之助（张宗援）	1892年1月6日	东京	奉系军阀张作霖顾问	1948年6月1日	1948年9月9日	
星野多喜雄[1]		神奈川	威海卫日本宪兵队队长	1947年9月13日		

---

[1] 星野多喜雄1948年12月8日改判为有期徒刑10年。《战犯星野多喜雄改判有期徒刑十年》，载《申报》1947年12月9日。

（二）上海军事法庭审判处无期徒刑的部分日本战犯[1]

姓名	籍贯	年龄	军衔	主要职务	宣判日期
丸山政十	静冈			上海沪东日本宪兵队曹长	1947年4月26日
服部博吉	大阪			杭州俘虏收容所成员	1947年5月15日
仓科伯次	长野	30		上海日本宪兵队军曹	1947年5月17日
岩间力男	岩手		准尉	日军北支队派遣独立混成第5旅团独立步兵第29大队第4中队分队长	1947年6月20日；1948年9月7日改判15年
川谷长次郎	佐贺		准尉	上海沪西日本宪兵队军曹	1947年6月20日
尾崎寅次	兵库			上海新市街日本宪兵队军曹	1947年7月19日
北原文吾	长野				
美浓轮武夫	岐阜			青岛日本宪兵队宪兵	1947年7月24日
永久作一	山口			青岛海军情报部嘱托	
加贺成良	爱媛				
后藤重宪	大阪			青岛日本宪兵队曹长	1947年7月26日
东末树	高知			淮阴陆军联络部	1947年8月2日
上山宽	鹿儿岛	30	准尉	上海沪西日本宪兵队	

---

[1] 表格中日本战犯的"年龄"，系军事法庭审判时的年龄，虚岁、实岁均有。

续　表

姓名	籍贯	年龄	军衔	主要职务	宣判日期
饼田实	广岛		大尉	青岛海军根据地舰队中队长	1947年12月8日
永田胜之辅	东京		中佐	上海沪北日本宪兵队	1947年12月16日
三谷春一	东京		中尉	侵华日军独立混成第89旅团长	1948年2月22日
大野宗次郎				铁道警备队警备员	不明
西冈显三				海州日本宪兵队军曹	
黑濑平一	山口	54	少将	侵华日军第68师团步兵第57旅团长	1948年2月25日
松本一郎	兵库		大佐	厦门海关武官府成员	1948年4月7日
野地嘉平	宫城	59	中将	侵华日军第133师团长	1948年4月12日
船引正之	东京	58	中将	侵华日军第64师团长	1948年5月31日
落合甚九郎	栃木	57	中将	侵华日军第27师团长	1948年6月7日
菱田元四郎	东京	59	中将	天津驻屯军参谋长，第116师团长	
内田孝行	山梨		中将	侵华日军第70师团长	1948年6月30日
伊藤忠夫[1]	宫城		大尉	日本陆军法务官	1949年1月26日

[1] 伊藤忠夫1946年7月25日曾被美军军事法庭判处有期徒刑20年。

（三）上海军事法庭判处有期徒刑的部分日本战犯

姓名	籍贯	年龄	军衔	主要职务	宣判日期	刑期
汤浅寅吉	千叶	34		上海沪南俘虏收容所管理员	1946年6月17日	4年半
篠源久夫	兵库			上海日本水上宪兵队军曹	1947年2月8日	5年
管元勘三郎	岩手	31		上海沪西日本宪兵队军曹	1947年2月15	6年
平良正弘	冲绳					
日侨大三	山形	30				5年
沼野正吉	枥木	30				
安田辉忠	京都	31		上海松江日本宪兵队军曹	1947年3月8日	10年
青木义一	静冈			上海四川北路日本宪兵队分队长	1947年4月24日	10年
宫本仁平	德岛		大尉	上海沪东日本宪兵队队长	1947年4月26日	12年
丸山辰幸	长野	31		青岛海军港务部翻译	1947年5月5日	10年
沼仓孝义	岩手			上海沪北日本宪兵队队长	1947年5月12日	5年
望月久雄	静冈	31		上海警乘宪兵队军曹	1947年5月17日	3年半
佐藤忠治	宫城			上海沪南日本宪兵队曹长	1947年6月14日	2年

续 表

姓名	籍贯	年龄	军衔	主要职务	宣判日期	刑期
大寺敏	鹿儿岛	59	大佐	上海海防路俘虏收容所所长	1947年7月26日	7年
					1948年1月21日改判3年半	
本田同	东京	39	中尉	上海海防路俘虏收容所总务主任	1947年7月26日	10年
					1948年1月21日改判4年	
八木义男	兵库		大尉	上海日本宪兵警乘派遣队大队长	1947年9月13日	10年
盐村森作	静冈			上海日本宪兵警乘派遣队军曹		
金广松一	广岛					
星野多喜雄	神奈川	29		威海卫日本宪兵队队长	1947年9月13日	死刑
					1948年12月8日改判10年	
伊藤百郎	大分			青岛日军海军航空队翻译	1947年9月20日	12年
酒井正司	静冈		准尉	上海日本宪兵队宪兵		7年
石崎良雄	京都			上海日本宪兵司令部曹长	1947年10月27日	10年
荒木菊勇	富山			青岛日本宪兵队邮政检查员		13年
小松清已	长野			上海日本宪兵队军曹	1947年11月3日	5年
濑贺勇吉	新潟			上海日本宪兵队军曹	1947年11月18日	5年

续　表

姓名	籍贯	年龄	军衔	主要职务	宣判日期	刑期
片冈辉男	熊本		准尉	上海日本宪兵队军曹	1947年11月25日	6年
森次郎	静冈			上海日本宪兵队曹长		5年
忠之内美久	鹿儿岛			上海嘉定日本宪兵派遣队军曹		11年
村井良吉	静冈			上海沪西日本宪兵队曹长		15年
上江洲田正	冲绳			上海沪西日本宪兵队军曹	1947年12月1日	10年
藤原启助	德岛			青岛海军特别根据地军曹	1947年12月8日	10年
上川路信也	鹿儿岛			上海浦东日本宪兵队曹长		5年
藤原惠辅				厦门保安司令		10年
阿南虔二郎	大分		少佐	上海沪西日本宪兵队		15年
岩本一郎	熊本			宁波日本宪兵队曹长	1947年12月16日	5年
上枝正秋	香川			上海沪西日本宪兵队军曹		5年
铃木浅治	宫城			上海日本宪兵队曹长		6年
粟岩尚治	长野	56	少将	侵华日军第3师团辎重联队长	1947年12月22日	3年半
黑氏理助	石川			嘉兴日本宪兵队宪兵	1947年12月29日	6年
大江政雄	京都					
加茂贞治	宫城				1948年5月24日大江、加茂两犯均改判8年	

续表

姓名	籍贯	年龄	军衔	主要职务	宣判日期	刑期
长村贡	广岛		大尉	杭州日本宪兵队队长	1948年1月5日	7年
田村贞二	群马			上海沪西日本宪兵队军曹		6年
朝比奈茂	静冈			上海沪南日本宪兵队曹长	1948年1月15日	5年
久保寺德部	山梨			上海日本陆战队司令部嘱托	1948年2月2日	7年
					1948年9月26日改判9年	
鸟泻贤次郎	秋田			上海沪南日本宪兵队曹长	1948年2月24日	10年
甲斐明义	大分			上海沪东日本宪兵队宪兵		6年
南健藤吉	鹿儿岛		少佐	金华日本宪兵队队长	1948年2月25日	15年
野口五郎	德岛			苏州日本宪兵队军曹		
丸山茂	兵库			苏北宪兵队军曹	1948年3月8日	15年
管谷瑞人	枥木		大尉	厦门海军警备队	1948年4月7日	6年
浅川泽人	长野			厦门海事警察署署长		12年
木四道治	宫城					
友金一	福冈					12年
引田佐金吾	千叶			厦门海事警察署巡查		
富高增木	大分					
岛由明	富山					6年
佐藤力	东京					6年
政本宣夫	广岛			厦门领事馆嘱托		7年
三好政一	冈山			厦门警察局警正		6年
久保田卯一	广岛					6年

续　表

姓名	籍贯	年龄	军衔	主要职务	宣判日期	刑期
高桥英臣	静冈			海州宪兵队军曹	1948年4月12日	15年
铃木一男	爱知			嘉定宪兵派遣队曹长	1948年5月3日	7年
小芝原芳正				九江日本宪兵队军曹	1948年5月14日	10年
三浦忠次郎	宫城	61	中将	侵华日军第69师团长	1948年5月31日	12年
福田良三	东京	59	中将	侵华日军中国方面海军舰队司令		15年
宫川清三	东京	59	中将	侵华日军第40师团长		12年
梨冈寿男	东京	55	中将	侵华日军第64师团第55旅团长	1948年6月8日	20年
深泽睦雄				柏城县合作社成员	1948年6月23日	4年
小西正明	岛根			无锡日本宪兵队军曹	1948年6月30日	10年
原田清一		55	中将	厦门根据地司令官	1948年7月5日	10年
神田正种	爱知	59	中将	侵华日军第6师团长，第17军司令官	1948年11月14日	14年
赤田清藏	大阪		准尉	蚌埠日本宪兵队	1948年11月23日	12年
柴山兼四郎	茨城	60	中将	侵华日军第26师团长	1948年11月24日	7年

（四）上海军事法庭判处无罪释放的部分日本战犯

姓名	籍贯	年龄	军衔	主要职务	宣判日期
门屋博	宫城			上海市政府经济委员会职员	1947年4月3日
森田丰造	兵库	27		侵华日军第68师团工兵队上等兵	1947年7月24日
南部博之	熊本		大尉	侵华日军第68师团独立第61大队长	1947年9月13日
若村文一				藤本部队军曹	
吉川原一				藤本部队中队长	
武田松治	大阪			盐野义药厂厂长	1947年9月15日
大野茂	高知		大尉	浦东日本宪兵队队长	
片冈晃	宫城	27		浦东日本宪兵队杨思桥支队军曹	
大森满雄	宫城	28		浦东日本宪兵队杨思桥支队支队长	
森下宗雄	爱知	24			
世谷传造	石川	29		杨思桥支队东昌路分队一等兵	1947年10月27日
早原勋	德岛	30			
水上喜景	山梨	31	大尉	青岛日本海军法务官	
田中初义	福冈	39	准尉	上海日本宪兵队	
矢吹忠一			少佐	侵华日军独立山炮第52大队	
捃尾政一			少佐	侵华日军独立步兵第55大队	
铃木六次				杭州日本宪兵队曹长	
宫西包义				南京日本宪兵队军曹	1947年11月26日
持田梅太郎				杭州日本宪兵队曹长	
深井盾雄				杭州日本宪兵队军曹	

续 表

姓名	籍贯	年龄	军衔	主要职务	宣判日期
佃贞治郎				上海日本宪兵队曹长	1947年12月1日
桑田民雄			大尉	侵华日军独立混成第92旅炮兵	1947年12月5日
政本寅夫				上海日本宪兵队某部军曹	1947年12月8日
池崎道成	熊本	27			
花田秀雄			准尉	上海沪西日本宪兵队宪兵	1947年12月22日
水谷五郎			少佐	上海日本宪兵队	
牛尾哲二				上海日本宪兵队军曹	1948年1月12日
出口务				连云港日本宪兵队军曹	
四方谅二	神户	52	少将	侵华日军第131师团长	1948年2月25日
大西正重				日本宪兵队军曹	
池田利平	佐贺			厦门刑务支队兵曹	1948年4月7日
长谷川寿夫	冈山		大尉	厦门领事馆	
中岛信一	静冈	44	少佐	杭州日军梅机关长	1948年4月12日
小仓达次	东京	60	中将	侵华日军第131师团长	
神田次男			准尉	郑州宪兵队成员	1948年5月10日
尾崎助之			准尉	上海宪兵队成员	
岛田一郎				日本宪兵队军曹	1948年5月31日
大井川八郎	福岛	61	少将	侵华日军独立混成第83旅团长	

续 表

姓名	籍贯	年龄	军衔	主要职务	宣判日期
西村俊文				日本宪兵队外事股伍长	1948年6月8日
池田文雄				上海日本宪兵队曹长	1948年6月23日
大西传造	京都			天津日本宪兵队军曹	1948年6月29日
石山虎夫			大佐	侵华日军山炮第71联队成员	1948年6月30日
淞浦龙一			大佐	侵华日军第7师团第85联队成员	
朝生平四郎			大佐	侵华日军第9师团第7联队成员	
广内茂				江苏日本宪兵队宪兵	
寺同孝	广岛				
樱庭子郎	青森	56	中将	侵华日军第20军独立混成第82旅团长	1948年7月5日
片山贞夫				蚌埠日本宪兵队军曹	1948年11月23日
高桥丰一					
吉田宪明	宫崎				
中山良一	广岛			蚌埠日本宪兵队曹长	
松山丰秋	鹿儿岛				
宫川清三	东京	59	中将	侵华日军第40师团长	1948年11月24日
专田盛寿	东京		少将	侵华日军独立混成第81旅团长	1948年12月
冈村宁次	东京	65	大将	侵华日军中国派遣军总司令官	1949年1月26日

（五）上海军事法庭判处的部分意大利、韩国籍战犯[1]

姓名	职务	宣判日期	审判结果
巴达底尼	意大利海军驻沪指挥官	1947年2月8日	无期徒刑
孙田昌植	上海精密机械工艺社负责人	1947年5月17日	无罪
张锡球	兴亚公司董事	1947年7月19日	10年
姜将虎	青岛牟平警察局特高课课长	1947年9月13日	5年
杨燮智[2]	厦门保安队队员	1947年12月8日	5年
李世雄	上海日本宪兵队翻译	1948年3月10日	无罪
崔明适		1948年5月10日	3年半
箕岛肇[3]	天津日本宪兵队翻译	1948年6月7日	10年
崔秉斗	天津日本宪兵队翻译	1948年6月7日	10年
金英宰		不详	10年
李渡	梅方贸易公司成员	不详	3年半
纪和	海南岛贸易商	不详	3年半
邓君和	厦门警察署警察	不详	10年
洪寿子	厦门警察署警察	不详	3年半
吴金水	厦门工部署职员	不详	6年

[1] 下列表格中，除了巴达底尼为意大利人，其他人员均为韩国人。
[2] 又名杨雪之。
[3] 又名李春培。

（六）上海军事法庭判处的部分中国台湾人[1]

姓名	职务	宣判日期	审判结果
川米田	上海俘虏营工作人员	1947年7月24日	无罪
何清太	浙江日军翻译	1947年10月27日	3年半
郑军河		1948年3月10日	4年
邱 裕	厦门警察署长	1947年7月26日	5年
王金水	厦门工部局工作人员	1947年10月27日	6年
曹赐福	厦门警察署工作人员	不祥	5年
李龙溪	厦门警察署工作人员	1948年4月19日	3年半
朱缘林		1948年6月30日	无罪
潘来金	南上海俘虏收容所	不详	不详
廖金龙	厦门警察署工作人员	不详	10年

据有关专家研究及日本方面的统计资料显示，上海军事法庭审判日本战犯的总人数目前看到的有两个版本。版本一：总数为183人，其中判处死刑13人，无期徒刑21人，有期徒刑88人，无罪释放61人。[2] 版本二：总数为116人，其中判处死刑14人，无期徒刑22人，有期徒刑75人，无罪释放5人。[3] 根据笔者多年来的研究及对被审

---

[1] 以上判处无期徒刑、有期徒刑、无罪释放的部分日本战犯及判处意、韩籍战犯和中国台湾人的资料来源于《申报》《大公报》《新闻报》《中央日报》《中华日报》《世界日报》等报纸，以及刘统：《大审判——国民政府处置日本战犯实录》，上海人民出版社2021年1月版。

[2] 杨竞：《盟军战俘在中国——奉天战俘营口述纪实》，人民出版社2016年版。

[3] 王辅：《日本侵华战争（1931—1945）》，辽宁人民出版社1990年版，第2851页；2015年版，第2411—2412页。该统计数有部分误差。据笔者从档案资料及媒体的报道看，上海军事法庭判处死刑14人，实际执行13人，其中1人改判为10年；对日本战犯处以无罪释放者远不止5人，仅笔者查到的就有40多人。

判人员的逐个统计,第一个版本比较符合实际情况,第二个版本误差较大。具体理由可详见本书附录中的相关文字。

日本侵华战争中,作为占领地的韩国和中国台湾地区有很多人被征召参军,与日军一起对中国军民犯下罪行。抗战胜利后,国民政府下令调查,要求与日本战犯同样处理。如上海军事法庭于1947年7月19日与9月13日,对韩国人兴亚公司董事张锡球和青岛牟平警察局特高课课长姜将虎分别判处有期徒刑10年和5年。[1] 还对韩国人杨燮智、箕岛肇分别判处有期徒刑5年和10年。对为日军生产军火的意大利海军驻沪指挥官巴达底尼判处无期徒刑。上海军事法庭也对部分台湾人进行审讯,于1948年4月1日对曾在福建厦门警察署工作的台湾人曹赐福、邱裕判处有期徒刑5年,对李龙溪判处有期徒刑3年半。[2]

五、 上海军事法庭审判日本战犯述评

1. 上海军事法庭审判日本战犯符合历史潮流和人民意愿,遵循《开罗宣言》《波茨坦公告》的精神,符合国民政府审判委员会制定的有关文件的要求,是在中国人民一致要求惩处战争罪犯的大背景下进行的。它在一定程度上维护了中华民族的利益,符合广大人民意愿。上海军事法庭设立以来,在人员紧张、经费紧缺的情况下开展了大量工作,对众多日本战犯进行了审判,还追究了个别为虎作伥的韩国、意大利籍和中国台湾地区的战犯,为中国人民伸张正义。审判人员、检察人员、书记员、翻译等工作人员付出了艰辛的努力,他们的历史功绩应当被充分

---

[1]《花花太岁两个死刑　北原尾崎两犯监禁终身》,载《申报》1947年7月20日。《日战犯多名宣判》,载《申报》1947年9月14日。

[2]《军事法庭昨判四案　野地嘉平无期徒刑》,载《申报》1948年4月13日。《昨日宣判日战犯一批》,载《中华时报》1948年4月13日。

肯定。

2. 上海军事法庭(包括前期的第一绥靖区军事法庭和后期的国防部军事法庭)是当时国民政府10个审判日本战犯军事法庭中存在时间最长的一个军事法庭。各地的军事法庭大多于1947年或1948年初撤销,其中在1947年下半年撤销的有徐州、济南、南京(后移到上海)军事法庭,在1948年上半年撤销的有太原、沈阳、广州、汉口军事法庭,在1948年下半年撤销的有北平、台北军事法庭;而位于上海的军事法庭,自1946年3月开始,一直工作到1949年1月底,是全国10个军事法庭中持续时间最长的一个。[1] 同时,从被审判的日本战犯人数来说,上海军事法庭在国民政府10个军事法庭中名列全国第一,共计183名,其他各地军事法庭审判日本战犯的人数为:广州171人、汉口151人、沈阳136人、北平112人、南京27人、徐州25人、济南24人、台北21人、太原11人。[2]

3. 上海军事法庭审判的日本战犯涉及面比较宽,从地域上讲,华东地区的有上海浦东特高课课长久保江保治、军曹野间贞二,江苏溧阳日本宪兵队军曹富田德、海州日本宪兵队军曹西冈显三,浙江日本杭州宪兵队情报主任芝原平三郎、宁波日本宪兵队队长大场金次,安徽蚌埠日本宪兵队军曹赤田清藏,山东青岛海军港务部翻译丸山辰幸、威海卫日本宪兵队队长星野多喜雄等人,甚至还有中南地区的樱庭子郎等人。从受审的日本战犯的等级上讲,既有下层的军曹、曹长,

---

[1] 各军事法庭的审判起止年月为:北平军事法庭为1946年4月—1948年12月17日,太原军事法庭为1946年12月—1948年1月14日,徐州军事法庭为1946年7月—1947年7月12日,沈阳军事法庭为1946年7月—1948年1月,南京军事法庭为1946年5月—1947年8月,广州军事法庭为1946年7月—1948年3月10日,济南军事法庭为1946年8月—1947年11月13日,汉口军事法庭为1946年6月—1948年5月15日,台北军事法庭为1946年12月—1948年12月22日,上海军事法庭为1946年4月—1949年1月。

[2] 杨竞:《盟军战俘在中国——奉天战俘营口述纪实》,人民出版社2016年版,第272—273页。

也有中层的少佐、中佐、大佐,还有高层的大将、中将、少将。如曾任侵华日军第20军独立混成第82旅团长的樱庭子郎中将,1947年12月,上海军事法庭曾对其提起公诉,指控他在湖南郴州一带,纵容部下对民众奸淫杀掠,无恶不作,仅株洲一地中国同胞被杀害者即有300余人,妇女被奸者100余人,多人被毁尸灭迹。此外,还焚毁房屋200余栋,财产损失无法计算。可是迫于多种原因,取证工作无法深入开展,1948年7月法庭只能对他宣告无罪[1],1949年1月26日,法庭又一次宣判无罪。

4. 上海是各地军事法庭判决后,日本战犯的集中地和移送回国的遣送地。抗战胜利后我国各地成立的军事法庭审判战犯的工作到1948年大体上已告一段落,除判死刑的日本战犯已分别在当地执行外,判处无期徒刑和有期徒刑的日本战犯大都集中到国防部上海战犯监狱监禁。如1948年3月的《正言报》引国防部审判战犯军事法庭负责人谈话:"关于各地审判战犯工作,现国防部方面已命令及早结束,嗣后全国各地已判决战犯,将逐步集中在本市江湾战犯监狱执行,迄目前为止,江湾战犯监狱收押执行之战犯已有三百余名之多。"[2]与此同时,1948年3月,41名战犯由汉口乘轮船被押解抵沪,送江湾战犯监狱监禁,其中有梶浦银次郎少将、奈良晃中将、伴健雄中将。[3] 4月29日,从北平经天津乘轮船到上海的,还有内田银之助中将、茂川秀和少将等41人。[4] 根据1948年7月份的调查,集中国防部上海战犯监狱的日本战犯共有251名。其中各军事法庭判处的日本战犯分别为:上海91名,广州55名,徐州14名,台北5名,济南7名,汉口

---

[1]《将级日本战犯三名 军事法庭提起公诉》,载《申报》1947年12月7日。《战犯原田中将判处有期徒刑十年 樱庭子郎宣判无罪》,载《大公报》1948年7月6日。
[2]《军事法庭六月结束 江湾监狱收押三百余名》,载《正言报》1948年3月30日。
[3]《日战犯四十一名 由汉押到送监执行》,载《申报》1948年3月14日。
[4]《日战犯四十一名 昨由平解沪》,载《立报》1948年4月30日。

36名,北平38名,南京1名,太原4名。其中无期徒刑75名,有期徒刑10年以上92名,5年以上55名,3年以上18名,1年以上11名。已刑满释放的共有7名。[1]

5. 上海军事法庭对将级日本战犯审判工作迟缓,有的一晃而过。自1946年开始,上海军事法庭就陆续接受并受理了部分少将以上的日本战犯,如侵华日军第133师团长野地嘉平于1946年5月在浙江嘉兴遭拘捕后,被押送至上海关押。当时媒体曾报道"此为法庭受理敌酋中将阶级第一人"。[2]侵华日军第20军第64师团长船引正之中将、第68师团步兵第57旅团长黑濑平一少将于1946年9月3日被收押于提篮桥监狱。[3]侵华日军第21军第116师团长菱田元四郎于1946年10月19日被押解至上海军事法庭审理。[4]但是上海军事法庭对这些将级日本战犯的审理,相比对宪兵、军曹、曹长等下层人员的审理迟缓。最后野地嘉平于1948年4月12日被判处无期徒刑[5],审理时间长达近2年。船引正之中将于1948年5月31日被判处无期徒刑[6],黑濑平一少将于1948年2月25日被判处无期徒刑[7],两人从审理到判处终结,时间大多在1年半以上。还有一种情况是在人民解放军乘胜进军,国民党政权摇摇欲坠、朝不保夕的大形势下,法庭对日本战犯的审判,明显走过场。如上海军事法庭于1948年3月31日对福田良三、落合甚九郎等8名日军将领发布了集体起诉书,4月中旬正式起诉,5月31日对福田良三等5人做出判决,6月7日对落合甚

---

[1] 许中天:《日本人在上海》,载《上海警察》1948年第3卷第3期。
[2] 《日战犯野地将审讯》,载《民国日报》1946年5月12日。
[3] 《船引正之、黑濑平一押提篮桥监狱》,载《申报》1946年9月4日。
[4] 《中美分审纳粹日敌战犯》,载《民国日报》1946年10月20日。
[5] 《军事法庭昨判四案 野地嘉平无期徒刑》,载《申报》1948年4月13日。
[6] 《日将级战犯五名 军事法庭昨宣判》,载《申报》1948年6月1日。
[7] 《日战犯一批判罪 明日审中野久勇》,载《申报》1948年2月26日。

九郎等 2 人做出判决，[1] 6 月 8 日对另 1 人做出判决。审理到判决的办案过程仅一个半月。

6. 对部分日本战犯姑息养奸。如侵华日军首犯冈村宁次，曾任日本驻沪领事馆武官、上海派遣军副参谋长。"七七"事变后，他先后出任侵华日军第 11 军司令官、华北方面军司令官、中国派遣军总司令官，其罪行累累，罄竹难书。冈村宁次被捕之后，延迟到 1948 年 8 月 23 日才首次出庭受审。法庭初审时 1 000 多人旁听。相隔近半年以后，即 1949 年 1 月 26 日，军事法庭对冈村宁次进行第二次公审，开庭时只有 20 余位新闻记者到场，与第一次公审时的场面形成巨大反差。法庭上，石美瑜庭长象征性地问了几个问题后，就宣读了"宣判冈村宁次无罪"的判决书，法庭内一片哗然。石美瑜拒绝回答现场的提问和质疑，立刻宣布退庭，众多人提出抗议。事后，石美瑜对《申报》记者说："本案之审判绝无政治作用，本庭纯粹根据法律审判，愿负一切责任，至于对或不对，唯待国内及国际人士公评。"[2] 一个罪大恶极的战犯就这样逃脱了法律的制裁。法庭对冈村宁次的无罪判决，引起国内舆论的强烈不满，中国共产党也对此发表声明。这是上海军事法庭的败笔，也是国民政府审判日本战犯最大的败笔。1949 年 1 月 30 日，冈村宁次在上海乘美国"维克斯"号轮船回国。次年，冈村宁次出任蒋介石的军事顾问，1961 年 6 月，他还作为贵宾出访台北。

日本战犯中的许多原日军高级将领，想方设法同国民党的军政要员讲私情、拉关系，为争取"宽大"而大搞幕后交易。例如冈村宁次就在其回忆录中写道："努力争取战犯减刑及回国服刑，为我应尽的义务并一直愿为此略尽微力。……当即通过两条渠道进行疏通：一条是经

---

[1]《日籍将级战犯八名　军事法庭提起公诉》，载《中华时报》1948 年 4 月 19 日。又载《申报》1948 年 6 月 7 日。
[2]《日本驻华派遣军总司令　冈村宁次宣判无罪》，载《申报》1949 年 1 月 27 日。

联络军官吴文华→曹士澂少将→国防部长何应钦;另一条是经龙佐良少将→汤恩伯上将→蒋总统。"冈村宁次的疏通,对日本战犯的减刑及回国服刑起了很大作用。回日本服刑并提前获释的全体中国关押战犯在给冈村宁次的感谢信中写道:"此次我等中国方面判决的战犯,不问服刑时间长短,一律提前获释,实为阁下鼎力所赐,我等全体感戴莫名。回顾几年以来,您为营救战犯,倾注全力,尤其您以病躯顽强战斗,不屈不挠,与中国当局多方联系,尽力折冲,鞠躬尽瘁,终使我等全部获释。"

总之,上海军事法庭对日本战犯的审判工作,既有伸张正义惩处元凶的一面,又有敷衍民意,虎头蛇尾,甚至有刻意为战犯开脱的一面。随着辽沈、淮海、平津三大战役的开启,人民解放军的胜利进军,国民党反动派节节败退,他们在大陆的统治日薄西山、朝不保夕,原设在南京的国民政府匆匆迁往广州,在这种形势下,他们根本无暇顾及日本战犯的监禁和管理。1949年2月上旬,上海军事法庭、国防部战犯监狱先后撤销,在押的无期徒刑、有期徒刑的日本战犯被移送到日本,由驻日本的美军和日本新政府共同管制,有的仅仅象征性地关押了一段时间,到20世纪50年代,这些双手沾满中国人民鲜血的日本战犯都先后被释放。

第二章

美军军事法庭在上海对日本战犯的审判

1945年8月日本宣布投降后,同盟国军队立即着手对战犯的处置工作。同年10月8日,美军军事法庭在菲律宾马尼拉对日本陆军大将山下奉文进行审判,这是"二战"后美军首次在远东地区对日本战犯的审判。同年12月7日对山下奉文判处绞刑,并于次年2月23日执行。[1]

1946年1月,盟国中国战区参谋长兼驻华美军司令魏德迈将军奉命在上海组建美军军事法庭,审判日本军队在中国大陆和台湾地区杀害美国飞行员被俘人员及伤害美军盟友菲律宾人员的有关案件。他们先于中国各军事法庭对日本战犯进行审判,但这种审判不是全面调查追究日本战犯在战争全过程中的罪行,而是仅仅局限于与美军有关的罪行,具有很大的片面性。

一、美军军事法庭的审判

1945年10月下旬,美军军事法庭借用上海提篮桥监狱内一幢6层高、建筑面积6560平方米的监楼(又称"西人监""外人监"或"十字

---

[1] 韩华:《山下奉文案探析》,载《抗日战争研究》2015年第2期。

楼")关押审判日本战犯。该处位于黄浦江畔,交通便捷,监舍牢固,设施良好。该楼在1942年6月曾是日本人关押少量美国人的"华德路盟军战俘营"。如今管理者与被关押者的位置戏剧性地互换,有其特殊的意义。美军军事法庭经与上海司法部门商议,为了确保战犯的安全,美军自行派军官1人、书记1人、警察6人,并雇用俄籍警察18人、印籍警察12人在提篮桥监狱内专职看管这些日本战犯。[1] 军事法庭的法官、检察官、律师、翻译、记录员等均由美军军官担任。其中法官有米都顿、史冰克、奥斯特、米撒、加度等人,军事检察官有韦斯德、杰拉德、奥斯勃、杜尔等人。到开庭前,由美军逮捕、寄押在提篮桥监狱的日本战犯共87人。[2]

1946年1月18日,美军军事法庭首先在提篮桥监狱"十字楼"的2楼设立法庭审判日本战犯。被告为侵华日军第34军参谋长镝木正隆少将、汉口宪兵队司令官福本龟治大佐、酒井定次少佐、小阪庆助大尉等18人。这是抗战胜利后在中国境内第一次对日本战犯的审判。法庭正式开庭前,首先由审判、检察官员及工作人员起立宣誓。美军军事法庭的首次审理过程通过现代通信设备,向全球广播。[3] 以后经过多次庭审,法庭于2月28日进行宣判,判处镝木正隆少将等5人死刑,福本龟治大佐无期徒刑,酒井定次少佐等11人有期徒刑20年至1年半不等,1人无罪释放。[4]

2—3月,美军军事法庭对侵华日军上海吴淞和江湾战俘营翻译主任石原勇、侵华日军奉天战俘营管理员三木遂两人进行审判,该案主要涉及他们在上海和奉天战俘营期间虐待战俘的罪行。3月6日,石

---

[1]《关于处理美军各司令部商借华德路监狱押日本战犯及派军警协助保护问题与高等法院警察局等来往文书》,上海市档案馆档案,档案号:01-6-411。
[2]《民国三十五年上海年鉴》司法,第F6页。
[3]《日本战犯今起提审》,载《和平日报》1946年1月19日。又见《申报》《民国日报》1946年1月19日。
[4]《日本战犯十八名判决 五犯处绞刑》,载《申报》1946年3月1日。

原勇被判处终身监禁。[1] 3月14日三木遂被判处有期徒刑25年。[2]

3—4月,美军军事法庭分别对侵华日军第13军司令官泽田茂中将和立田外次郎、和光勇精、冈田隆平上尉等4人进行审判,该案主要涉及日军虐待、杀害美军杜立特飞行员。法庭先后经过20多次审理,于4月15日判处和光勇精有期徒刑9年,泽田茂、立田外次郎、冈田隆平各有期徒刑5年。[3]

4月,美军军事法庭对侵华日军星川森次郎上士、向山国忠准尉、永井正次翻译等3人进行审判。该案主要涉及日军虐待伤害美军的盟友在上海的5名菲律宾人。4月26日,星川森次郎被判处有期徒刑27年,向山国忠被判处有期徒刑22年,永井正次被判处有期徒刑20年。[4]

5月,美军军事法庭对台湾地区的日军情报员泽牧良夫少佐进行审判。该案主要涉及1944年10月美海军人员霍利比斯在台湾沿海侦察时被日军逮捕、施以酷刑并关押一案。5月10日,泽牧良夫被判处有期徒刑30年。[5]

6月,美军军事法庭对侵华日军中野良雄大尉、川井清海兵长、井村秀一兵长、关晋上等兵等4人进行审判。该案主要涉及美军飞行员哈特中尉于1945年5月在台湾地区海面迫降后被日军虐待伤害一案。6月8日,中野良雄被判处无期徒刑,川井清海、井村秀一、关晋各

---

[1]《石原勇昨宣判终身监禁》,载《民国日报》1946年3月7日。《美军三审石原勇》,载《申报》1946年3月7日。
[2]《日战犯三木遂二十五徒刑》,载《华美晚报》1946年3月14日。
[3]《杜立特飞行员案各犯仅判处徒刑 被告泽田茂等喜出望外》,载《民国日报》1946年4月16日。
[4]《美军判决三犯徒刑》,载《大公报》1946年4月27日。
[5]《日战犯泽牧良夫判有期徒刑三十年》,载《申报》1946年5月11日。

被判处有期徒刑30年。[1]

7月,美军军事法庭对侵华日军驻台湾地区第10方面军参谋长谏山春树中将、司令部军法处长古川大佐、杉浦成孝中佐和中野良雄、伊达宾夫、松井正治大尉及伊藤忠夫、藤井健中尉等8人进行审判。该案主要涉及1945年6月19日美军飞行员麦克里莱等14人在台湾地区海面乘机失事被日军杀害。7月25日,谏山春树被判处无期徒刑,古川、杉浦成孝各被判处死刑,中野良雄被判处无期徒刑,伊藤忠夫被判处有期徒刑20年,松井正治被判处有期徒刑40年,伊达宾夫、藤井健各被判处有期徒刑30年。[2]

8—9月,美军军事法庭对侵华日军华南派遣军第23军司令官兼香港总督田中久一中将、第23军参谋长富田直亮少将[3]、久保口外中佐、山口教一少佐及渡边昌盛、浅川弘子上尉等6人进行审判,主要涉及该6人对美军第14航空队飞行员约翰·荷克少校1945年1月轰炸香港后被杀一案。9月3日,田中久一、富田直亮均被判处绞刑,久保口外被判处无期徒刑,山口教一被判处有期徒刑50年,渡边昌盛被判处无期徒刑,浅川弘子被判处无罪,押往日本后被释放。[4]

9月,美军军事法庭对侵华日军奉天战俘营主任松田元治大佐、医官桑岛恕一大尉进行审判,主要涉及该2人在奉天战俘营对美军被俘人员的虐待伤害一案。9月16日松田元治被判处有期徒刑7年,桑岛

---

[1]《中野良雄处长监 四兵长各判三十年》,载《华美晚报》1946年6月8日。
[2]《杀害美飞行员案 八战犯昨宣判》,载《和平日报》1946年7月26日。《八战犯昨宣判 古川、杉浦各处死刑 谏山、中野无期徒刑》,载《立报》1946年7月26日。
[3] 当时各媒体上大多写成福地春功或福地春南,经笔者查证,《侵华日军序列沿革》(解放军出版社1987年版)、《侵华日军历史上的105个师团》(解放军出版社2010年版)等资料,该人的姓名中文的规范写法应为富田直亮,在此做了更正。
[4]《美军法庭判处绞刑 其余三名各处判刑 浅川弘子宣判无罪》,载《民国日报》1946年9月4日。《日二战犯判处绞刑 其余各犯分别判刑》,载《申报》1946年9月4日。

恕一被判处死刑。[1]

总之,美军军事法庭于1946年1月至9月,在提篮桥监狱"十字楼"内共审判日本战犯10批47人。[2]其中只有3个案件各判刑1人,其他7个案件均判刑多人。这47名被起诉战犯中,被判处死刑的有10人(实际执行7人)[3],被判处无期徒刑的有7人,被判处有期徒刑的有29人,无罪释放的有2人。[4]其中涉及将级以上日本战犯5人,名单列表如下:

姓名	籍贯	主要职务	军衔	宣判日期	判决结果	备注
镝木正隆	石川	侵华日军第34军参谋长	少将	1946年2月28日	死刑	1946年4月22日被执行绞刑
泽田茂	高知	侵华日军第13军司令官	中将	1946年4月15日	有期徒刑5年	
谏山春树	福冈	侵华日军驻台湾地区第10方面军参谋长	中将	1946年7月25日	无期徒刑	

---

[1]《美军军事法庭判决日战犯》,载《和平日报》1946年9月17日。
[2] 1946年美军军事法庭审判的日战犯中,曾两次出现了来自同一地区的"中野良雄大尉",此为同一人在同一法庭受到两次审判。
[3] 这7人中,其中6人由美军军事法庭执行绞刑,还有1人,即田中久一由广州军事法庭执行枪决。
[4] 据王辅《日军侵华战争(1931—1945)》(辽宁人民出版社1990年版)记载,日本昭和三十年(1955年)3月1日,日本厚生省(相当于卫生部)援助局公布的统计数据:1946年2月至1946年9月,美军军事法庭在上海提篮桥监狱对45名日本战犯进行审判,判处死刑6人,判处无期徒刑8人,判处有期徒刑26人,无罪释放5人。该情况与当时媒体的报道,总体情况基本相同,可以互相引证,只是在人数及个别细节上略有出入,笔者引用在此供读者及研究人员参考。也有可能美军军事法庭对部分人员作了改判,刑期有所更改。

续表

姓名	籍贯	主要职务	军衔	宣判日期	判决结果	备注
田中久一	兵库	侵华日军华南派遣军第23军司令官兼香港总督	中将	1946年9月3日	死刑	1947年3月27日在广州被执行枪决
富田直亮		侵华日军华南派遣军第23军参谋长	少将	1946年9月3日	死刑	后来没有被执行

1946年4月22日,美军军事法庭对侵华日军第34军参谋长镝木正隆少将以及藤井勉、增井昌三、增田耕一、白川与三郎等5人在狱中绞刑房由美军宪兵逐个处以绞刑。[1] 1947年2月1日,美军军事法庭又对沈阳俘虏营医官桑岛恕一大尉在狱中绞刑房处以绞刑。[2] (这座具有历史和文物价值的绞刑房,至今保存完好,并成为上海监狱陈列馆的亮点之一。)

1946年美军军事法庭审判的日本战犯

判决日期	姓名	出生年份	籍贯	职务	军衔	判决结果	备注
2月28日	镝木正隆	1897	石川	侵华日军第34军参谋长	少将	死刑	1946年4月22日在提篮桥监狱被执行绞刑
	藤井勉			侵华日军汉口宪兵队	准尉		
	增井昌三			侵华日军汉口宪兵队曹长			

---

[1]《日战犯五名在沪处绞刑》,载《中央日报》1946年4月23日。《绞刑台上 日战犯五名伏法记》,载《新闻报》1946年4月23日。
[2]《日本战犯医官桑岛恕一昨晨在沪执行绞刑》,载《大公报》1947年2月2日。

续 表

判决日期	姓名	出生年份	籍贯	职务	军衔	判决结果	备注
2月28日	增田耕一			侵华日军汉口宪兵队军曹		死刑	1946年4月22日在提篮桥监狱被执行绞刑
	白川与三郎			侵华日军汉口宪兵队上等兵			
	福本龟治	约1894		侵华日军汉口宪兵队司令	大佐	无期徒刑	
	酒井定次	约1896		侵华日军汉口宪兵队成员	少佐	有期徒刑20年	
	久松稔			侵华日军汉口宪兵队曹长		有期徒刑15年	
	山口久吉			侵华日军汉口宪兵队军曹		有期徒刑15年	
	西川正治			侵华日军汉口宪兵队军曹		有期徒刑15年	
	冢田孝吉			侵华日军汉口宪兵队军曹		有期徒刑12年	同年4月初均改判为有期徒刑6年[1]
	竹内义幸			侵华日军汉口宪兵队军曹		有期徒刑12年	
	藤井顺一			侵华日军汉口宪兵队军曹		有期徒刑12年	

[1]《魏德迈批准日战犯处死》,载《大公报》1946年4月5日。

续表

判决日期	姓名	出生年份	籍贯	职务	军衔	判决结果	备注
2月28日	小阪庆助			侵华日军汉口宪兵队司令部成员	大尉	有期徒刑3年	
	真锅良一			汉口日本领事馆工作人员		有期徒刑3年	
	加藤匠			翻译		有期徒刑2年	
	水田胜			侵华日军汉口宪兵队上等兵		有期徒刑1年半	
	滨田正平			汉口日本领事馆工作人员		无罪释放	
3月7日	石原勇	约1910		上海吴淞、江湾战俘营翻译主任	上尉	无期徒刑	
3月14日	三木遂	约1916		奉天战俘营管理员	少尉	有期徒刑25年	
4月15日	泽田茂	1887	高知	侵华日军第13军司令官	中将	有期徒刑5年	
	立田外次郎		石川	江湾监狱监狱长	上尉	有期徒刑5年	
	和光勇精		山梨	侵华日军第13军军法官	上尉	有期徒刑9年	
	冈田隆平	1903	爱知	侵华日军第13军军法官	上尉	有期徒刑5年	

续表

判决日期	姓名	出生年份	籍贯	职务	军衔	判决结果	备注
4月26日	星川森次郎			侵华日军驻上海某部宪兵	上士	有期徒刑27年	
	向山国忠				准尉	有期徒刑22年	
	永井正次			侵华日军驻上海某部翻译		有期徒刑20年	
5月10日	泽牧良夫	约1914		台湾日军情报员	少佐	有期徒刑30年	
6月8日	中野良雄			侵华日军驻台湾地区军官	大尉	无期徒刑	
	川井清海			侵华日军驻台湾地区兵长		有期徒刑30年	
	井村秀一			侵华日军驻台湾地区兵长		有期徒刑30年	
	关晋			侵华日军驻台湾地区上等兵		有期徒刑30年	
7月25日	谏山春树		福冈	台湾地区第10方面军参谋长	中将	无期徒刑	
	古川			司令部军法处长	大佐	死刑	后未执行
	杉浦成孝			侵华日军驻台湾地区军官	中佐	死刑	后未执行
	中野良雄				大尉	无期徒刑	

续表

判决日期	姓名	出生年份	籍贯	职务	军衔	判决结果	备注
7月25日	伊藤忠夫			日本台湾司令部裁判所法官	大尉	有期徒刑20年	1949年1月26日又被上海军事法庭判处有期徒刑20年
	松井正治				大尉	有期徒刑40年	
	伊达宾夫				中尉	有期徒刑30年	
	藤井健				中尉	有期徒刑30年	
9月3日	田中久一	约1889	兵库	华南派遣军第23军司令官兼香港总督	中将	死刑	1947年3月17日在广州枪决
	富田直亮	1899	熊本	华南派遣军第23军参谋长	少将	死刑	后未执行
	久保口外			华南派遣军第23军军官	中佐	无期徒刑	
	渡边昌盛				少佐	无期徒刑	
	山口教一			香港日军军事法庭法官	少佐	有期徒刑50年	
	浅川弘子			华南派遣军第23军军官	上尉	无罪释放	

续　表

判决日期	姓名	出生年份	籍贯	职务	军衔	判决结果	备注
9月16日	松田元治			奉天战俘营主任	大佐	有期徒刑7年	
	桑岛恕一	1916	山形	奉天战俘营医官	大尉	绞刑	1947年2月1日在提篮桥监狱执行

此外，从1946年8月26日起，美军军事法庭还对在华时危害美国利益的欧哈德等23名德国纳粹战犯进行了多次审讯。[1]同年9月22日，从北平解来共同从事间谍活动的纳粹战犯4人(内有女性1人)，这样美军军事法庭一并对提篮桥监狱内关押的德国纳粹战犯27人进行审讯。11月13日，法庭对其中的沈克、奥吐、斯拔脱、凯色士、涅门、兰道夫等6人宣判无罪释放，余犯继续受审。1947年1月17日对余21人分别做出判决，最高为终身监禁(无期徒刑)，最低为苦役(有期徒刑)5年；判决后，由美军遣返他们回德国执行。具体名单及判决如下：纳粹远东情报机构"欧哈德局"首脑欧哈德处终身监禁。纳粹远东情报机构普开麦，前希特勒青年团团员、远东宣传局宣传员罗曼各处苦役30年。欧哈德局间谍、曾参加波兰第五纵队的莫斯保，欧哈德局间谍、曾刺探美军军机飞越驼峰及中国境内美军机场情形的哈瑟，欧哈德局北平支部首脑弗尔克勒，欧哈德局北平支部副主任海雪各处苦役20年。欧哈德局对空情报组首脑拉斯基处苦役15年。欧哈德局情报员罗特劳夫，欧哈德局密码翻译员哈本尼许，欧哈德局密电员台德莱夫，欧哈德局交通情报组首脑李许特，欧哈德局普通间谍杰格，纳粹华

---

[1]《纳粹间谍二十三名　欧哈德昨日初审》，载《申报》1946年8月27日。

北通讯社主任缪勒各处苦役 10 年。纳粹北平使领馆首脑奥顿保处苦役 8 年。伪造文件专家庇许基,纳粹广州支部间谍尼曼,纳粹广州支部无线电机务员乌勃黑区,纳粹北平支部间谍斯托克,纳粹北平支部间谍缪勒夫人,纳粹驻广州领事西伯各处苦役 5 年。[1]

二、美军军事法庭审判日本战犯的依据及审判工作的评判

1946 年 9 月 27 日下午,南京国民政府外交部召开"美军在华逮捕引渡及审判战犯问题讨论会议"。根据会议记录反映,出席会议者有国防部、外交部、司法行政部等官员,会议由外交部次长刘锴主持。会上首先由外交部张科长宣读外交部所编美军在华逮捕、引渡、审判战犯及其他人犯案参与案件报告书,接着由国防部第二厅彭参谋报告 1945 年 10 月 9 日中美双方在重庆为处理战犯曾做的口头谅解,其内容据美方所提备忘录如下:(1)中美双方应互相引渡对本国犯罪之战犯。(2)中美双方可互相径行逮捕拘留战犯,美方可在上海设立军事法庭审判其对美方犯罪之日本战犯及纳粹战犯。(3)中美军事当局应对逮捕引渡战犯互相予以便利,以便从速处理完毕。(4)凡参加太平洋及远东分会之诸盟国,应予以引渡逮捕战犯之便利,以期早日结束战犯之处理。(5)战犯同时侵害两国利益时,由各国尽先逮捕,尽先审判,然后解递第二国审判,执行之刑,则就二国所判之最重刑执行之。[2]

司法行政部刑事司司长杨兆龙对于此案意见,以为美军依照该项口头谅解在中国逮捕引渡并审判战犯为期已近一年,此一年中其所处

---

[1] 《纳粹间谍命运决定 欧哈德处苦役终身 美军法庭经数月审讯昨日告一段落》,载《申报》1947 年 1 月 18 日。由于文字翻译等原因,当时各媒体对 27 名德国纳粹战犯名字有多个版本。
[2] 《美军在华逮捕引渡及审讯战犯问题讨论会议记录》(1946 年 9 月 27 日),《引渡战犯法规》,台北"国史馆"藏,典藏号:020-010117-0002-0099-0100。

理之各有关战犯案件,事实上似不便不予承认,但此事关系我国主权。关于如何逮捕、如何引渡,以及如何审讯之手续与范围等项,确有与美方商妥以为准绳之必要。

决议事项如下:(1)仅对美国人有犯罪行为之战犯,由驻华美军通知当地军警机关代为逮捕,美军可予以逮捕上之协助,逮捕之后由美军总部向国防部申请引渡。(2)鉴于美军以往曾在中国地区共同作战,而其审判战犯之机构又属驻华美军总部指挥下附属机构之一,为便利审判战犯起见,中国政府同意美军审判战犯之军事法庭于美军驻华期间暂在中国境内举行战犯之审判。以上两项决议,由外交部主稿与国防部及司法行政部会呈主席核定后向美方提出。[1]

抗日战争胜利以后,美军军事法庭为打击法西斯的侵略气焰,惩处反人道行为,在相对集中的时间内,搜集证据,利用法律武器,先后惩处40多名日本战犯和20多名德国纳粹战犯。这是一项伸张正义、顺应民意的行为,从司法实践、客观效果和社会反响上应予充分肯定。它在时间上又先于中国国民政府审判日本战犯,为中国各军事法庭审判日本战犯提供了可资借鉴的经验。但是在法理和外交主权上也有值得进一步研究探讨的地方。[2] 针对美军的审判权问题,当年的被告律师在法庭上提出质疑:"美军当局在华设立军事法庭审讯战犯系不合法之举动。美政府在华既已取消治外法权,又并未占领中国境内之土地,同时,军事法庭仅能由军事政府所设立。根据法律,美军当不能在华组织军事政府。"[3]

---

[1] 《中华民国史档案资料汇编》第5辑第3编《外交》,凤凰出版社1994年版,第314—316页。
[2] 有人认为美军在华处置、审判日本战犯极大侵害了中国主权,引发了中美司法管辖权之争。近期有学者对此情况发表了专题论文,可参见中国社会科学院近代史研究所刘萍所写的《战后美军在华处置战犯问题初探》,载《民国档案》2016年第3期。
[3] 《美军续审日战犯》,载《申报》1946年2月12日。

据有关资料反映,在世界反法西斯战争胜利后,美军曾在横滨、上海、马尼拉、关岛和夸贾林环礁等地区设立美军军事法庭,共判处140名日本战犯死刑,判处1 033名日本战犯无期徒刑和有期徒刑。[1]但是美军军事法庭的审判也带有较大的局限性和片面性,在定罪、量刑上也存在不确定性和随意性。如同样一起集体性的杀人案,1944年11月美军3名飞行员在汉口被害涉及的18名日本人中,5人判死刑、1人判无期徒刑、11人判有期徒刑、1人无罪释放。而1945年6月美军14名飞行员在台湾地区被害,涉及的8人中,2人虽然判死刑,但未执行,2人判无期徒刑,4人判有期徒刑。其次,法庭不涉及日本战犯对中国人民犯下的罪行,它只注重日本战犯对美军被俘人员以及美军盟友菲律宾人民所犯的罪行,同时在调查、取证的过程中,明显地存在"短、平、快"的问题,遗漏或没有追究他们的一些重要罪行,其中最典型的事例为:侵华日军第13军司令官泽田茂中将指挥下的军队于1939年10月至1942年10月期间,对上海郊区的烧杀惨案和"清乡"负有直接罪责。1940年4月的青浦"青东大屠杀",经调查被枪杀、刺死、烧死、酷刑致死的有姓有名的遇难者就达803人,日军烧毁房屋达4 400间,但是美军军事法庭在审判中竟无一字提及。[2]最后,泽田茂中将只被美军军事法庭象征性地判处有期徒刑5年。另一方面,美军军事法庭所判处死刑的10名日本战犯实际只执行7名(其中6人在提篮桥执行绞刑,1人由广州军事法庭执行枪决),该法庭所判处的无期徒刑、有期徒刑的日本战犯,于1947年1月从提篮桥监狱移送至江湾国防部战犯监狱。当1949年2月战犯监狱撤销后,这些日本战犯被遣送回日本经过短期关押后都被释放了。

---

[1]《东京审判便览》(日文版),青木书店1989年版。
[2] 张铨、庄志龄、陈正卿:《日军在上海的罪行与统治》,上海人民出版社2015年版,第458页。

第三章

日本战犯在提篮桥监狱的关押、审判与执行

凡提到关押日本战犯,大多数人想到的是抚顺战犯管理所。其实中国境内关押、审判日本战犯的地方,除了抚顺、沈阳等处,上海的提篮桥监狱也是一个重要场所,它在关押、审判、执行判决日本战犯中起到了重要的作用,而且它是抗战胜利后中国境内第一个审判日本战犯的地方。

一、日本战犯在提篮桥监狱的关押

提篮桥监狱,又称华德路监狱、工部局监狱、上海监狱、上海西牢等,始建于1901年,启用于1903年5月。初建时占地面积10亩左右。1916年以后又陆续进行扩建和改建,于1935年定型,占地面积60.4亩。共有建筑面积7万多平方米,近4 000间监室,还有工场、医院、橡皮监(防暴监)、风波亭(禁闭室)、绞刑房(室内刑场)、室外刑场等。监狱内的关押场所分为华人和西人(外人)两个区域。由于建筑精良,规模宏大,从可关押人数来说,提篮桥监狱远超印度的孟买监狱和日本的巢鸭监狱,故在20世纪30年代,提篮桥监狱曾号称"远东第一监狱"。[1]

---

[1] [荷]冯客著,徐有威等译:《近代中国的犯罪、惩罚与监狱》,江苏人民出版社2008年版,第311页。

第三章 日本战犯在提篮桥监狱的关押、审判与执行

提篮桥监狱内有 1 幢 6 层高、建筑面积达 6 560 平方米的监楼,呈"十"字形放射状。它原是专押外国籍男犯的监楼,时称"西人监"或"外人监"(现称"十字楼")。它有大小不等的囚室 140 多间,楼顶还有 4 个放风场,四周高大的围墙与狱区内关押的华籍犯人相分隔。抗战胜利后,这幢监楼辟为上海战犯拘留所。提篮桥监狱(时称"司法行政部直辖上海监狱")的典狱长兼任上海军事法庭战犯拘留所的所长。由于设施良好,交通便捷,从 1945 年 12 月起,不少日本战犯(含战犯嫌疑人,下同)通过飞机、火车、轮船等交通工具,从国外及国内陆续被移押至提篮桥监狱。据《大公报》报道,1946 年 1 月初,提篮桥监狱除关押日本战犯 51 名外,还有英、俄、美、法,以及犹太人之战犯。[1] 截至 1946 年 1 月 23 日,提篮桥监狱关押的日本战犯共 87 人。[2]

其中,侵华日军第 34 军参谋长镝木正隆少将等 10 多人及第 13 军司令官泽田茂中将分别于 1945 年 12 月和 1946 年 2 月从日本东京通过飞机被押解抵上海,并被关押狱中。[3] 侵华日军驻台湾总督、司令官安藤利吉大将等人于 1946 年 4 月通过飞机从台湾被押解抵上海,并被关押狱中。[4] 同年 7 月,日本法务官谷瑞人、侵华日军海军松本一郎大佐等 19 人通过轮船从厦门被押解抵上海,并被关押狱中。[5] 8 月,侵华日军第六方面军司令官冈部直三郎大将等人通过轮船从汉口被押解抵上海。[6] 9 月初,侵华日军第 64 师团长船

---

[1]《羁沪战犯 美军将予审判》,载《大公报》1946 年 1 月 3 日。
[2]《上海年鉴》(民国三十五年)司法,第 F6 页。
[3]《战犯镝木今押解来沪》,载《民国日报》1945 年 12 月 24 日。《泽田茂押解来沪》,载《大公报》1946 年 2 月 6 日。
[4]《服毒自杀》,载《中央日报》1946 年 4 月 21 日。《日战犯竟服毒 安藤死于狱中》,载《新闻报》1946 年 4 月 21 日。
[5]《战犯一批由厦解沪》,载《新闻报》1946 年 7 月 9 日。
[6] 张子申、薛春德编著:《走向神社的哀歌:日军毙命录》,解放军出版社 1994 年版,第 245 页。

提篮桥监狱关押日本战犯的"十字楼"内景
——麦林华主编:《上海监狱志》,上海社会科学院出版社2003年版,第53页

引正之中将、第68师团步兵第57旅团长黑濑平一少将等人从南京押解至提篮桥监狱。[1]

日本战犯关押审判期间,有的战犯曾在提篮桥监狱内自杀或病亡,如日本驻台湾地区司令官、总督安藤利吉大将于1946年4月19日深夜,吞服了密藏在衣缝里的剧毒药品,自杀死亡。[2]他是侵华战争中中国境内自杀死亡的侵华日军最高将领。5天后,与其同机被押解入狱的安藤的法律顾问松尾正三少佐也在狱中悬梁自尽。[3]同年11月28日,曾任日本第六方面军司令官的冈部直三郎大将在提篮桥监狱内突发脑溢血死亡。[4]他是中国境内因病死亡的侵华日军中的最高将领。[5]安藤和冈部是自1932年4月29日侵华日军上海先遣军总司令白川义则中将在虹口公园被炸死以来,在上海死亡的两名侵华日军最高将领。

根据国民政府国防部的布置,1947年1月国防部在上海江湾高境庙成立上海战犯拘留所。1月16日,新成立的战犯拘留所接收了原关押在提篮桥监狱内的日本战犯及嫌疑人189名,除去1名接收前已经在法庭交保的人员和2名因病住院人员外,实际接收人数为186名。同年2月,设在提篮桥监狱"西人监"内的日本战犯拘留所和原美军军事法庭撤销,空出的监房改为上海高等法院看守所。[6]各地已判刑或待审的战犯集中在江湾关押。由于江湾的国防部战犯监狱监管设

---

[1]《船引正之、黑濑平一押提篮桥监狱》,载《申报》1946年9月4日。
[2]《台湾总督安藤利吉自杀》,载《大公报》1946年4月21日。《日战犯安藤 在沪监服毒自杀》,载《民国日报》1946年4月21日。
[3]《继安藤利吉后 松尾亦自缢狱中》,载《和平日报》1946年4月26日。《松尾畏罪自缢狱中》,载《民国日报》1946年4月26日。
[4]《日战犯冈部病死狱中》,载《民国日报》1946年11月30日。《穷兵黩武者之下场 敌酋冈部大将瘐死》,载《申报》1946年11月30日。
[5]张子申、薛春德编著:《走向神社的哀歌:日军毙命录》,解放军出版社1994年版,第283页。
[6]《上海高等法院工作报告》,1947年11月1日。

施不及提篮桥监狱,凡是经上海军事法庭判处死刑的日本战犯仍关押在提篮桥监狱。从1945年底开始,一直到1948年止,提篮桥监狱累计关押过数百名日本战犯,是中国关押日本战犯的重要场所。

二、日本战犯在提篮桥监狱的审判

1946年初,盟国中国战区参谋长兼驻华美军司令魏德迈将军奉命在中国上海组建美军军事法庭,审判日本战犯。军事法庭设在提篮桥监狱"十字楼"的2楼和6楼。1月24日上午,美军军事法庭在提篮桥监狱开庭审判18名日本战犯,为首者是将级日本战犯、侵华日军第34军参谋长镝木正隆少将。法官、检察官、律师、翻译、记录员等工作人员均由美军军官担任。[1]经过多次审理,2月28日,美军军事法庭对18名日本战犯做出宣判,判处镝木正隆、藤井勉等5人死刑,判处福本龟治无期徒刑,判处酒井定次等11人有期徒刑1年半至有期徒刑20年不等,1人无罪释放。[2]

此外,美军军事法庭还于1946年2—9月间在提篮桥监狱对其他30名日本战犯进行多次审判,被审判的对象主要是摧残、虐待被俘的美国飞行员和菲律宾盟友的日本战犯。其中涉及将级日本战犯的有侵华日军第23军司令官兼日本驻香港总督田中久一中将、第23军参谋长富田直亮少将、第13军司令官泽田茂中将等人。

总之,1946年1—9月,美军军事法庭在提篮桥监狱内分10批审判了47人,共判处10人死刑(实际执行7人,其中6人在上海被执行绞刑,1人在广州由广州军事法庭执行枪决),判处7人无期徒刑,判处

---

[1]《杀害美军飞行员 沪美军初审日战犯》,载《中央日报》1946年1月25日。《汉口惨杀飞行员大案 日战犯昨侦讯》,载《大公报》1946年1月25日。
[2]《日本战犯十八名判决 五犯处绞刑》,载《申报》1946年3月1日。《穷凶极恶亦有今日 日战犯昨宣判》,载《文汇报》1946年3月1日。

29人有期徒刑,无罪释放2人。此外,美军军事法庭在提篮桥监狱审判日本战犯的同时,还在狱内多次审讯德国纳粹战犯,受审人数多达27人。

从1945年12月16日起,到1946年5月1日止,国民政府先后在北平、沈阳、南京、广州、济南、汉口、太原、上海、徐州、台北等10个城市设立了专门审判日本战犯的军事法庭。其中,南京军事法庭直属国民政府国防部,其他9个军事法庭隶属于各"战区"("绥靖区""行辕")。这10所军事法庭正式审判日本战犯的时间分别是:第一绥靖区审判战犯军事法庭(上海),1946年4月;第11战区审判战犯军事法庭(北平),1946年4月;国防部审判战犯军事法庭(南京),1946年5月;汉口行辕审判战犯军事法庭,1946年6月;徐州绥署审判战犯军事法庭,1946年7月;东北行辕审判战犯军事法庭(沈阳),1946年7月;广州行辕审判战犯军事法庭,1946年7月;第二绥靖区审判战犯军事法庭(济南),1946年8月;第二战区审判战犯军事法庭(太原),1946年12月;台湾警备总部审判战犯军事法庭(台北),1946年12月。[1] 以上这10所军事法庭中,审判日本战犯时间最早的是设在上海的第一绥靖区审判战犯军事法庭和设在北平的第11战区审判战犯军事法庭,审判时间都在1946年4月。而设在上海提篮桥监狱内的美军军事法庭,首次开庭时间是1946年1月24日。通过事实比对,说明提篮桥监狱是抗日战争胜利后中国境内第一个审判日本战犯的场所。

三、日本战犯在提篮桥监狱的执行

抗战胜利后,中国境内对日本战犯执行死刑的场所,主要有南京

---

[1] 胡菊蓉:《中外军事法庭审判日本战犯》,南开大学出版社1988年版。

的雨花台刑场、上海的提篮桥刑场、广州的流花桥刑场等处。各地刑场一般只有室外刑场,而提篮桥监狱不仅有室外刑场,还有室内刑场,并在两处刑场都处决过日本战犯,这在中国境内十分罕见。

提篮桥监狱室内刑场,又称绞刑房,1935年建成,位于"十字楼"的3楼,面积18平方米,四面都是钢筋水泥的墙壁,一面在2米高处开有两扇气窗。绞刑房地坪中间开有一个1.8平方米的方孔,方孔两侧装有两块厚厚的活动地板。活动地板合上,与周围的地坪浑然一体,可以行走,可以放置重物。活动地板放下就是一个方孔。正对方孔的房顶上有一根管状形的绞架。该室内刑场启用于1936年8月31日,首个被执行绞刑的是一名印度籍的杀人犯。[1] 1946年4月22日上午8时,被军事法庭判处死刑的5名日本战犯,由军事法庭按照日本战犯的军阶高低逐个执行绞刑;每次一人,镝木正隆少将排在首位。[2] 1947年2月1日,美军军事法庭又对奉天战俘营军医桑岛恕一大尉处以绞刑。[3] 1949年上海解放后,这座具有历史、文物价值的绞刑房,曾先后被改为监狱管理人员的办公室及犯人劳动场所。1983年3月至1985年5月期间,笔者也在此工作过及参加过多次会议。1993年经笔者提议,在上级领导的支持及有关人员的协助下,将绞刑房恢复原貌。笔者还与一位记者合作,于1993年3月在一家媒体上予以报道。[4] 从1999年12月起,该绞刑房已成为上海监狱陈列馆的重要组成部分。

---

[1]《命案犯人昨处绞刑》,载《申报》1936年9月1日。麦林华主编:《上海监狱志》,上海社会科学院出版社2003年版,第724页。

[2]《在汉杀害美飞行员 五日犯今执行》,载《民国日报》1946年4月22日。《日战犯五名昨晨绞决》,载《和平日报》1946年4月23日。[日]稻叶正夫编:《冈村宁次回忆录》,中华书局1981年版,第134页。

[3]《日本战犯医官桑岛昨晨在沪执行绞决》,载《大公报》1947年2月2日。

[4]徐家俊、李坚:《监狱遗迹整修如"旧":"绞刑房"改造记》,载《新民晚报》1993年3月11日。

第三章 日本战犯在提篮桥监狱的关押、审判与执行

上海军事法庭(含前期的第一绥靖区军事法庭和后期的国防部军事法庭)共审判 180 多名日本战犯,判处死刑者 13 人,其中除常熟宪兵队队长米村春喜和江阴日本宪兵队军曹下田次郎两人被押往江湾刑场执行外,其余 11 人先后于 1947 年 8 月 12 日至 1948 年 9 月 9 日,由中国军警在提篮桥监狱刑场执行枪决。据统计,1947 年期间有 4 人先后被执行枪决,具体日期和名单为:8 月 12 日,杭州艮山门日军宣抚班成员黑泽次男。[1] 8 月 14 日,溧阳日本宪兵队军曹富田德。[2] 11 月 22 日,日本宪兵队杭州情报部主任芝原平三郎。[3] 12 月 10 日,上海日本宪兵队准尉浅野隆俊。[4]

1948 年有 10 人被枪决,具体日期和名单为:3 月 15 日,上海日本宪兵队浦东分队特高课准尉久保江保治、日本宪兵队浦东分队军曹野间贞二 2 人。[5] 4 月 8 日,崇明日本宪兵队队长大庭早志、崇明日本宪兵队特高课课长中野久勇 2 人。[6] 4 月 20 日,越南日本宪兵队本部特高课中国班主任兼河内宪兵分队大尉队副妻苅悟、日军驻越南岘港宪兵分队特高课曹长田岛信雄、军曹小西新三郎(该 3 人原由广州军事法庭判处死刑,经呈报国防部核准后,由于法庭已撤销而被押解到上海,在提篮桥执行枪决)。[7] 6 月 24 日,宁波日本宪兵队队长大

---

[1] 《黑泽次男今晨执行枪决》,载《前线日报》1947 年 8 月 12 日。《日战犯"杭州之狮"黑泽次男昨晨伏法》,载《申报》1947 年 8 月 13 日。
[2] 《日战犯富田德今晨枪决》,载《申报》1947 年 8 月 14 日。《富田德今日枪决》,载《新闻报》1947 年 8 月 14 日。
[3] 《杀人如麻恶贯满盈 战犯花花太岁枪决》,载《新民晚报》1947 年 11 月 22 日。《花花太岁执行枪决》,载《申报》1947 年 11 月 23 日。
[4] 《战犯浅野隆俊昨午执行枪决》,载《前线日报》,1947 年 12 月 11 日。《战犯浅野枪决 昨午在监狱执行》,载《立报》1947 年 12 月 11 日。
[5] 《两日战犯在沪处死》,载《中央日报》1948 年 3 月 16 日。《两日本战犯昨枪决》,载《申报》1948 年 3 月 16 日。
[6] 《崇明两个日本战犯 大庭中野昨枪决》,载《大公报》1948 年 4 月 9 日。
[7] 《日战犯三名昨执行枪决》,载《申报》1948 年 4 月 21 日。《日战犯三名昨枪决 尸体已由普善山庄埋葬》,载《大公报》1948 年 4 月 21 日。

场金次。[1]9月1日,侵华日军杭州、松江派遣队附员松谷义盛。[2]9月9日,曾任奉系军阀张作霖顾问的伊达顺之助(中文名张宗援)。[3]

四、中国境内一处重要的抗日纪念地点

提篮桥监狱是抗日战争胜利后,中国境内第一个审判日本战犯的军事法庭所在地,先后有数百名日本战犯被关押在狱中。1946年1月—9月,共有10个案件47名日本战犯受到美军军事法庭的审判。1946年4月—1948年9月,先后有20名日本战犯在狱中被处决,其中6人被美国宪兵在室内刑场(绞刑房)执行绞刑,14人被中国军警在室外刑场执行枪决。提篮桥监狱相关设施一直保护完好,尤其保留了一处非常完整的关押、审判、处决日本战犯的建筑实体。远东国际军事法庭在日本东京,于1948年11月对梅津美治郎等18名日本战犯分别判处无期徒刑和有期徒刑,1948年12月22日在东京巢鸭监狱处决了东条英机、松井石根等7名战犯。从日本战犯的关押人数、审判人数和执行死刑人数上来讲,提篮桥监狱远远超过东京的巢鸭监狱。东京的巢鸭监狱建于1895年,开始为警视厅监狱巢鸭支署,1897年后改称为巢鸭监狱。在第二次世界大战结束后,日本为盟军所占领,监狱被盟军美军征用,专用于关押远东军事法庭的战犯。1958年盟军归还后改称为东京拘置所,1970年狱中不再关押犯人,次年监狱被拆除。后

---

[1] 《战犯大场金次昨午执行枪决》,载《申报》1948年6月25日。《战犯大场金次昨午执行枪决》,载《大公报》1948年6月25日。

[2] 《日战犯松谷昨执行枪决》,载《申报》1948年9月2日。《日战犯宪兵中士松谷义盛昨午枪决》,载《大公报》1948年9月2日。

[3] 《日本阴谋家伊达顺之助执行枪决》,载《申报》1948年9月10日。《伊达顺之助枪决 昨午在提篮桥执行》,载《大公报》1948年9月10日。

整修后的提篮桥监狱监舍一角
——由上海市提篮桥监狱干部邵鲁兵拍摄

来在原地改建成东京当时最高的大楼"阳光城",又称"阳光60"。

1997年8月,经上海市人民政府正式批准,"提篮桥监狱日本战犯关押、审判、执行处"被列为上海市抗日纪念地点,并立碑存史。1998年8月,提篮桥监狱与提篮桥邮电局联合制作发行了以"提篮桥监狱关押、审判、执行日本战犯"为内容的专题明信片,该明信片一套两枚,经国家邮政部门批准正式发行,受到社会各界的关注。[1] 2013年3月,经国务院批准,包括抗战胜利后,关押、审判、执行日本战犯的"十字楼"在内的提篮桥监狱早期建筑被列为第七批全国重点文物保护单位,是全国司法系统600多座使用的监狱中,唯一一座被列为全国重点文物保护单位的监狱。2014年9月经中共中央、国务院批准,上海监狱陈列馆(原关押、审判、执行日本战犯的监楼,1999年12月建成开放)成为第一批国家级的抗战遗址、设施(全国共80处,上海2处)。多年来上海及各地包括台湾地区的电视台、报纸、期刊、网络媒体曾对提篮桥监狱关押、审判、执行日本战犯等情况进行过广泛的报道。

提篮桥监狱,黄浦江畔的一座特殊的建筑,其不但具有重要的司法功能,而且还具有独特的文物功能,其丰富的司法文化、抗战文化值得我们研究,它在中国监狱史、中国抗战史及世界反法西斯战争史上具有重要的意义。

---

[1] 《抗日专题走上明信片》,载《上海法制报》1998年8月24日。《解放后首次以监狱为背景的邮政明信片公开发行》,载《监所研究信息》1998年8月10日。

第四章

上海军事法庭所在地的旧事碎影

抗战胜利后,上海于1946年3月设立审判日本战犯军事法庭,该法庭位于虹口江湾路1号4楼。建筑外形是近似椭圆形的堡垒式,外圆角,内方形。它的四至方位:东为江湾路,南临四川北路,西靠黄渡路,北连民房,占地6 130平方米。大楼四周为办公楼、兵营、仓库等,中间是一个有2 200平方米大的操场,整个建筑远观如航行在海上的军舰,显示了日本侵略者企图吞并中国、征服亚洲的野心。

此处在历史上是日本侵略军在上海的大本营,是一座屠杀过无数中国人民的魔窟。这里曾是日本海军特别陆战队司令部,震惊中外的1932年"一·二八"事变、1937年"八一三"事变由此策划挑起。这幢大楼最初建于1924年,原来不是该样式,是日本帝国主义为加强在上海的军事力量而重建。

1932年1月下旬,在日本军国主义操纵下,旅沪日侨在虹口三角地附近的日本俱乐部集会,列队游行到江湾路四川北路该大楼的周围,他们抗议中国提倡的抵制日货运动,日侨游行队伍沿途捣毁贴有"爱用国货"标语的我国商店。1月28日,上海市政府慑于日本帝国主义者淫威被迫接受取缔上海市各界爱国救国会和关闭上海《民国日报》等无理要求。日本驻沪总领事井村仓松表面上装着对上海市政府的让步表示满意,另一方面却在1月28日午夜11时不宣而战。这天

淞沪战争期间,戴着防毒面具的日军在屠杀中国军民
——原由日本随军记者拍摄,刊登于日本出版的画册《征服中支那》,1940年10月。引自王晓华、原伟华、范玉荣、丁晓红编译:《日本侵华大写真》,汕头大学出版社1997年版,第7页

第四章 上海军事法庭所在地的旧事碎影

深夜,日本海军陆战队兵分三路,一路自天通庵车站,一路自吟桂路(今秦关路)横浜路,一路自虬江路,袭击我驻地在闸北的19路军。

日本帝国主义为了进一步强化在上海的军事力量,1932年11月,他们将位于江湾路四川北路原有房屋拆除,改建成当时"最新式坚固永久的大兵营"。兵营图样由日本海军协会制,并派专员及技师来沪监工建造,主要材料都由海军省负责采购并派专车运送到上海。该工程于1932年11月动工兴建,1933年9月完工。同时在其西侧建了一座海军医院,即今天的海军411医院住院部。日本陆战队为炫耀其"辉煌成果",于1933年9月15日下午向中外各报记者开放,允许自由前往参观,为其宣传报道。

这座所谓"最新式坚固永久的大兵营",是一幢四层钢筋混凝土框架结构,呈"口"字形,四面环绕,可容五六千人;中间是一广场,可容兵数百作纵横操练,并可放置铁甲车、坦克车、轻炮车、机枪、军用运输车等。登楼的楼梯可容五六人并行,水泥梯阶,平坦异常,钢梗扶手;内部形式为环绕式走廊,非常宽广,西面为内屋。按当时的布局,司令官以下、参谋处等重要人员的办公室,都在第一层;第二、三层逐渐为中下级官员和士兵等宿舍。沿马路四周,所开窗户比较小,可装机关枪三面施放。该大楼的墙体特别厚实,非一般的炮弹所能击毁。有多扇大门形如闸门,并用巨大的门锁锁住。大楼的楼顶是一平台,面积很大,可容千人,在其东南角上,即靠近北四川路窦乐安路(今多伦路)路口处,建有一个瞭望台,可作为军队的指挥部。20世纪30年代刚建成的时候,在瞭望台的边上设有一个神社,供士兵膜拜。上面立了一个纪念碑,碑文为"上海陆战队招魂社",下署"七月七日元帅伯爵东乡平八郎书立",以纪念所谓"一·二八"事变中,被我19路军歼灭的日本陆战队士兵。设立该纪念碑的目的是对日本士兵进行武士道精神的灌输。楼顶还架设了电线杆,布有许多电线,日本人就通过这些通信网络发布或接收来自日本及各地的信息,作为侵华作战之用。

1937年8月,日本帝国主义在这里蓄谋制造了"八一三"事变,对我闸北、江湾、吴淞地区展开进攻,该地方就成为日本军队的重要据点和指挥部。1937年10月,上海沦陷后,此处成为日本海军统治陆上的一个指挥中心。1939年11月,日本海军陆战队行使捕房警权。1941年组织实施海军地区保甲制度。1945年8月,日本投降后,这里由国民政府接管。有许多军事机关设立在这里,如第一绥靖区军事法庭(上海军事法庭)、上海港口运输司令部等。上海港口运输司令部于1945年11月16日成立,内设港务、检查、总务三个组。其任务是督导遣送日本战俘、日本侨民,负责对日本战俘、日本侨民施以检查、登记、押运、监视及警戒。

1949年3月,南京解放前夕,京沪杭警备总司令部(前称京沪卫戍总司令部,1948年12月改称现名)迁至江湾路1号。京沪杭警备总司令部下辖淞沪警备司令部、淞沪防卫司令部、上海防空司令部、通信兵指挥部。[1]

淞沪警备总司令部于1945年8月16日在重庆成立,9月上旬迁至上海,驻江湾路1号,作为上海的最高军事机关,负责淞沪地区警备任务,并奉命接收侵华日军上海地区日本宪兵队及各游杂部队投降事宜。警备司令部机关设编制为四处一室及直属部队,具体为:司令部办公室、参谋处、副官处、军法处、稽查处。总之,许多军事机关都设置在这幢大楼内。

这座所谓"最新式坚固永久的大兵营"还有一座附属医院,位于江湾路1号的对面。该处也是四层建筑,设备较完全,底层为药剂、治疗、手术等科室,逐层而上,分设花柳、眼科、牙科、传染病等科及大小病房数十间。1933年的时候,房屋虽然新造,但大小病房都已住满了病人。新中国成立后,该医院大楼曾加层为海军411医院的一部分。

---

[1] 相守荣主编:《上海军事志》,上海社会科学院出版社1994年版,第138页。

1949年5月上海解放后,江湾路1号的大楼由人民解放军接管,作为南京军区某部后勤部的仓库。一段时间,该大楼的使用单位较多,其底层有交通银行、超市、家具商店、水果店等,2层以上还有一些机关团体及部队家属的住宅等。2018年前后,该大楼收回并关闭出借使用的房屋,全部归属部队使用。目前该大楼南面编为东江湾路6、8、10号,大楼东面编为四川北路2119、2121、2123、2125、2127、2129、2131、2133号。

原上海日本海军陆战队本部,1946年3月至1949年1月,上海军事法庭设在该楼4楼的西部
——上海市虹口区档案局编:《虹口》,上海人民出版社2017年版,第211页

第五章

上海战犯拘留所和国防部战犯监狱

抗战胜利以后,上海关押日本战犯的场所,除了提篮桥监狱以外,先后还有上海战犯拘留所及国防部战犯监狱,两者有传承关系,而且同处于一个地方,它们分别成立于1946年6月和1947年8月,位于宝山县江湾乡高境庙附近(今宝山区殷高路),占地面积较大。在1946—1949年期间,其关押日本战犯的规模、管理者的级别和累计人数也超过了提篮桥监狱及各地拘留所、监狱,堪称中国之最。

一、所在地的前世今生

殷高路是今上海宝山区一条东西向的马路,东起国权北路,西至逸仙路。因附近有一座高境庙(现毁),这一地区被统称为高境庙。殷高路正式建于1948年。[1] 它在20世纪40年代末及上海解放初期比较荒僻,周围大多系农田。1941年12月太平洋战争爆发,日军在上海建立了许多集中营及战俘营,把许多英国人、美国人关押在集中营限制他们的行动自由。1942年12月6日,日军把原位于宝山长江边上的吴淞盟军战俘营迁移到江湾高境乡,即目前的殷高路的北面,

---

[1] 陈征琳等主编:《上海地名志》,上海社会科学院出版社1998年版,第416页。

位于上海殷高路的国防部战犯监狱
——邹安和:《寻——忆我的父亲邹任之》,海南出版社2016年版,第186页

建立了江湾盟军战俘营,又称江湾集中营,地理坐标为北纬31度18分,东经121度28分。这里曾经关押过1 500多名战俘,有700名美国陆军、海军和陆战队员,还有700名来自威克岛的平民和80名英国人。[1]该战俘营系平房,设施简陋。营区虽然建有一座医院,但没有床位,战俘的伙食质量很差。他们还得劳役,在附近修路排水,或在营内干农活、畜牧等。他们每天工作12小时,每周工作6天。战俘虽然每月也有象征性的极少收入,但是3天的劳动收入只能买10根香烟,或一小包日本面包。如果随意抽烟,或者出现其他细小的违纪行为,就会被殴打。在国际红十字会的帮助下,江湾战俘营也配备了一些医疗器件,并获赠部分药品、食品,但是不少被日军管理者侵吞或克扣。江湾战俘营的关押者有一定的流动性,1943—1944年共计释放202人,死亡11人;1943年分两批转运到日本350余人。1945年5月9日,江湾战俘营关闭。[2]

抗战胜利后的1946年6月,国民政府在日军江湾战俘营的原址上建立了上海战犯拘留所。上海市军事法庭的军法官董悌庵上校任代理所长,后由姚开白任所长。到同年年底,江湾拘留所内有200余名日本战犯及嫌疑人。[3]该拘留所经过扩充整修以后,押犯规模增加,1947年的1月16日,把原关押在提篮桥监狱的186名日本战犯全部移押至此。若干年后,侵华日军中国派遣军总司令冈村宁次在其所著《冈村宁次回忆录》中也有记载:"1947年1月16日,上海的战犯及战犯嫌疑人,以前关押在上海监狱内,现移到北部的江湾集中营。"[4]

随着日本战犯审判工作的开展,各地把日本战犯陆续押往上海关

---

[1] 张帅、苏智良:《上海盟军战俘营考略》,载《历史研究》2016年第1期。李健、苏智良:《侵华日军在沪集中营考论》,载《上海师范大学学报》(哲学社会科学版)2017年第3期。
[2] 张帅、苏智良:《上海盟军战俘营考略》,载《历史研究》2016年第1期。
[3] 《留沪敌宪罪犯尚有二百余人》,载《申报》1946年12月31日。
[4] [日]稻叶正夫编:《冈村宁次回忆录》,中华书局1981年版,第183页。

时任国防部战犯监狱典狱长邹任之少将
——照片由邹任之儿子邹安和提供

押。经过国民政府军政部、外交部、司法行政部、行政院秘书处等部门联合组成的战犯处理委员会第53次常委会讨论,从1947年8月起,上海战犯拘留所升格为国防部战犯监狱,以便将全国各地战犯集中于此关押。[1]原拘留所的官兵,发一个月的薪金一律遣散,另行组织工作班子。由于国防部战犯监狱位于江湾高境庙附近,所以该监狱又称高境庙战犯监狱、江湾战犯监狱或江湾监狱。1949年2月,随着被关押的日本战犯遣往日本,国防部战犯监狱撤销。

1949年5月上海解放,原战犯监狱所在地为解放军部队使用。该地从1965年2月起为上海市劳改局隶属下的上海市劳教收容站,1975年11月为上海市精神病犯收容所,1977年12月为上海市劳教收容站、上海市精神病犯收容所,两块牌子一套班子。1984年11月为上海市劳教收容所,1995年5月起隶属上海市劳教局。2008年9月起增挂上海市强制隔离戒毒收容所,现为上海市高境戒毒所。[2]最初的殷高路比较偏僻狭窄,周围住户较少,马路南面现殷高路42号,原为广东人开办的岭南中学(现为交通大学附中)。后来随着城市的发展,殷高路经过几次拓宽,现在已变成宽阔的大道,马路两旁建起高楼和商店,并有多条公交车通行。战犯监狱遗址所在地占地面积目前仅29.1亩,比原先大为缩小,原建筑已经荡然无存。其门牌原为殷高路5号,2004年起改为殷高路15号。

二、 战犯的作息与管理

1946年初时建的上海战犯拘留所分为将佐级和一般战犯两个部分,被关押的战犯除了禁止出入以外,在里面享受着相当的自由,他们

---

[1] 秦孝仪主编:《中华民国重要史料初编:对日抗战时期》第二编(四),第451页。《国防部在沪设战犯监狱》,载《新生报》1947年8月15日。
[2] 刘建华主编:《上海劳动教养志》(学习资料),2012年10月印,第79页。

的食粮和补给都由中国政府供应,并且每个月将官级的日本战犯有800元的零用钱,士兵级的日本战犯有200元的零用钱。他们自己组织了一个生活互助会,互通有无,以解决临时性的困难。日本战犯每天以打网球和其他运动来消磨光阴。管理处每星期举行一次内务检查,此外,还办了一个宣传三日刊,除转载简短新闻外,大部分文字注重对于他们思想的纠正。战犯在这样的管理之下,不少人有悔过之意,有主动学习中文的,也有自我检举的。[1]

1947年启用的国防部战犯监狱四周建有电网,派士兵守卫,除办公楼外,主要有五幢监舍,均为平房,实际使用四幢,称为"博"字监、"爱"字监、"和"字监、"平"字监,每幢监舍里又用木栅分隔成若干监室。日本战犯则睡卧在日本式的榻榻米上,平时还从事印刷、缝补、翻译、工艺、理发、建筑等作业。监狱建有小型的畜牧场,饲养少量的猪、鸡和鸭,以改善狱中的伙食。还有一座日文图书馆和医务室,具有医学知识的日本战犯从事医务劳作,如1948年的时候,曾经留学德国的医学博士中原狮郎任医生(他曾任河北井陉煤矿病院院长,战后被北平军事法庭判处15年有期徒刑)。

国防部战犯监狱首任典狱长是邹任之(少将军衔)[2],副典狱长王成荃。监狱下设三个科:第一科科长陈惠元,第二科科长沈志诚,第三科科长刘芳,副科长张炳之。[3] 1947年12月底继任典狱长是孙介君(湖南常德人,毕业于武汉大学)。在国民政府"以德报怨""宽大宽

---

[1]《战犯生活不恶 打球消磨光阴》,载《申报》1946年8月13日。
[2] 邹任之(1911—1973),江西鄱阳人。1933年留学日本,就读于成城大学、陆军大学。1936年底回国,历任军政部第二俘虏收容所所长、京沪地区日侨日俘管理处处长(少将衔)、国防部战犯管理处处长、行政院战争罪犯处理委员会东北督导组组长、国防部战犯监狱典狱长等。1948年3月去日本经商,1955年3月回国,1955年7月在肃反运动中被捕。1959年错判有期徒刑7年,1962年刑满释放,1969年下放河北蔚县北大坪公社务农。1986年12月被平反昭雪,恢复名誉。
[3]《战犯监狱参观记》,载《红绿灯》1948年第20期。

容"的方针政策下,日本战犯在战犯监狱里过着优越的生活,特别是将官及校(佐)官的关押处门不上锁,监舍内还挂有绿色的窗帘,简直是日本式的小房间。房内陈设也别致,小几、小案,案上有瓶供的小花,笔墨纸砚文房四宝具有,墙壁上还挂了几幅书画。[1]

1947年8月23日,一媒体记者到战犯监狱参观,看到日本战犯生活待遇与国军士兵相等,伙食很好,"战犯个个肥胖,如此优待日本战犯,一般士兵见之均感不平"。1948年4月中旬《中华时报》一记者参观战犯监狱,在发表的一篇文章中写道,看到战犯的"生活之优越自由,较任何国人罪犯所居之监狱为佳,狱室之设置宛如学校宿舍,日本战犯在指定时间内制作飞机、战车等儿童玩具作业,还有感化教育训练,每日并规定入浴时间,伙食方面由战犯自制日本式饭菜,加以该处环境清幽,管理清洁,故一般战犯俱各来信监狱当局,表示万分感激"。"据战犯等语称,即便将彼等放出监外,如无典狱长之命令,彼等亦也决不逃离。"1948年4月中旬,战犯监狱押有日本战犯310多名,其中已决犯190名,未决犯121名。[2] 当时汉口、广州,北平等各地的战犯(含未决犯与已决犯)继续送来。如1948年1月武汉军事法庭撤销后,尚有100多名在押的日本战犯(其中9名将级),均随案卷移交给上海江湾国防部战犯监狱。[3] 再如1948年4月26日北平军事法庭在押的41名日本战犯自天津乘船,29日抵沪移交给战犯监狱。41人中,已判处有期徒刑者19名,无期徒刑者9名,未结案者13名。其中职位较高者有处刑10年的师团长内田银之助中将,处无期徒刑的特务机关长茂川秀和少将。[4]

---

[1]《战犯监狱参观记》,载《红绿灯》1948年第20期。
[2]《日战犯三百余名 虽为囚徒却很肥胖》,载《中华时报》1948年4月16日。
[3] 武汉市方志编纂委员会主编:《武汉市志·军事志》,武汉大学出版社1992年版,第453页。
[4]《战犯四十一名自平押解抵沪》,载《申报》1948年4月30日。《战犯四十一名 昨由平解沪》,载《立报》1948年4月30日。

三、三名日本战犯脱逃

尽管属于军事系统的国防部战犯监狱规格高,占地面积又超过了司法系统的提篮桥监狱,但是其监管设施及管理工作不及后者。监狱四周没有高高的围墙,仅设几圈电网,只在多处布置哨兵站岗。硬件的先天不足,给监管工作带来了极大的漏洞。

1947年7月22日上午,监狱在押的两名未决待审的战犯嫌疑人池崎道成(生于1920年3月21日,原籍熊本,战前曾任上海美丰洋行支店长、东亚贸易公司副经理)与杉山佐五郎(生于1921年1月4日,原籍静冈骏东郡)偷越警戒电网,越狱脱逃,时隔一星期后,即7月29日晚上在虹口被捕获。[1] 当时,战犯监狱的关押人员不穿囚服,也不剃光头,监狱四周的警戒仅仅是铁丝电网。两名在押的日本战俘脱逃后,国防部获悉战犯监狱监管设施存在漏洞,拨发了一定经费,但是杯水车薪,无济于事。同年11月29日的《申报》曾刊发了一条短讯《战犯监狱准备拨款修建》,文字很短,这里全文摘录如下:"国防部决定修建战犯监狱,政务院已核准并拨发五亿元备用,全部预算计四亿一千四百万元。28日经国务会议通过。"但是后来由于种种原因,却没有真正落实。

同年12月14日晚上10点多钟,又一名日本战犯破坏监狱东北隅电网脱逃,经过媒体的传播,震动朝野,国防部闻悉极为重视,派员前来调查。监狱当局一面下令通缉,一面请警察局布控协助侦查。经查该逃跑者是前日本驻上海宪兵队新市街分队的宪兵,后又派充崇明县日本宪兵队特高课课长的中野久勇。他多年来驻防上海,对申城情况非常熟悉,还能讲流利的上海话。抗战胜利后被拘捕,经军事法庭数次开

---

[1]《国防部上海战犯拘留所通缉表》,上海市档案馆档案,档案号 Q145—2—16。

审,基本结案。此人作恶甚多,在崇明地区民愤极大,初拟判处极刑,不料在宣判前夕越狱潜逃。蒋介石闻之大为震怒,甚至怀疑该人买通狱官,所以下令对典狱长邹任之撤职,在南京国防部军法局关押约3个月。

中野久勇越狱后,先在上海北火车站的候车室内过夜,由于天冷感冒,他到药房买了一些散装白色粉状的阿司匹林逃到嘉定县,化名王寿章。在嘉定城门口,他被警察搜查,随身携带的白色药粉被怀疑为毒品白粉,于是被关押进嘉定拘留所18天,又以"贩毒嫌疑犯"的身份被移押到上海警备司令部看守所关了20多天。后来该药粉经送检验没问题他才重获自由身。他也"因祸得福",躲过了军警系统对他的缉查。中野久勇混迹于苏州河边的乍浦路桥附近,靠帮人推车度日,在同行中自称小广东。1948年2月24日,他被捉拿归案,2月28日被判处死刑,4月8日被执行枪决。[1] 由于战犯监狱半年内有池崎道成、杉山佐五郎、中野久勇等3名战犯脱逃,出于监管的安全,后来被上海军事法庭判处死刑的日本战犯仍关押在提篮桥监狱。

四、矶谷廉介、谷寿夫入狱

日本驻香港总督矶谷廉介战犯和南京大屠杀首犯谷寿夫1946年初被美军羁押于东京巢鸭监狱。经交涉于8月1日被引渡从东京押抵上海大场机场,国防部战犯管理处徐益三组长等人将二人押送江湾战犯监狱。矶谷身高1.7米以上,浓眉阔脸,胡须已白;谷寿夫个子矮小,身材肥短,身高不到1.6米,小头弯背,蓄小胡须。他俩都着黄色春季军装,黑色皮鞋,共三个包袱及一小皮箱。

矶谷廉介,1886年生于兵库县旧筱山藩士家庭,早年曾就读于大

---

[1]《越狱战犯露宿菜场　暗访三天终于捕获》,载《大公报》1948年2月25日。《大庭中野二日酋　法网难逃昨枪决》,载《立报》1948年4月9日。

原日本驻香港总督矶谷廉介在南京军事法庭受审
——翻拍于中国人民抗日战争纪念馆

阪陆军地方幼年学校和中央幼年学校,1904年毕业于日本陆军士官学校第16期,他与冈村宁次、板垣征四郎、土肥原贤二为同期同学。其岳父系对华谍报鼻祖青木宣纯。1917年矶谷来到中国后,曾任侵华日军第10师团中将师团长,1937年8月率队登陆天津,投入津浦沿线战役,曾参与台儿庄、徐州会战,任意纵部奸淫掳杀,无恶不作。1942年香港沦陷,矶谷廉介任日本驻香港总督。在港期间,日军从香港夺取各种物资,强制日化教育,强迫大量香港居民迁回内地,到日本投降时,香港的居民人数降至70万,只及战前的一半。1944年12月矶谷廉介返回日本,抗战胜利后被列为战犯,1946年2月3日被驻日美军拘捕。谷寿夫系南京大屠杀案的主犯,时年65岁,历任日陆军大学教官、驻英国武官、东京湾要塞司令、侵华日军第6师团中将师团长等职,曾发动济南惨案。南京沦陷时,他首先进驻,纵部杀戮,酿成空前的南京大屠杀,后奉调回国任广岛军管区司令官等职,对中国军民犯下累累血债。1946年1月17日被美军拘捕,曾与矶谷同押在巢鸭监狱内。[1]

矶谷廉介、谷寿夫初关押江湾战犯监狱,后来转押提篮桥监狱,在上海共关押两个月。1946年10月3日晚上,在上海军事法庭副官刘珊押解下,两名战犯乘火车于次日早晨抵达南京。被押往小营战犯拘留所时,两犯携带了不少罐头食品,还有3副扑克牌。[2] 1947年3月10日,谷寿夫被南京军事法庭判处死刑,4月26日在雨花台被执行枪决。矶谷廉介于1947年7月22日被判处无期徒刑。[3] 1948年3月20日,矶谷廉介和其他6名日本战犯,又从南京被押解至上海入战犯

---

[1]《两残暴人兽矶谷谷寿昨解沪》,载《民国日报》1946年8月2日。《矶谷谷寿解抵沪　押解江湾高境庙收容所》,载《申报》1946年8月2日。
[2]《南京屠杀案主角　两战犯由沪解京》,载《民国日报》1946年10月4日。笔者对原上海军事法庭少校书记官李业初的访问记录。
[3]《矶谷廉介免一死　昨日宣判处无期徒刑》,载《申报》1947年7月23日。

监狱服刑。矶谷下车时,戴着手铐,双眉紧锁,精神颓丧。矶谷手提黄色小皮箱,出站后被押上大卡车移送战犯监狱执行。[1] 这是他第二次押入此监狱服刑,系"二进宫"了。1949年初,他随其他日本战犯一起回到日本,1952年8月释放,1967年6月6日去世。

五、"百人斩"比赛主角关押监狱

向井敏明,日本山口县人,毕业于日本高等商业学校,系日本侵华派遣军第16师团(即中岛今朝吾师团)片桐联队富山大队炮兵小队长。野田毅,日本鹿儿岛人,1937年6月毕业于日本陆军士官学校,同年9月随日军入侵华北,在天津大沽登陆,系少尉军官。同年11月,在淞沪战场向南京进军的途中,25岁的向井敏明向同龄的野田毅提出进行灭绝人性的"砍杀百人大竞赛",以谁先杀满100人为胜利,奖品为一瓶葡萄酒。随之,他们两人一路上不断地杀人。据1937年12月13日《东京日日新闻》(今《每日新闻》)连续刊登的该报4名随军记者分别从常州、丹阳、句容、南京等地发回的现场报道,此二人在横林、常州车站、奔牛、吕城、陵口、句容、南京紫金山等地刀劈百余人。最后向井敏明与野田毅两人在12月10日中午持斩得豁口的军刀相会时,向井敏明屠杀了106名,野田毅屠杀了105名中国人,向井敏明获胜。于是两人继续比赛,以先杀到150人为胜。

日本投降后,参加东京远东军事法庭审判工作的高文彬发现了这个报道,立即通知中国南京。经交涉,1947年9月向井敏明、野田毅被驻日盟军最高司令官总司令部逮捕。他们两人及原田清一中将等共4名日本战犯乘"和顺"号轮船,于同年11月3日晚上7时抵达黄浦江

---

[1]《矶谷无期徒刑 由京解沪执行》,载《申报》1948年3月21日。《日战犯矶谷廉介由京解沪送监执行》,载《新闻报》1948年3月21日。

日本战犯田中军吉、野田毅、向井敏明（自左到右）在南京军事法庭受审，1948年1月28日被执行死刑
——秦风编著：《你没见过的历史照片》（上），山东画报出版社1998年版，第6—7页

畔,上岸后被移送江湾战犯监狱羁押。[1]野田毅及向井敏明在江湾战犯监狱被关押了3天,当月6日早晨由上海军事法庭书记官张体坤率宪兵移送南京[2],12月4日被南京军事法庭起诉,审判长为石美瑜。法庭内座无虚席,庭外还装有广播器。在审理过程中,两战犯一再抵赖进行杀人比赛的事实,推卸罪责,甚至还说杀人的数字不确,其中大有水分,这是媒体记者的夸大宣传。后来在确凿的证据面前,二人不得不低头认罪。1947年12月18日,国防部审判战犯军事法庭对向井敏明和野田毅进行终审宣判,处以死刑。1948年1月28日中午,向井敏明、野田毅以及另一个杀人屠夫田中军吉被绑缚雨花台刑场执行枪决。回荡在山谷的枪声是正义的呐喊,它寄托了民众的哀思,用以祭奠30万南京大屠杀中死难的亡灵。

2017年是中国全面抗战80周年和南京大屠杀惨案发生80周年,"侵华日军在淞沪地区的暴行实物展"于12月23日在上海淞沪抗战纪念馆展出。其中向井敏明和野田毅曾经使用、杀戮中国同胞的一把屠刀显得格外注目。它由审判长石美瑜保存并带到台湾,经石美瑜的后人石南阳捐赠。这是记录侵华日军凶残的最强铁证。

六、战犯监狱关押的其他日本战犯

国防部战犯监狱关押的日本战犯及战犯嫌疑人人数较多,既有上海军事法庭审判的,也有外地各军事法庭审判后移送至上海的。其中既有一批直接危害人民群众民愤很大的中下级军官,也有一些高级官员,除了前面提到的谷寿夫、矶谷廉介外,还有侵华日军总司令冈村宁次大将、海军中国舰队司令福田良三中将、第34师团长伴健雄中将、

---

[1]《南京大屠杀比赛主角 日战犯押解抵沪》,载《前线日报》1947年11月5日。《日归还我国"和顺"号抵沪 运来日战犯四名》,载新加坡《星洲日报》1947年11月6日。
[2]《南京大屠杀主犯解京候审》,载《申报》1947年11月7日。

第 40 师团长宫川清三中将、第 60 师团长落合松二郎中将、第 64 师团长船引正之中将、第 69 师团长三浦忠次郎中将、第 118 师团长内田银之助中将、第 133 师团长野地嘉平中将、汉口派遣军司令奈良晃中将、特务机关长茂川秀和少将等。[1] 其中还有一些人是直接从日本被引渡来华抵达上海的。如 1947 年 7 月 15 日，侵华日军第 26 师团长柴山兼四郎中将、第 6 师团长神田正种中将等，都是从东京被引渡来华押入江湾战犯监狱。[2]

又如时任日军第 6 师团第 45 联队连长田中军吉大尉，东京人，日本侵华战争期间来到中国，在华北活动，为竹山部队成员，曾与川岛芳子共同担任特务工作，后在谷寿夫第 6 师团任职，在南京从中华门到水西门挥刀斩杀 300 名中国军民。日本投降后回国退役，在东京产业报国株式会社任事，1947 年 4 月 28 日被驻日盟军逮捕。经引渡，田中军吉与台湾省籍战犯黄在荣于 1947 年 5 月 21 日乘"建国"号飞机从东京被押解上海关押至战犯监狱[3]，后移押至南京（黄在荣，台北人，后移押至台湾）。1948 年 1 月 28 日正午 12 时，田中军吉与向井敏明、野田毅一起被处决于南京雨花台。

此外，为便于当地军事法庭收集证据及审判，战犯监狱也有少量日本战犯被从上海转押到外地。如 1947 年 11 月 13 日，曾任汉口派遣军司令奈良晃中将、侵华日军第 34 师团长伴健雄中将、远藤多喜熊中佐、有元俊夫大尉、田中宫一中尉等 6 人被押解至汉口。[4]

自 1946 年到 1948 年上半年，军事法庭审判战犯已基本告一段落。除判死刑的战犯分别在各地执行外，对判处无期、有期徒刑的战

---

[1] 麦林华：《上海监狱志》，上海社会科学院出版社 2003 年版，第 705—706 页。
[2] [日]稻叶正夫编：《冈村宁次回忆录》，中华书局 1981 年版，第 219 页。
[3] 《日战犯田中军吉自东京押解来沪》，载《中华时报》1947 年 5 月 20 日。《战犯田中军吉自日押解抵沪》，载南昌《力行日报》1947 年 5 月 21 日。
[4] 《日战犯六人解汉口审判》，载《申报》1947 年 11 月 14 日。

犯全部集中到上海的战犯监狱监禁。据1948年7月的调查,战犯监狱关押的日本战犯,按各军事法庭的判决分类:上海91名,其中无期徒刑21名,10年以上32名,5年以上32名,3年以上5名,1年以上1名;广州55名,其中无期徒刑19名,10年以上11名,5年以上6名,3年以上10名,1年以上9名;徐州14名,其中无期徒刑3名,10年以上11名;台北5名,其中10年以上2名,5年以上3名;济南7名,其中无期徒刑1名,10年以上6名;汉口36名,其中无期徒刑19名,10年以上11名,5年以上5名,1年以上1名;北平38名,其中无期徒刑11名,10年以上16名,5年以上8名,3年以上3名;南京1名,系无期徒刑;太原4名,其中10年以上3名,5年以上1名。总计在监战犯251名,其中无期徒刑75名,10年以上92名,5年以上55名,3年以上18名,1年以上11名。这251名战犯中,宪兵占117名,日侨占57名,其余77名为军人。这77名军人中,将官阶级占21名,校官6名,尉官10名,士兵40名。117名宪兵中,校官13名,尉官24名,士兵80名。[1]

1949年2月,位于上海江湾的国防部战犯监狱撤销,监狱在押的日本战犯通过轮船被遣往日本。同年2月5日《申报》刊登联合社东京电:"在中国判决的战犯251名,2月3日抵达东京,当即送往巢鸭监狱以便服满刑期。各犯大部分衣服整齐,精神饱满,好像返回休假,其中还包括巨犯、香港总督矶谷等。巢鸭监狱收押犯人已达1350人。又如日本前驻华派遣军司令冈村宁次等9人被判无罪开释,也已返回日本港城饭店,冈村宁次在东京某医院治疗。"

1952年4月28日台湾当局与日本签订的所谓《日华和约》,8月5日正式生效,88名日本巢鸭监狱收押服刑的战犯,无论刑期长短,包括有期徒刑、无期徒刑的日本战犯全部释放。

---

[1] 许中天:《日本人在上海》,载《上海警察》1948年第3卷第3期。

上海法庭篇

第六章

汤浅寅吉：上海军事法庭第一个受审的日本战犯

1945年8月日本投降,举国欢腾。1945年11月6日,国民政府成立战争罪犯处理委员会,负责逮捕、审核战犯名单等工作。1946年2月,国民政府军事委员会审议通过《战争罪犯处理办法》《战争罪犯审判办法》和《战争罪犯审判办法施行细则》等三个法规,对从检举、逮捕到判决、执行整个审判过程作了较为详细的规定。同年8月,又制定了《战争罪犯审判办法修正草案》,进一步完善了以上三个法规。国民政府司法行政部也下达了调查日战犯罪行及逮捕审判令,同时颁布了关于日战犯战争罪种类、时限、取证等规定。上海地方法院公告自1945年11月1日起到1946年4月,接受社会各界检举控诉日军罪行案共达30 638件。其中对平民施酷刑计18件、不人道26件、强迫重工19件、强奸16件、屠杀3 192件、滥施轰炸7件、没收财产195件、肆意破坏财产27 054件、毁屋130 400件,而未经告发的案件,不计其数。[1] 显然,这仅是日军侵华战争罪行在上海及周边地区的冰山一角。据《神州日报》1946年3月11日的报道,至文章发稿时,法庭已经

---

[1]《控诉战犯案积压十万余件》,载《华商报》1946年5月14日。

接受市民检举的案件达到 30 084 件。[1] 上海各界民众深受日本侵略者其害。据汇总统计,在抗战时期,上海人口伤亡(平民伤亡)总数大约为 366 301 人,其中直接伤亡 148 754 人,间接伤亡 217 547 人。[2] 在 1937 年"八一三"淞沪抗战中,宝山县境内被日军枪击、刺杀、火烧、砍头、剖腹、活埋的人员就有 11 233 人之多。[3]

  1946 年 4 月 29 日(星期一)下午,上海军事法庭首次审讯日本战犯上海沪南俘房收容所管理员汤浅寅吉。[4] 法庭布置庄严肃穆,正中悬挂国旗,走廊及法庭外围警卫森严。由宪兵独立第三营负责警卫,秩序井然,肃穆安静,旁听席上座无虚席。记者凭预先发放的特别通行证方可入场采访摄影,市民须凭普通旁听证入席,事前均宣布《旁听须知》,不得喧哗,不得摄影,不得更换座位,不得随意走动,要自始至终保持法庭安静。各法警均警装整齐,极见威仪。中央电影摄影场特派人员摄制电影,为这大快人心之一幕永留纪念。法庭事先为汤浅寅吉指定了姜屏藩为辩护律师。他也准时出庭,在辩护席上早早就坐。

  下午一时半许,汤浅寅吉从提篮桥监狱被押解来到候审室候讯,旁听席上早已人头攒动。二时整,军事法庭灯火通明,镁光灯闪烁不停。审判长刘世芳,审判官瞿曾泽、陆起、蒋保釐,军事检察官林我朋,书记官冯俊岳,通译官罗涤鱼贯入场,依次入座。他们都身着戎装,精神焕发。法庭上,首先由书记官冯俊岳起立,宣布开审汤浅寅吉一案,命法警提押汤浅寅吉到庭。汤浅寅吉,身材矮小,光头,身穿中式白土

---

[1]《清算日军暴行 沪市逾三万件》,载《神州日报》1946 年 3 月 11 日。
[2] 上海市委党史研究室编:《上海市抗日战争时期人口伤亡和财产损失》,中共党史出版社 2016 年版,第 18—19 页。这些数据都是根据各区县现有的档案、文献、口述资料等史料进行考证汇总而成,但史料有限,实际伤亡情况要远远大于上述数据。
[3] [澳]哈罗德·约翰·廷珀利:《侵华日军暴行录》,新华出版社 1986 年版,第 70 页。
[4]《军事法庭今审日战犯汤浅寅吉》,载《民国日报》1946 年 4 月 29 日。

日本占领上海时设立的龙华集中营,位于今百色路989号的上海中学
——张宪文主编:《日本侵华图志》第20卷,山东画报出版社2015年版,第106页

布短衫裤,足登黑跑鞋及灰色线袜。他在被告席上坐下,虽然故作镇静,但面庞上仍流露出惊慌的神情。汤浅寅吉,时年 37 岁,日本千叶县人,小学毕业,1941 年来华,在徐州及上海虹口等地日本人所开设的糖果店任伙计。1943 年 8 月入上海沪南俘虏收容所(位于今百色路 989 号的上海中学)任管理员,迄 1945 年 8 月止。[1] 家住虹口公平路公平坊 19 号。

法庭正式开审后,由审判长刘世芳讯问汤浅寅吉的姓名、年龄、籍贯及服务处所。而后,检察官林我朋起立,宣读对汤浅寅吉起诉书。起诉书称:"国民政府国军第 27 军在太阳山一役,被日本军队俘虏的官兵数百人,1943 年 4 月间,被日军运送至上海沪南俘虏收容所内拘留。上海沪南俘虏收容所又称龙华集中营,其范围很大,包括 7 个水泥建筑、3 个大型的木制营房和附属建筑物,有 500 多间房屋,占地面积 480 亩。从 1943 年 1 月到 1945 年 8 月,共关押过英国、美国、加拿大、荷兰、比利时、澳大利亚、新西兰、南非、苏联、挪威等国 6 000 多人。被关押者年龄最大 88 岁,最小的系刚满 6 个月的婴儿。当时,汤浅寅吉负责管辖的是数百名被俘官兵。汤浅寅吉为人凶恶暴戾,经常克扣战俘的食粮,殴打俘虏,并曾参与杀害国军川籍士兵苏台魁,参与杀害上尉钱寿夫、少尉李志忠等军官 7 人。1945 年 8 月日寇投降后该俘虏收容所解散,汤浅寅吉乔装改扮,脱去军装换上便服,混入上海的日本侨民群体内居住。同年 11 月 7 日,为前被俘国军士兵蒋振仁等撞见,把汤浅寅吉扭送宪兵队,由淞沪卫戍总司令部解送提篮桥监狱关押,受审于上海军事法庭。汤浅寅吉在日军沪南俘虏收容所任职期间,主要犯有三项罪行:一是克扣食粮;二是虐待俘虏,对他们使用酷刑;三是参与杀害被俘人员。"

---

[1]《日战犯汤浅寅吉定明天首次公审》,载《申报》1946 年 4 月 28 日。《日战犯受军法审判 汤浅寅吉罪恶昭彰》,载《申报》1946 年 4 月 30 日。

第六章　汤浅寅吉：上海军事法庭第一个受审的日本战犯

审判长刘世芳根据检察官的公诉词,对汤浅寅吉予以审讯。汤浅寅吉对起诉书提起的各要点一一抵赖,并希望法庭再予调查。他辩解称,本人在收容所任职,是一般工作人员。平时接受收容所所长西田的命令,指挥这些俘虏搬运煤炭和其他物品。俘虏的工作时间并不一定,须视货物的多少而定,大约为每日平均 6 小时左右,他们平时吃的食粮均有具体规定,不属我本人所管,所以与我无关。

汤浅寅吉供述,自己在收容所担任的工作为监督俘虏服役。此种劳役多系自轮船与码头间搬运各种物品,如煤炭、木材等。唯有时俘虏偷窃所搬运物品时曾以拳轻击,但不过七八次之多。如果他不打,而监视的日军官兵,也会加以殴击。粮食不归他管,自己吃的比俘虏还少。对于虐杀战俘,他也推诿给收容所警备队。最后审判长询以杀害川籍士兵苏台魁一事,汤浅则矢口否认。

军事法庭传证人欧阳臣、蒋振仁、陈明德、余世兴等 4 人到庭。欧阳臣等均为前国军第 27 军官兵,于 1943 年 4 月太阳山一役被俘,送入上海沪南俘虏收容所。他们到庭申述俘虏收容所内的灌辣椒水、上电刑、木枪劈刺、驱军犬狂噬等种种用刑惨状,并目睹汤浅寅吉参与杀害国军少校姚寿卿,上尉钱寿夫,少尉高光铭、李志忠、范文鼎,上士苏台魁、汪精贤等 7 人,及埋藏被害人尸体。对虐待俘虏的经过,并杀害川籍士兵苏台魁的真相,汤浅寅吉开始哑口无言。当证人陈述了以上事实后,法庭再一次讯问汤浅寅吉,汤浅寅吉仍辩称,他本人并没有此种野蛮行动,并佯称沪南俘虏收容所地下所掘出苏台魁的尸体实属俘虏中患肺病死亡人员,而不是日本官兵所殴打致死的。法庭要汤浅寅吉提供证据来说明。汤浅寅吉在法庭上提出了犹崎要治郎、西田茂太郎、森山正之、佐藤仁平、木原静夫,还有南上海驿长安藤米吉、1629 部队南上海派遣分队长石田邦夫等关系人。而后,律师姜屏藩起立声称:"关于收容所行刑事项系由警卫队长金井佐藤负责,管理粮食则由木原清男负责,请庭上传讯。"至此,对汤浅寅吉的第一次庭审结束。[1]

5月4日下午2时,军事法庭继续审讯汤浅寅吉。审判官由瞿曾泽担任,书记官是冯俊岳,通译官仍为罗涤。[2] 在上次受审时,汤浅寅吉在法庭上提出的关系人犹崎要治郎、西田茂太郎等,法庭虽经传讯他们,但是他们中没有一人到庭作证。在此情况下,汤浅寅吉对法庭上所讯问的他克减军粮、滥用职权、凌虐行为及杀人等罪,仍然矢口否认。并撰自辩状一件,交由辩护律师作为下次开庭辩论时参考之用。

几天以后,即5月15日下午,上海军事法庭又开庭辩论。因汤浅寅吉所提希望调查的两点,一非军事身份,二俘虏粮食不属本人管理,及证明并未杀害俘虏,而因证人无从传讯,所以法庭再次改期审理。[3] 6月13日,军事法庭续审汤浅寅吉,经过多次深入调查,汤浅寅吉的罪名系克扣囚粮,虐杀俘虏。由警备司令部特务团军需欧阳臣上庭作证,据称被俘虏时常饥不得食,然每日必被迫做苦工,稍不留神就连遭殴打,致多人瘐毙。打俘虏的事情是有的,但杀人事系队长花岛负责,囚粮亦非汤浅经营。最后法庭认定,囚粮非汤浅寅吉经营,杀人一节缺乏证据。唯被告承认打俘虏。故仅犯《刑法》伤害罪。[4] 上海军事法庭经过充分调查,并听取各方供述后,于6月17日对上海沪南俘虏收容所管理员汤浅寅吉一案进行宣判。汤浅寅吉以连续伤害虐待俘虏的罪行,处有期徒刑4年半。这是上海军事法庭继"江阴之虎"下田次郎于当年6月判处死刑后的第二宗日战犯判决案。[5]

---

[1]《军事法庭开始公审 汤浅寅吉罪恶昭彰》,载《民国日报》1946年4月30日。
[2]《日战犯汤浅寅吉军事法庭今再审》,载《民国日报》1946年5月4日。
[3]《江阴大屠杀案魁首提审》,载《申报》1946年5月16日。
[4]《克扣囚粮 虐杀俘虏》,载《申报》1946年6月14日。
[5]《汤浅寅吉虐待俘虏 判处徒刑四年六月》,载《申报》1946年6月18日。

第七章

下田次郎:"江阴之虎"
米村春喜:"常熟之狼"

位于长江三角洲的江阴,具有 2500 年文字记载史。西晋太康二年(公元 281 年)置县。它北枕长江,南近太湖,东接常熟、张家港,西连常州,地处苏锡常"金三角"几何中心,交通便捷,历来为大江南北的重要交通枢纽和江海联运的天然良港。1937 年 8 月江阴封锁线的战斗,阻遏了日军沿长江西进的企图,为国民政府以空间换取时间的持久战做出了贡献。

一、铁蹄下的江阴

1937 年 12 月 1 日,首批日军进入江阴城内。他们用军车架设机枪,边扫射边行进,一路枪声,一路血腥。当天,日军在江阴全城搜索,见人就杀,看到便刺。日寇还纵火 3 天,城厢内外浓烟弥漫,绵延多日,被毁商店 1 000 余家、民宅 3.4 万间。昔日的街市化为废墟,成为一片焦土。接着,日军把江阴城内虹桥街的章宅作为日军驻江阴宪兵队的队部,把高巷吴汀鹭民宅作为日军驻江阴警备队的所在地。日军在短短半个月间,还制造了顾山等几十处惨案。1946 年据江阴县政府调查统计,抗战前江阴县总人口有 79.83 万人,8 年间被日军杀害

20 274 人,其中成年男子 16 451 人、成年女子 2 976 人、儿童 847 人,受伤 198 人,流亡在外 254 000 人。[1]

日本驻江阴宪兵队队长永冈春义、曹长斋藤胜句、军曹下田次郎捕杀了不计其数的抗日志士和普通百姓,被称为"杀人魔王"。特别是军曹下田次郎,在职期内,性好残杀,几年之间在江阴制造了 3 次大烧杀案,杀害当地乡民逾 120 人,包括 70 岁以上的老妇和几岁的孩童。最为可恶的是 1945 年 8 月 15 日日本宣布无条件投降后的当天晚上,江阴宪兵队的大院内还关押了 16 人,其中老人、女子及儿童各 1 人,成年男子 13 人。永冈春义、下田次郎、斋藤胜句等日寇还会同下属在其后院将双手均被反绑的汪忠诚、许镇方、杨醒农、石阿康、瞿宗真、赵浩生、顾明、陆永、林阿春、陆阿才、张进修、章郁仁(还有一人系姓名不详的山东人)等 13 人从关押的场所提出,排立在广场上。这些人中大多为抗日志士,见此情形自问必死。他们在临刑前大呼口号,高唱国歌,慷慨赴难。曹长斋藤胜句首先手执锋利的腰刀向被害人胸部刺去,刺入胸部以后,还用力旋转,将刀拔出以后,汪忠诚等人马上血流喷涌,倒在血泊中。他连续刺死了 7 人。紧接着永冈春义又砍死一人。一个日本兵长又拿起军刀,把两位志士刺死。下田次郎又拿起军刀连续把两人刺杀。当轮到章郁仁的时候,下田次郎首先对章郁仁猛踢一脚。章郁仁跌倒在地上,他机灵地顺势滚入场地边上的茅坑内,侥幸捡回一条性命。[2]

二、清算江阴之虎的罪行

1945 年 8 月 15 日,江阴宪兵队永冈春义、下田次郎、斋藤胜句等

---

[1] 程以正主编:《江苏省江阴市志》,上海人民出版社 1992 年版,第 909 页。
[2] 《江阴大屠杀罪魁下田次郎提起公诉 军事法庭定十五日公开审讯》,载《和平日报》1946 年 5 月 9 日。

第七章　下田次郎:"江阴之虎"　米村春喜:"常熟之狼"

杀害我 12 名人员后,慌不择路,分头潜逃。永冈、斋藤去向不明。下田次郎在无锡被人发现,经举报后抓获。被捕期间,下田次郎曾被押回江阴以解民众之恨。1946 年 3 月 20 日,下田次郎、米村春喜等 5 人从无锡押解到上海。[1] 1946 年 5 月 15 日,上海军事法庭首次在虹口江湾路 1 号 4 楼,对下田次郎进行首次公开审判。[2] 审判长刘世芳,审判官蒋保釐、瞿曾泽和陆起,律师钱乃文到庭。

下田次郎,日本广岛人,时年 30 岁。他身材高大,身着日本军服,态度骄矜。他能讲中国普通话,还能讲江阴方言。审判官讯其年龄、籍贯、服务场所等项后,继由检察官林我朋宣读起诉书,历述下田次郎在任职期内的种种罪行。法庭又详细询问下田次郎的主要经历及所任工作。经查下田次郎于 1939 年到中国之前曾在日本海军工厂工作,他踏上中国的土地后,最初在汉口军队当警备兵,后调防宜昌、南京,并在南京受过宪兵训育,后派往无锡宪兵队担任过法律、行政、特高课等工作,1941 年调往江阴宪兵队特高课。接着,法庭开始传证人复旦大学教授蒋寿同到场。蒋寿同 1945 年 7 月 20 日被江阴日本宪兵队拘捕,至 8 月 12 日释放出狱。他陈述了自己在江阴被日本人拘押期内下田次郎等横暴杀戮的情况。8 月 5 日,他亲眼看到下田次郎把一个 20 多岁的青年打得遍体伤痕,由宪兵抬走。他还看到当地的知名人士石阿康在江阴大屠杀中被下田次郎用刺刀刺死。下田次郎在江阴的 3 年时间内,先后逮捕中国同胞五六百人以上,其中大部分惨遭杀害。在确凿证据面前,下田次郎拒不认罪,反而还诡辩:1945 年 8 月 15 日晚间该队杀害 12 人的事情属实,当天晚上自己因为喝酒过量而醉倒,迷迷糊糊的,情况不明,证人所说自己执刀刺人等事情,并没

---

[1]《军事法庭续审战犯》,载《华美晚报》1946 年 3 月 21 日。
[2]《江阴大屠杀案日战犯今公审》,载《申报》1946 年 5 月 15 日。

有发生,希望法庭作进一步的调查。[1]

几天以后,军事法庭第二次对下田次郎进行公开审讯。法庭传证人章郁仁到庭。章郁仁即为被下田次郎等杀害时的最后一人,是遭屠杀时的幸存者,更是日寇杀害12名中国同胞的见证人。抗战胜利后,章郁仁曾任浙江某中学校长。章郁仁详细叙述了8月15日晚上,日本人把自己在内的13名中国同胞押到场地上,他目睹12人被残害的经过。由于他排在最后的位置上,当时下田次郎把他猛踢一脚,将他重重地摔倒在地,他就顺势滚到边上的茅坑里,尽管浑身恶臭,但侥幸躲过一劫,死里逃生。

1946年6月8日,下田次郎被上海军事法庭判处死刑。[2]但是下田次郎仍存幻想,还想拼死一搏,无理取闹。他向国防部书面反映告发人之一的章郁仁曾犯案被缉,所以他的证言、证词,带有报复泄愤的情绪,法庭不应采信,请法庭对其案予复审。国防部接报后,即敕令上海军事法庭进一步查核上报。经江阴县政府来文证明,告发人章郁仁并无犯案等情况。当年12月下旬上海军事法庭对下田次郎维持原判,并报由国防部备查。

三、 古城遭蹂躏 民众被杀害

常熟是中国历史文化名城,地处长江三角洲沿江开发带,东倚上海,南邻苏州,西接无锡,北与南通隔江相望,因土地肥沃,年年丰收,常常成熟,而得名"常熟"。常熟有着5000多年的文明史,这里物华天宝,人杰地灵。远有孔子唯一南方弟子、兴东吴文教的先驱言偃,近有

---

[1] 《江阴大血案主犯下田次郎昨受审》,载《和平日报》1946年5月16日。《下田竟称从未杀人 复旦教授到庭作证》,载《申报》1946年5月16日。
[2] 《杀人者死 魔王下田次郎判死刑》,载《申报》1946年6月9日。《屠江阴战犯判死刑》,载《大公报》1946年6月9日。

第七章 下田次郎:"江阴之虎" 米村春喜:"常熟之狼"

清代"两朝帝师"史称"状元宰相"的翁同龢。常熟的虞山半麓入城,倒映在尚湖之中,相映增辉;琴川河穿城而过,雅园幽巷点缀其间,构成了山、水、城、园融为一体的独特风情。

1937年8月17日至11月19日,短短3个月内,日机轰炸常熟达28次之多。11月19日常熟沦陷。日军杀戮成瘾,奸淫抢掠,制造血案。许多民众被日军杀戮,村庄农舍遭焚毁,商店民居受抢掠,城乡百姓流离失所,家破人亡,尸横遍野,惨不忍睹。侵华日军还在常熟连续制造了沿江、汤桥、姚泾、站浜、砚泾等10多起惨案。每起惨案中被杀的百姓少则几十人,多则几百人。其中侵华日军驻常熟宪兵队队长米村春喜为人残忍,老百姓对其恨之入骨,称他为"常熟之狼"。他年过50岁,虽为宪兵队队长,其军衔仅为少尉,为了立功受奖,屡望升迁,不惜制造惨案。

1943年7月9日 常熟和太仓日本宪兵队派出人马,在太仓境内抓捕爱国志士与无辜民众50余人。这些人都被押解到常熟日本宪兵队,受尽虐待、拷打和刑讯逼供,直到该年12月,米村春喜才把其中的30多人放出,余下的吴雨苍、胡家栋、俞子范、闻星五、叶振西等22人不见踪迹,也听不到他们的消息,无疑他们早已被日本恶魔害死。偶然有家属前往探问消息,日本人总是含糊其词,不是说解到南京、上海去了,就是说生病送进医院去了。可怜他们亲人的尸骨,还不知道丢弃在何处。

抗战胜利后的1946年2月,经民众举报,米村春喜被抓获,同年3月20日从无锡押解到上海。5月15日,上海军事法庭首次对米村春喜开庭问讯。审判长刘世芳,主任审判官蒋保釐,审判官瞿曾泽、陆起,检察官林我朋,律师钱乃文。经过几次侦讯,狡猾的米村春喜除了承认汪学良等17人送至上海日本13军军法处处死外,对于吴雨苍、胡家栋、闻星五等5人,则一口咬定是病死在当时县立医院中,并有医院开出的病亡证书。如果这一供词成立,那么米村春喜就没有罪行。

事情不可能这么简单,其中必有蹊跷。

四、深入到现场　调查取证据

吴雨苍、胡家栋、闻星五等5人究竟是否送进常熟县立医院？如果送去医院,他们的病况怎样,做何治疗？如果经治愈他们又是如何出院的？如果不治身亡,他们的尸体在何处？这几点都是重要的关键,是审判米村春喜时无法绕过的事实。为了查核事实真相,上海军事法庭特地派遣法官陆起等一行四人到常熟去调查取证。

在常熟县政府的协助之下,陆起一行于1946年10月21日在常熟开庭,调查有关事实并接受乡民之检举。当地及附近乡民曾遭敌宪荼毒者闻悉后,均纷纷提状检举。被害人家属远道前来,其中既有白发衰翁,也有披孝少妇,均在庭上痛苦陈诉,要求伸冤。法庭通过调查,收集到许多材料。[1]一天,法庭人员来到虞山脚下一家"山楼居"茶馆走访,当问起米村春喜的罪行及吴雨苍、胡家栋、闻星五等5人被杀的情形,许多熟悉情况的茶客、乡民都说知道内情,并主动提出愿做向导,陪法庭人员到常熟郊区寻找线索。当他们一行到了天台岗的地方,乡民指着一堆隆起的土堆说:"这就是!"其中两人连忙拿了钉耙挖掘。忽然"砰"的一声,大家听到钉耙和什么东西碰撞的声音,赫然就见几根粗壮的肢骨。经继续挖掘,一连挖出了十几根大的成人的肢骨和肋骨、肩骨等,还有一团已呈紫色腐化的头发。有人追问为什么头颅看不见呢？一位头扎花布、手提农具的农妇说:"听说这个洞里当初共杀死两个人,一个人是杀头的,一个是刺死的,那杀下来的头被宪兵带去献给上峰,另外一个头颅,因为露在泥土外面被野狗吃了,所以这洞里只存身体部分的骨头,而没有头颅骨。"在场人员听了不禁毛骨悚

---

[1]《常熟之狼昨在虞开审　接受乡民检举》,载《申报》1946年10月22日。

第七章　下田次郎:"江阴之虎"　米村春喜:"常熟之狼"

然,纷纷谴责日军的残暴。法庭人员对掘出来的骨头拍摄了照片,并用一簸箕盛着那两具骷骨。

随后,他们一行又去寻找胡家栋的葬身之地。那处长满着密密的野草,人走在里面只露出胸部以上的一段,格外显出境地的凄凉。在一棵栗子树的旁边,乡民发现了胡家栋忠魂的土堆。据一人反映:胡家栋的母亲曾到这里来挖掘过他儿子的遗骸,她滴血在这骷髅上,因为没有被吸进去,所以她就以为这并不是她儿子的遗骸。她在这里几乎哭得死去活来!这种所谓的滴血验尸,是古时试验方法,绝对没有准确的把握和科学的根据,因为在泥土里挖出来的骨头很潮湿,血怎能吸得进去呢?

照常例尸骨的头和脚是在同一平面上,这一具遗骸却迥异寻常,呈站立状态。尸体从泥土中挖出以后,口腔中少了几颗门牙,料想一定是被日本人所击掉。据一位知情人说,1943年的春夏之交,日本兵滥捕无辜民众,当时由日本宪兵在平地上朝下掘了一个洞,然后逼迫胡家栋在洞内站着。胡家栋被日本人连刺数刀而亡,尸体呈站立状。日本人把胡家栋尸体用泥土草草覆盖。这是一个农夫从远处围墙内亲目所睹的。

大家再走到一处叫张家坟的地方。乡民说:"这里也有一具尸体,和胡家栋差不多时候死的,当初日本人用蒲包捆绑后才埋入的。"上海军事法庭的工作人员停步再行挖掘,不到一尺深,果然发现了又一个头颅,也是直挺挺插在泥中。这时已近黄昏,荒草夕阳,枯树归鸦。他们一行停止了挖掘,请乡民把这些枯骨先扛至县政府内。一路上看的人途为之塞,轰动县城。当晚,这堆人骨寄存在一座寺庙中。次日,法庭人员把已掘出的两颗人头和人骨,乘车带回上海,成为审判米村春喜的有力证据。[1]

---

[1]《亲访荒冢》,载《申报》1946年10月10日。

五、翻译吐口供　迷案显真相

上海军事法庭的工作人员并不满足常熟之行的调查成果,由主任书记官李业初带队去了位于苏州的江苏高等法院看守所,通过判刑的汉奸犯挖掘线索。他们找到曾在常熟日本宪兵队担任翻译的陆某,此人在抗战胜利后即遭当局逮捕,最初判处死刑,后因坦白交代,并检举揭发了有关人员,属立功表现,改判无期徒刑。根据陆某的口供,法庭获得两条重要线索:(1)当初米村春喜所以大兴冤狱,目的在于邀功晋级。他官瘾很大,屡望升迁。当时正值汪伪的"清乡"时期,由某人献计,为迎合上峰心理,米村春喜不惜捕风捉影,制造冤案、假案,肆意逮捕广大民众,显示其工作业绩。米村春喜将宪兵队队部隔壁杨姓房屋拆卸后改建为四座监舍,然后密嘱该翻译与他人一起滥施捕捉而诬以各种罪名。(这个为米村春喜出鬼主意的人,经米村春喜资助金钱,并以 200 万元伪钞买一辆汽车助其逃逸无踪。)(2)被害人中除一部分被送往上海日军 13 军处死外,尚余吴雨苍、胡家栋、闻星五等 5 人,据米村春喜供称系送往常熟县立医院。但据陆某交代,他曾目睹其中的闻星五刑毙于宪兵队狱中,他曾前往队部对门杂货店中购买长锭香烛等物烧化。闻星五死后,为掩盖罪行,米村春喜嘱当时常熟县立医院院长出具死亡证书,证明病死后呈报了事。宪兵队中此类之情形不可计数。

李业初一行还在常熟日本宪兵队原址中搜索证据,在广场中发现有两块泥土松动的土地,当即雇工挖掘到 3 尺深,但没有收获;又在该处枯井中发现草席、破鞋等物。后来到常熟虞山山麓的荒地中发现被活埋的尸体估计在百具以上。法庭人员还找了常熟县立医院的部分医生、事务员等人,他们讲述当时县立医院中所收日本宪兵队送来的病人,经医院治愈者交由宪兵队领走,对于死亡的也由宪兵队派车取走,予以埋葬处置。总之一句话医院不准自行处理。[1]

米村春喜野心极大,邀功心切。1943年7月,他在敌占区举行"清乡活动"之际,假造新四军名册,逮捕太仓、昆山两县的普通民众69人,以此向上报功,证明他办事能力强。米村春喜还对其中的19人诬告他们是苏北渡江而来的新四军某部官兵,对其中两位文人分别诬告为新四军某部的秘书及文化教员;他们后来均遭杀害。

1946年12月28日上午,上海军事法庭开庭,由陆起军法官审理。庭上传讯由常熟来沪的该案证人顾陟高、江学均、赵元龙、徐振鎏等10人。[2] 次日,法庭又再次开庭,庭上拿出被米村等人残杀的国人的骸髅。12月30日,上海军事法庭庭审米村春喜,法庭庭长李良主持庭审,日本留学生钱龙生为米村的辩护律师。

六、 两地频来信　争抢执行地

功夫不负有心人,深入调查出成果。上海军事法庭组织人员通过实地调查及访问知情人、目击者,掌握了对米村春喜审判的充分证据。1947年1月6日下午,上海军事法庭对常熟宪兵队队长米村春喜判处死刑。判决主文如下:"米村春喜违反战争法规,为有计划的谋杀,处死刑;纵容部属连续对于非军人施酷刑致死,并加以不人道之待遇,处死刑。应执行死刑。"[3]

上海军事法庭庭长李良宣读判决书时,米村春喜脸颊已转成惨白,一度浑身颤抖,双腿软曲,似有欲倒之状。法庭有两名工作人员上前扶住。唯到退庭回押时,米村春喜才恢复常态,并向庭长、辩护律师

---

[1]《"常熟之狼"米村春喜罪证有新发现》,载《民国日报》1946年10月24日。
[2]《军法庭昨审"常熟之狼"　受害人出庭作证》,载《民国日报》1946年12月30日。
[3]《"常熟之狼"死刑》,载《民国日报》1947年1月7日。

及旁听席各鞠一躬。[1]

米村春喜被法庭判处死刑的消息，经各媒体传布后，社会各界反映强烈。特别是深受米村春喜之害的常熟、太仓两地的民众无不欢欣鼓舞，同时为了解除心头之恨，常熟、太仓两地的社会团体、广大民众也纷纷写信、发电给上海军事法庭，希望待国防部核准后，将米村春喜押到被害人的所在地来执行死刑。1947年1月12日的《申报》头版首先刊登了以常熟县临参会朱议长、县商会庞理事长、县教育会蔡理事长等名义所写的一篇报道，标题为《常熟各界请求米村春喜移虞执行》，主要内容为："常熟之狼、敌酋米村春喜于沦陷时期，残害抗敌志士善良民众无可胜数，其中以民国三十二年一手造成之常熟大屠杀案为尤甚。胜利后，经蒙难同志检举逮捕，解送上海鞫讯属实，判处死刑。沉冤八载，得以平雪。消息传来，不胜感慨。兹因该案已在国防部复判中，敌酋最后命运即可决定。爰特联名电请上海军事法庭，请于国防部复判核定之时，将敌酋米村春喜押解来常熟执行，使我九十万人民，共睹敌酋恶贯之满盈，以伸八载积郁。"

该报道刊发后，又引起太仓民众的共鸣，他们也表达了同样的请求。2月13日的《申报》刊发了一篇来自太仓的报道，标题为《米村春喜死刑 太仓被害人家属要求解太仓执行》。全文如下："江南大血案主犯米村春喜已由上海军事法庭判处死刑，被害人家属汪学良夫人、欧阳云芳等15人，特具当局，略谓：江南大案元凶米村春喜由上海军事法庭于1月6日判处死刑，静待执行，唯被害者之下落仍未明了，不得归国，殊为遗憾，家属等椎心泣血。唯有呈请钧长联合各法团，转请军事法院押解到太仓执行。一则临行之前，尚期诱令供出被害人之年月日地点，冀能归骨；一则在太仓执行，可以大快人心。"

面对当时社会民众的反映，上海军事法庭也理解常熟、太仓民众

---

[1]《常熟之狼处死刑 闻判后丑态毕露》，载《申报》1947年1月7日。

的心愿及要求,但是法庭最后考虑到上海是一国际性大都市,人口众多、媒体众多,抗战胜利后对首次日本战犯的处决地放在上海影响大,还应放在上海。

七、处死狼虎轰动上海

1947年6月17日,是下田次郎与米村春喜执行死刑的日子。这是抗战胜利后在上海第一次公开枪决日本战犯。上海军事法庭事先组织人员,在上海的主要马路、公共场所及周围地区张贴了200份海报,预告了两个日本战犯处决的情况及执行前将游街示众的路线。《申报》早早面世的以《一狼一虎今午处决　刑前游行示众》为标题的报道,更起到推波助澜的作用。当天申城万人空巷,民众沸腾。

枪决这两个日本战犯之前,军事法庭接到一个电话,来电人系日本驻上海某团体的日本人。他在电话中提出,希望军事法庭在对这两个日本人枪决时,能按日本风俗在他们的身背后蒙上一块白布。法庭书记官李业初当即反问:"这两个人屠杀中国人时蒙过什么白布吗?"对方连声:"哈伊、哈伊。"

1947年6月17日下午12点半,军事法庭检察官符树德、屠广钧,通译官罗涤,主任书记官李业初,书记官袁潇庆、汪叔申等准备就绪,当会同宪兵、警察等车抵提篮桥监狱门口时,已是万人攒动,连墙上、电线杆上也满立着人。见军车到来,掌声四起。检察官等进入监狱后,"十字楼"前的一块空地上设临时性的法庭,履行相关的程序。法庭中央放置了公案桌,法官、检察官按序端坐。

法庭下令提押下田次郎、米村春喜两犯。两犯在狱中知道死期降临,他们经过沐浴剃须,换上一套军服。二时整,法庭首先提押下田次郎。下田次郎身穿草绿色军服,挂中士军曹符号,脚穿长筒靴,其倔傲神态中仍掩盖不了内心的哀戚。经过核对姓名、籍贯、年龄、职务,验明正身。法庭庄严宣布,今日将对其执行死刑。下田次郎提出要书写遗书两封。经法庭允准,让其在公案桌边上一张小台子上当场写遗书。下田次郎一封写给日本驻华司令十川次郎中将,一封写给其母亲。临死前,下田次郎还拒不认罪,为自己表功,表白自己对天皇的忠诚,同时发泄心中的不满。

他给十川中将的遗书这样写道:"十川阁下及其他各位:我日夜都盼望有人来救,但事已到此地步,我一点都不怕,我是为了国家而死,不过想到老母时,便有无限感慨,这亦是我的命运如此。我时常麻烦的人,请代招呼一下,我在职时恋爱、名利、荣华、金钱都没有涉及,此则,颇感自慰。今天我们的国家败了,无罪者亦受执行,但这亦是皇国再建的基础,我记得一首诗:为了皇上,我们要牺牲,我们要向前,向前。我在各种环境之中都没有变,为了军人的最后,向神灵感谢。"

下田次郎写给母亲的遗书为:"闻我执行之讯,你不必惊慌,但为军人之母请勿难过。我兄及其他的家人之处,本亦拟写遗言,因狱中事情未能写上,但我次郎之名永为下田家之栋梁,必使家庭兴昌。九宫冈先生与海田市石原先生及其他亲戚处均代我问安。此信为赴刑场前一刻钟所写,不能孝顺老母,请原谅。去严岛神社还愿的事勿忘记。"

书写时,下田次郎神色慌张,时而沉思,时而以手抓头,在法警的几经催促下,他才把遗书写毕。法警把他用绳索捆绑,但下田次郎还强词夺理,妄想垂死挣扎,"本案与我无关,将来即可明白","请不要把绳子绑得太紧,我无法逃跑"。

而后,法警提押米村春喜。法庭对其验明正身后,让其书写遗书。米村春喜写了三封遗书。

米村春喜的遗书一是致日本驻华宪兵司令十川次郎中将。遗书写道:"十川中将、伴中将、四方少将、江湾监狱各位:预定执行的日子到了,生闻种种高恩万分感激,到这样的结果,是部下的忠诚心不足,

第七章　下田次郎:"江阴之虎"　米村春喜:"常熟之狼"

在此谨祝圣寿万岁,我死了可以维持我的忠诚,书不尽意,祈原谅。"

米村春喜的遗书二是给其儿子米村胜介的。"米村胜介:日子到了,同你们永别的时刻到了,我生前的事知者自知之,你不必忧。人人都有不幸的遭遇,要克服它才能成功,世间破坏的小人亦有,要注意,这是我常常对你所说的话。我死了,相信你和母亲可以克服一切的困难。忠孝是臣民的本分,你做梦亦不要忘记,中国人中亦有很多高洁的人士,我生前和他们相处很好,不许有民族的偏见,相信本次事件可以造成将来东亚民族的解放。石川义明及其他各位旧队员代候一声。"

米村春喜的遗书三是给常熟县长之女安慰南的。"安先生阁下之义心,我相信是将来中日亲善的基础,我衷心感谢你,常熟是我的第二故乡,我的灵魂决定要到常熟来,有机会请转达县中父老。"[1]

当提篮桥监狱的大铁门缓缓开启,押着两战犯的军用大卡车开出长阳路147号时,卡车却怎么也开不出监狱宽敞的大门。原来监狱大门口人山人海,密集的人流挡住了车道。军事法庭的工作人员只好下车向大家喊话,人群中才让开一条车道。[2] 押着战犯的车队,最前面由四辆摩托车开道,紧接着为警备车,第三辆是押有两名战犯的军车,第四辆车载有军事法庭法官、检察官、书记官等人,第五辆为警察局架着轻机枪的大卡车,殿后的是一辆警察局的警备车。这个特殊的车队经长阳路、海门路、东大名路、大名路过外白渡桥到达外滩,经过中山东一路、南京东路、南京西路、中正北一路(今石门一路)、中正南一路(今瑞金一路)、林森中路(今淮海中路)、西藏南路、中正东路(今延安东路)、四川中路,过四川路桥,经四川北路到达广中路、水电路之江湾刑场。[3] 这两个杀人屠夫被五花大绑,插着斩标,站立在刑车上,面对着这潮水般愤怒的人流,目光低垂,全身颤抖。沿途许多市民愤怒

---

[1]《江阴之虎常熟之狼　昨日执行示众枪决》,载《中华日报》1947年6月18日。
[2] 2000年8月,笔者对时任上海军事法庭主任书记官李业初的访问记录。
[3]《日战争犯一虎一狼今午游街执行枪决》,载《前线日报》1947年6月17日。

1947年6月17日,被上海军事法庭判处死刑的江阴日本宪兵队军曹下田次郎和常熟日本宪兵队队长米村春喜游街示众
——杨克林、曹红编著:《世界抗日战争图志》下册,上海画报出版社2005年版,第1661页

第七章　下田次郎："江阴之虎"　米村春喜："常熟之狼"

地呼喊口号，不少人把手中的香蕉皮、小土块、鸡蛋等，投向下田次郎和米村春喜。中央电影摄影场派员摄制。几十年后，许多画报书籍上，重现的一张两战犯在车上，车旁站着一位身穿军服的青年人的经典照片就拍摄于南京路上。身穿军服的青年人系军事法庭主任书记官李业初，多年前我曾多次访问过他，并随同中央电视台一起为之拍摄电视专题片。

原先十分荒凉的江湾刑场，在6月17日那一天，一下子热闹非凡，附近及远来的广大民众纷纷汇聚于此，久久不能散去。下午5时左右，当押有战犯的车队到达的时候，刑场周围已经有几万人期待目睹日本战犯的可耻下场。法警把下田次郎与米村春喜押下军车，然后押他们至执行处，要他们双膝跪下，但下田次郎死到临头还十分顽固，不愿跪下，后经强制措施，使他形成跪姿。这时，行刑宪兵廖家清、姜武俊对准目标射击。枪声响起，两人都应声倒下。不过两人的中枪部位略有不同，子弹从下田次郎的后脑入，左颈出；自米村春喜的右脑入，下颌偏左出。军事法庭工作人员拍摄尸体照片，验尸完毕。余恨未消的市民一拥而上，向这两个恶魔的尸体吐唾、脚踢，以发泄心中的仇恨。此后，这两具尸体由日本某团体收殓火化。

上海报纸对此情况多作了报道，标题醒目，振聋发聩：《刑前游行示众　屠夫低首伏法》《天理昭昭　血债血偿》《八年来上海民众最扬眉吐气一刻》《狼虎处死轰动全市　万人空巷看双魔》……

第八章

黑泽次男：
第一个被枪毙于提篮桥的日本战犯

提篮桥监狱是上海地区最早关押、审判日本战犯的一个重要场所,从1947年8月起先后有14名日本战犯被处决于提篮桥监狱中,其中第一个枪毙于提篮桥监狱刑场上的叫黑泽次男。

一、一个日本战犯的罪恶人生

黑泽次男,日本枥木人,日本第22师团参谋部招抚班主要成员,是一个杀人如麻的刽子手,被称为"杭州之狮"。1937年(昭和十二年)他毕业于日本早稻田大学法科。同年8月入第14师团59部队,次年8月起隶属第22师团,即土桥部队田村联队,随队侵袭上海、杭州和富阳。1940年他回杭州笕桥,8月退伍。在杭州经营山佐产业公司,分设支店于绍兴、湖州等地,以商业公司门市部为掩护从事情报工作。同年12月,他又复任土桥部队参谋部,同时担任招抚班的头目。1941年6月随同太田部队侵入绍兴,旋犯湖州。次年4月,由嵊县、义乌占领金华,后又返回杭州,所率部队留驻笕桥、艮山门、彭家埠、七堡、三墩、硖石、许村等处,人数甚众,名义上开展招抚工作,实为有计划地组织屠杀活动。黑泽次男生性残酷,以屠杀中国人为乐事。他所驻扎过

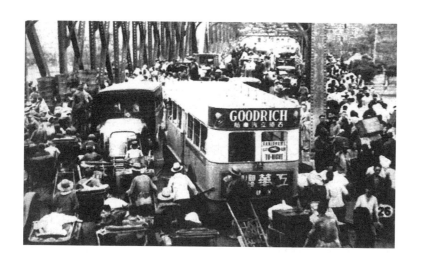

1937年8月,上海难民涌向租界
——[日]星野辰男:《日支事变画报》
第3辑,朝日新闻社1937年版,第
26页。

的浙江一带,民众对其恨之入骨,称其所属的部队为"黑梦"部队,意思是人们犹如天天在做黑色的噩梦。他所率领的部队设一个连队,三个分队,张福生为总队长,张锦兰、张维新、张彪为分队长。有步枪400支,机关枪13挺,常对杭州、绍兴一带的平民进行集体屠杀,尤其在圣帝殿、北鱼潭、七堡三处最为厉害,或砍头,或机枪扫射,甚至还活埋。据侦查材料,查证有名有姓可考查的被害人有赵纪生、陆子卿、周双海、贾永根、李招发、章秀琴、余军春、楼之海、包双祥、孔小毛、董永有等,还有绍兴的杨阿岩、邹永庆等21家,杭州的胡梓庆、金美玉等9家。其属部队前后共计杀害中国同胞千人以上,仅在杭州艮山门一处就开挖出大小尸体百余具。

抗战胜利后,黑泽次男匿居于杭州日侨管理所,后经人检举,由浙江高等法院检察处立案调查,搜查罪证,逮捕归案。1946年5月15日上午,浙江省高等法院派人在杭州郊区号称"万人冢"以北的北鱼潭、大铁关两处挖掘出骷髅140多具,一半系活埋致死,其余系用刺刀戳毙而亡,现场惨不忍睹。[1]黑泽次男经浙江高等法院初审后移押上海提篮桥监狱。经上海军事法庭的开庭审理,由军法检察官提起公诉,其理由为:"以残酷方法,在占领地有计划之屠杀,实为人类之蟊贼,国际所共弃,况出自习法之士,假借招抚之名,其罪尤不可容诛。本案被告领导之招抚工作班,即民众所称黑泽部队,号称招抚,实为屠杀,被告自知暴戾罪行难尽掩饰。"黑泽次男于1947年3月17日被判死刑。[2]

同年8月12日上午10点半,上海军事法庭屠广钧上校、通译官罗涤少校、书记官袁潇庆上尉、医官杨若定,率宪兵独立营第三营第二连宪兵4人来到提篮桥监狱签发提票押解黑泽次男。他们一行在监狱

---

[1] 《浙高院清算日战犯 发掘杭郊万人冢》,载《申报》1946年5月16日。
[2] 《日战犯黑泽次男处死刑》,载《申报》1947年3月18日。

的空地上设立了临时法庭,让监狱看守出面提押黑泽次男到庭。

关押在戒备森严的死囚牢里、长着中等身材的黑泽次男,听到看守的传唤,马上应声。他看到狱中几个宪兵模样的人,凭着感觉知道自己的死期即将来临,请求看守暂缓片刻:"让我赶快洗一个澡,留一个干干净净的身体去见上帝。"获得看守的应允后,黑泽次男回到监舍,在看守和宪兵的监视下,匆匆地用冷水冲洗一番身体。然后身穿米色衫,长袜,脚上一双八成新的黄皮鞋,头发蓬松,双手被反铐,押解到监狱内的临时法庭公案前。

检察官屠广钧扫视了一下黑泽次男,对其逐一核对姓名、年龄、籍贯等项目,验明正身后,郑重宣布:"现经国防部核准,今日对你执行死刑。"

"但是犯罪原因,我至今还不明白,作为一个军人,以执行命令,服从天皇为最高准则。"死到临头的日本战犯还态度强硬,时作苦笑,妄图进行最后的狡辩。

"判决书早已下达,上面讲得清清楚楚,你在中国的土地上,你和你的部下杀害中国人千人以上,尸骨成山,血流成河,还不知道犯罪原因?如有遗言,赶快书写,如无遗言,立即押解刑场执行!"检察官十分干脆地回答。

二、临刑前书写三封遗书

黑泽次男理屈词穷,马上软了下来,向检察官央求说:"我要写遗书,请多多关照。"检察官下令宪兵为黑泽次男解开手铐。黑泽坐于临时法庭的左侧小桌旁边,他不习惯用毛笔,就借用一支白银套派克51型自来水笔。当他还没有动笔书写的时候,额前已渗出了汗水。他匆匆忙忙地当场书写遗书三封,分别给母亲、妻子以及十川次郎司令。

第一封遗书是写给他母亲的,死到临头他还要美化自己。"母亲大人：我今天已经到了这个地步，过去不孝之处请多多原谅。我今天以战犯的罪名被奉命就要执行枪决了。不过这不是我个人的罪错，把犯罪的行为放在我身上这是不对的。我是一个日本人，我做的事情只有神才可以审判我。我想神是最公平的。日本战败了，我无力抵抗，只有服从。我相信将来历史可以证明我，真主可以批判我，希望母亲不要难过。我相信母亲一定会知道我不会做出不正当的事情。最后，祝您长寿，保重身体。"

第二封遗书是给其妻子的。"静子：一切事情请原谅我，我想到你的病体，我很想念你，但是命运已是如此，假如你可以再婚，就再婚好了，组成一个新的家庭。希望你幸福地生活下去。我没有做过不人道的事情，天地神明也可以知道的。母亲、姐姐请代问候。"

第三封遗书是给关押在江湾国防部战犯监狱的日军十川次郎司令的，只是寥寥几句。"十川司令阁下：过去常常麻烦你，你待我很好，谢谢。今天我被执行了，一切希你珍重。"半小时后，黑泽次男写完遗书，亲自交给了监刑的军事检察官。尔后仍由宪兵将其双手反铐，在检察官屠广钧命令下，仍在宪兵的挟持下进入刑场。[1]

三、 四处掌声雷动 一弹椅上毙命

历史上的提篮桥监狱除了建有室内刑场（绞刑房）以外，并没有室外刑场，狱内有犯人枪决，历来都由警方提押外出，在上海荒野处行刑。1946年10月底，时任典狱长徐崇文接到上级密令，才把原西籍警官的网球场改作菜园，荒芜的场地改作刑场。该刑场宽20多米，长100多米。11月9日在此刑场枪决的第一个犯人是日伪南京维新政

---

[1]《日战犯杭州之狮黑泽次男昨枪决 执行前留有遗书三封》，载《大公报》1947年8月13日。

第八章 黑泽次男：第一个被枪毙于提篮桥的日本战犯

府行政院院长梁鸿志。以后，汪伪政府浙江省省长傅式说、汪伪警察总监苏成德、上海黄道会头目常玉清等人都在此刑场上毙命归天。刑场与毗邻的乐安里（今昆明路284弄）仅用一排竹篱笆相隔，周围又是居民区。该刑场当时与提篮桥监狱隔开一道围墙，有犯人枪决，要把犯人提押出监狱的二道门，通过一扇小门，经过上海警察医院（今上海市虹口区公共卫生中心），来到刑场内。

刑场周围的群众听说了有日本战犯要枪决，所以房屋上及高处都站满了人，还有一些人特地从别处赶来观看杀人狂的下场。当黑泽次男被法警押解出监狱来到刑场时，外面围观群众突然鼓起掌来。这掌声反映了中国同胞憎恨侵略者，支持中国军事法庭对日本战犯的判决和惩处。

黑泽次男在法警的押解下，无可奈何地瘫坐在刑场中间木质的行刑椅（结实的靠背椅子）上。此时，黑泽次男还想拖延时间，他突然提出一个诡异的请求，希望在执行前法庭将他的手铐卸下，让他以一个"自由之身"进入天国。通译官罗涤义正词严地说："这是国法，不得多言。"随着检察官的一声令下，站在行刑椅后面的独立第三营第二连班长马玉生举起驳壳枪对准黑泽的脑壳，扣下扳机，一颗正义的子弹从黑泽次男后脑壳上射进，从他的前额眉毛下穿出。黑泽次男应声从行刑椅上倒下，污血四流，尸体横陈。此时正是1947年8月12日中午11点45分。检察官到黑泽次男的尸体前，确认其已死亡，然后让宪兵用白布将尸体遮覆，此后由日侨互助会收尸埋葬。当时的新闻媒体，如《申报》《大公报》《新闻报》《和平日报》等均刊发了有关报道。

1947年8月13日，这对上海人民来说是一个难忘的日子。1937年8月13日是震惊中外的淞沪抗战的始发日，10年以后的8月13日的前一天，由上海军事法庭审判的日本战犯，第一次在提篮桥监狱刑场上处决。这是历史的偶然，还是当时的司法官员的有意安排？现在我们也许已无法做出客观的判断，但是不管什么情况，这一天值得我们记忆。

第九章

富田德：溧阳"疯狗"

溧阳于公元前221年始建县制，1990年8月撤县建市。溧阳地处江苏、安徽、浙江三省交界处，境内有低山、丘陵、平原、圩区等多种地貌类型，拥有得天独厚的自然资源。抗战期间，日军三次占领溧阳，六次窜到溧阳"清乡""扫荡"。据有关方面统计，全县有7 000多人遭日军杀害死亡，13 600多人受伤。从1937年11月27日至1943年9月6日，日机对溧阳轰炸34次，共出动飞机122架次，烧毁房屋34 800多户、110 500多间，被毁古建筑490座。日军所到之处，烧杀淫掳，无恶不作，罄竹难书。

一、屡施酷刑　惨无人道

溧阳日本宪兵队富田德，虽然是一个军曹，地位不高，对溧阳的平民百姓却手段毒辣，无恶不作，民愤极大，被人称为溧阳"疯狗"。

当时溧阳有一个叫狄维城的人，系黄埔军校第五期毕业生。1945年春，他奉上级委派赴溧阳策动伪军反正。该情况被汉奸特工所侦悉，就密告日本军队。军曹富田德获悉，为了邀功领赏，于3月26日率日本宪兵多人，不仅将狄维城拘捕，同时将狄维城有所接触的人员也统统抓来关押。狄维城在被拘捕期间，威武不屈，坚不吐实。日军对其施以酷刑,时间长达两个月之久。6月4日晚间,恼羞成怒的富田德率领士兵6名,用绳索捆扎狄维城的双手和下颌,又用布条系缚他的嘴巴,阻止他呼喊。一伙日军即把狄维城高高举起,重重摔地,反复多次,将其折磨致死。最后日军把狄维城的尸体装在草包内,用渔船驳运至溧阳对岸的三光渚荒地,就地掘了一个土坑,企图将尸体埋入。由于所挖的土坑太小,尸体无法埋入,日军就肢解狄的尸体。他们残忍地先用刺刀割下狄的头颅,再割他的双臂和双脚,最后又戮其腰部。把狄维城草草掩埋后就扬长而去。后来该惨状被狄维城的妻子方德贤获悉。她托亲友帮助,到丈夫的掩埋地挖出丈夫的尸体,准备安葬在其家族的墓地里。这一情况很快被富田德知道。他极力阻拦,还手执枪械,武力威逼把狄维城的妻子、亲属及老百姓驱赶回去。

苏州某机关职员曹科在1945年4月1日上午被日军抓捕。富田德对曹科非法逼供,把曹科头脚倒置,往其鼻孔内灌辣椒水,骑在他身上,拿烤红的熨斗烫他的身体,垫石悬空,甚至丧心病狂地放出狼狗对曹科乱咬乱啃。由于曹科被折磨得血肉模糊,以致狼狗对其嗅了一嗅,缺乏兴趣而退下,曹科得以活命。但曹科留下严重的后遗症,骨伤未痊,灼痕依然存在。

溧阳无辜平民史燮臣于1945年4月8日下午,被富田德所派的特工队关押刑讯,竹棍鞭背,皮破血流,并以灌水、狗咬等酷刑相恫吓,拘禁半个月。每天仅得拳头大小的饭团两个,没有蔬菜,不给水喝,致使史燮臣口渴难忍不得不喝下阴沟臭水。后来史燮臣仿效古代孙膑的办法,通过装疯卖傻,说胡话,做出种种反常的行为,往自己的脸上、身上涂抹大便,才得以脱离险境。此外富田德还以各种方式杀害平民数十人之多。

二、法网恢恢　死有余辜

1945年8月日本宣告无条件投降,国民政府先后在沪、宁、平、汉、穗等10个城市建立军事法庭,审判日本战犯,并号召受害者、知情者对日本战犯进行检举。在此形势下,狄维城的妻子方德贤向上海市战俘管理处检举,后经法庭缉捕,富田德归案,关押于江湾战犯拘留所。他因故意杀人罪,于1946年7月2日被上海军事法庭提起公诉。审判庭上,被害人狄维城之妻方德贤曾到庭指认。当时富田德浑身哆嗦求饶。

富田德,主要罪行系酷刑残害中国方面地下工作人员狄维城及其他无辜百姓。在法庭的审理期间,有被害人时任苏州某军事机关科长的曹科等人出庭作证。经军事法庭审讯,认定富田德因其违反战争法规,残酷杀人,并连续对于非军人施以酷刑,且加以不人道待遇,证据确凿。1947年4月17日判处其死刑,并呈报国防部批准执行。[1]

6月16日,富田德从江湾拘留所移押到提篮桥监狱,在移押之际,随车的记者曾与其拉谈。富田德尽管思想顽固、敌意尚存,但也说出了一点后悔之意。他称:"在侵华战争时,因听奉于上峰的命令,做出有违人道的行为,深感忏悔,拘押期间你们对我生活上的种种人道待遇,现在蒙中国多所优待,对大国民之风度深表感谢。"[2]

8月14日上午9时15分,上海军事法庭检察官符树德偕书记官袁潇庆、通译官罗涤,宪兵独立第三营第二连班长马玉生及宪兵4名来到提篮桥监狱,签发提押犯人的书面凭证,将富田德提解出监房。富田德面呈菜色,神态沮丧。他身材中小,面架瘦弱,口中还露出四颗

---

[1]《溧阳日本宪兵队军曹战犯富田德处死》,载《申报》1947年4月18日。《富田德处死刑》,载《正言报》1947年4月18日。

[2]《战犯富田德等移押上海监狱》,载《和平日报》1947年6月17日。

金牙。他身穿黄色日本军服,头戴军帽,黄色皮带、绑带,脚穿淡黄色长筒皮靴,但军衔标志及肩章均已解除。宪兵上前对富田德搜身;富田德用汉语回答,请勿搜身,我没有什么东西。他边说边将一个纸包、一块绢布、六封书信交给监狱看守,告诉他们把这些东西转其家属及江湾战犯拘留所等处。

9点55分,富田德被宪兵由监号提至监狱空地上所设立的临时公案前站立。此时,袁潇庆书记官握笔在手准备记录,通译官罗涤亦聚精会神听候翻译,各摄影记者纷纷拍照,各报记者都注视着富田德的丑态。

检察官符树德对富田德验明正身后,对他郑重宣布:"奉国防部命令,今天将对你执行死刑,你有什么话要说?"三个多月前已被判处死刑早有心理准备的富田德回答:"我知道这一天总要来临,我要写遗书。"

经检察官批准,让富田德当场写遗书。富田德向法庭要了一支铅笔,在左旁的小桌上,于十行竖式信纸上疾写。由于他内心极度紧张,手不停地在发抖,并频频摸头做沉思状。在遗书结尾,署上年份时,仍然署着日本昭和二十二年(即1947年)。

富田德写的第一份遗书为:"江湾拘留所队长以下各位:八月十四日午前十一时命终,我活了二十九岁,我以前所作所为都没有错,以后事情托丸山、野口、森下三位照料,祝各位健康!……昭和二十二年八月十四日,富田德。"

第二份遗书写给其妻子:"我的生命到今天为止,不过心里很安,精神不死。我的子孙会照着我的精神传承下去,我的灵魂永恒地跟随母亲和你,我的灵魂永远在上海监狱不散。纸短情长,珍重珍重。昭和二十二年八月十四日,夫富田德。"

写到这个时候,富田德向罗涤通译官要求吸支香烟。罗译官点头答应。边上的《大美晚报》记者吴某眼疾手快,立刻递上一支已经点燃的"骆驼牌"香烟。富田德接烟在手,回现苦笑,口中连说"阿里阿朵",急忙将烟抽着,深深呼吸,然后继续写第三份遗书。第三份遗书为致其母亲,内容荒谬绝伦,至死不悟。

富田德写毕遗书,法庭命令对他加绑。宪兵准备用白色细绳将其双手反绑。富田德顽固反抗,竟然向法庭说:"我是军人,可不用绑。"为此,法庭对富田德训斥"不许污言秽语,必须老老实实"。宪兵上前对富田德强制绑缚。当时富田德神经紧张,满面流汗。他走至刑场内预置的"行刑椅"坐下。临死时还执迷不悟的富田德,竟然奋力高呼"日本天皇万岁"!与此同时,独立第三营第二连班长马玉生的盒子枪声已响起,正义的子弹射中富田德的后脑,由口中出,门牙打落,四枚金牙仅剩其一,当即毙命。时为 10 时 25 分。宪兵即以白布覆于富田德尸体上,由日侨互助会收尸。收尸人为日本人松冈博明。[1]

---

[1]《富田德处今日枪决》,载《新闻报》1947 年 4 月 14 日。《行刑前急汗淋漓 富田德晨枪决》,载《华美晚报》1947 年 4 月 14 日。

第十章

芝原平三郎:"杭州花花太岁"

一、一个"中国通"的罪恶人生

芝原平三郎,日本德岛人,其幼年、少年时代居住在中国的东北地区。他原是日本浪人,以后又长期混迹在北京、天津一带。江湖上、黑道上、平民区都厮混过,交际广泛,狐朋狗友众多。他是搞情报活动的老手,诡计多端、两面三刀。芝原平三郎语言功夫很好,除了能说一口流利的北京话,还会说上海话、杭州话。加上他比较熟悉中国各地的风土民情、婚丧喜庆,因此常常吹嘘自己是一个"中国通"。

20世纪30年代,芝原平三郎曾在杭州西子湖畔活动,充任驻杭州日本特务机关情报主任。1941年春,芝原平三郎受侵华日军杭州特务机关长渡边一郎的派遣,来到浙东重镇宁波,通过天宁寺一个和尚的关系,落脚在宁波市区。芝原平三郎摇身一变,伪装成湖南省米行的商人,到浙东采购粮食,化名徐志统,先住在西郊一家洋车(缝纫机)店的楼上,后来又搬迁到宁波的市中心。他经常更换衣着,一会儿西装礼服,一会儿长衫马褂。芝原平三郎涉足官场,交游商界,出入酒肆、妓院、舞厅、赌场,行踪不定,利用各种场合,凭借充裕的情报经费,广泛收罗社会渣滓、商人、职员为其搜集各种军事、政治、文化情报,发向日特机关的大本营。

1941年4月,在日军攻占宁波的前夕,芝原平三郎用黄金美钞收买了宁波镇海炮台的国民党军队的官员。当日本舰队进攻镇海时,要塞守军放弃优越的地理条件,在内奸的策动下,放下武器,不战而逃,使日本军队轻而易举地登陆入侵。为此,芝原平三郎获得上司的嘉奖。为了便于侵华日军迅速入侵宁波城区,针对当时宁波旧城区街巷众多、迂回曲折、断头路比较多的特点,芝原平三郎利用"人丹"广告,大打间谍战。

他布置几个亲信,深夜出动,使第二天清晨的宁波街头巷尾,贴满了此类奇特广告——长方形纸张,四周印有粗线,中书"人丹"两个仿宋字。广告分直式和横式两种。开始宁波市民不解其意,还以为是哪个日本商人心血来潮的商战策略。原来这是芝原平三郎的险恶手段。横式广告示意街巷不通,直式广告暗示可以通行,为日军入侵指路。这一招果然阴险毒辣,侵占宁波的日军大大提高了行军速度。[1] 日军入侵宁波后,芝原平三郎卖力拼凑傀儡班底,强占了惠政巷一处王姓人家的房子为特务的办公机关,以华治华,以华控华,在其他日本帮凶的配合下,先后建立了"鄞县维持会""宁波商会筹备委员会""妇女会"等组织,把一些汉奸推上第一线,委任他们为会长、理事长,自己则躲在幕后遥控指挥。一段时间内,日本的特务网络遍布宁波的城乡,魔爪伸到了各个角落。芝原平三郎还吩咐下属到浙东各处搜集钢铁铜料,为日本侵华提供制造武器弹药的基本原料。

为日军行动做向导,也是芝原平三郎的任务之一。1942年初夏,日军准备从宁波取道宁海、新昌,进发金华。当时,浙东地区,山峦重叠,交通不便,急需向导。芝原平三郎派出亲信,第二天就带来一名原是"跑单帮"的小贩。此人非常熟悉这一带山路,被芝原平三郎重金收买后,无耻地为日军带路,让日军轻而易举地达到目的。

---

[1] 萧宇:《日本特务在中国》,团结出版社1995年版,第40—41页。

芝原平三郎除在杭州刺探情报、敲诈勒索外,还在西子湖畔的六公园一侧设立秘窟淫窝,供其享乐,被其强暴、糟蹋的青年女子竟达百名之多,被杭州民众怒称为"花花太岁"。不少女子被逼上绝路,不少家庭遭受劫难。据当时杭州市民控诉,芝原平三郎玩弄女性,花样翻新,不择手段。有一次,芝原平三郎在西湖边看到一位美貌的女学生,正与一名男学生亲热地在湖边散步,芝原平三郎歹念顿生。他唤来一个走狗,故意冲撞这名男学生,与之发生摩擦,然后找个借口,把这对男女青年带到六公园一侧的寓所,对男青年毒打一顿,推到大阴沟内窒息而亡;对女青年进行百般凌辱,最后导致她精神错乱。

二、"花花太岁"被判死刑

1943年春,芝原平三郎偷偷离开杭州,住到上海虹口邢家宅路(今邢家桥南路)18号。后来他又化名李秀山,到苏州观前街的玄庙观内开设了一家咖啡馆,兼有舞厅,以此为掩护,并在苏州买下一幢带有庭院的房子,继续从事间谍工作。

抗战胜利后,早先在芝原平三郎手下干活的汉奸蔡晓东在苏州被捕(后被法院判处有期徒刑7年),庭审时蔡晓东供出芝原平三郎匿居在上海的地址。芝原平三郎归案后被关押于提篮桥监狱。1946年9月26日,上海军事法庭对芝原平三郎开庭审理。在11月初的庭审中,鄞县抗战蒙难同志会主持人李子瑜、曾良秉,以及吴小毛的妻子等3位被害者在庭上用他们的切身遭遇作证;杭州、宁波等地的有关人士也以确凿事实,控诉他残害中国同胞、迫害抗日志士、大肆奸污妇女的种种罪行。

为了深入清算芝原平三郎的罪行,有关部门还在1947年4月底的《申报》上发布消息,借助媒体予以宣传。[1] 1947年5月下旬,上海军事法庭派遣法官陆起到西子湖畔的杭州。[2] 27日在浙江省高等法院开庭,调查战犯芝原平三郎罪证。当日下午法庭提审汉奸东某、沈某二名,以作证芝原平三郎在浙东罪行。次日陆起法官又提审杭州号称汉奸四大金刚的金德春、冯天宝等人。他们都在汪伪政府充任特务工作,为芝原平三郎在杭州从事情报活动的主要爪牙。[3] 上海军事法庭的杭州之行,对进一步调查芝原平三郎在浙江的罪行,提供了很大帮助。

同年7月19日,上海军事法庭经过多次庭审,依照确凿证据,对芝原平三郎判处死刑。民国时期的主流媒体《中央日报》还在第二版上,以《花花太岁判处死刑》为标题,刊登了一则简讯,全文如下:"据称'花花太岁'之日本战犯芝原平三郎为前日本陆军特务机关情报主任,战时作恶多端,19日被上海军事法庭判处死刑。"

三、 毙命提篮桥监狱刑场

1947年11月22日,上海军事法庭庭长石美瑜接到上级密令,特地从南京乘火车赶到上海。检察官王家楣、通译官王成义及一个班的宪兵,也于上午11点驱车来到提篮桥监狱。石美瑜、王家楣等人首先向典狱长孔祥霖通报情况。孔祥霖验过法庭开出的"犯人提押票",11点40分左右,关押狱中的日本战犯芝原平三郎被提押出监,来到监狱刑场。这个刑场除了梁鸿志等汪伪汉奸在此毙命外,日本战犯黑泽次男、富田德已分别于1947年8月12日、14日被枪决于此。因此芝原平三郎将是在提篮桥监狱刑场上毙命的第三个日本战犯。

---

[1] 《日战犯芝原平三郎 将借杭州高院开审》,载《申报》1947年4月30日。
[2] 《军法官赴杭搜暴行证据 将定期传讯被害人等》,载《申报》1947年5月24日。
[3] 《杭调查战犯罪行 汉奸数名为芝原平三郎作证》,载《申报》1947年5月27日。

第十章 芝原平三郎:"杭州花花太岁"

此时的芝原平三郎已有 48 岁,头发斑白,蓄着八字胡,神情木然,脸色偏黄,略带浮肿,身穿旧草绿色军服,未扣纽扣,脚跋一双旧拖鞋,双手反铐,在两名中国法警的押解之下,慢慢来到设在刑场中间的法庭。石美瑜庭长简明扼要地问清芝原平三郎的姓名、年龄、籍贯、捕前职务、居住地址等基本情况后,正言厉色地宣布:"经国民政府国防部核准,今天对你芝原平三郎执行死刑,你还有何遗言要说,有何遗言要书写?"

芝原平三郎颤巍巍地用中文诡辩:"我要讲的话已经讲得很多,我并没有强奸、杀人等罪行。我生为日本人,死为日本鬼。但是,我长期生活在中国,熟悉中国,中国也是我的第二故乡。我是为中日亲善而战,为日本天皇而圣战,日本战败,这是天意,而不是天皇之错。今天我被执行,罪有应得,死不足惜。但我的名誉要紧。法官先生,请允许我修书三封,以告慰后人。"经监刑的石美瑜同意后,令宪兵为芝原开铐。芝原平三郎就在法庭旁预先准备的方桌上铺好信笺,落笔书写。第一封他写给其妻子,其大意为:今天我要执行了,望你照顾母亲和小孩。两个已经死去的爱兄,我要到地下找你们去了。

第二封信,写给他的长官小仓达次和白川一雄。这两人此时还关押在提篮桥监狱内,其大意是:多蒙照顾,非常感谢,现在不能报答,引为遗恨,请费心照顾遗属。

第三封信,写给中国国民政府。信中芝原平三郎还在奢谈什么中日亲善、共存共荣之谬论,真是死到临头,还执迷不悟。

遗书写毕,芝原平三郎还要拖延执行死刑的时间。他向执法官提出:"贵国是文明古国,长期以来对婚丧之事十分隆重,我马上就要去见上帝,请允许我更换一套清洁的军服,一双干净的胶鞋,让我干干净净地走向另一世界。"资深法官石美瑜爽快地答应了这一特殊要求,马上命令法警从芝原平三郎被关押的牢房内取来他的三包衣物,让其当场脱下身上比较脏旧的衣服,换上一套比较新的军服,同时把脚上的拖鞋,换上一双干净的球鞋。

  此时,时钟已指向 12 点 10 分,石美瑜命令已经换好衣服的芝原平三郎在死刑执行书上签字,按下指纹。然后宪兵把芝原平三郎双手反铐,由两名法警押上行刑椅。芝原平三郎坐在行刑椅上,左右两边各被一名宪兵按住,宪兵班长吴德法站在芝原的身后,举起"盒子炮",对准芝原平三郎的后脑,"啪——啪——"连发两枪,子弹从其后脑进去,经右眼及眉际间穿出,污血汩汩地从弹孔中涌出,脸上一片血污,芝原平三郎瞬间连人带行刑椅一起倒在地上。[1]

---

[1]《杀人如麻恶贯满盈　战犯花花太岁枪决》,载《新民晚报》1947 年 11 月 22 日。《花花太岁执行枪决》,载《申报》1947 年 11 月 23 日。

第十一章

浅野隆俊：
临刑前要求唱日本国歌的日本战犯

1947年12月10日，一个叫浅野隆俊的日本战犯将在刑场执行枪决。[1]上海军事法庭庭长石美瑜于当日上午偕同主任检察官王家楣、书记官王成华、通译官王仁明，率武装宪兵一行赴提篮桥监狱，并于监内小院中设置临时公案。11时45分浅野隆俊被提押。当时浅野隆俊身着黄呢制服，长筒黄皮鞋，面色焦黄，双手反铐。他看到眼前警宪森严，气氛异常，感到今天可能有什么要事发生，也许……不过他再也不敢想下去。

浅野隆俊紧随法警来到监内小院中设置的临时公案前。主任检察官王家楣对其验明正身，宣读核判电文，并郑重宣布："今天将对你执行死刑，有无遗言……"检察官还没有把话说完，浅野隆俊脸色就变得苍白，一双小而有光的眼睛，一会儿挤得很小，一会儿睁得很大，好久不说一句话，两只手合掌在一起，不时来回搓动。王检察官面对浅野隆俊诡异的动作、反常的行为，警告他："如果没有话要说，那么就立刻执行。"

"我有个要求。"沉默片刻的浅野隆俊终于开口了，"我没有什么遗

---

[1]《日战犯浅野隆俊昨天在沪执行枪决》，载《大公报》1947年12月11日。

言,歌能壮志,请允许我唱一首日本国歌。"[1]检察官连忙摇摇头,严正拒绝。"这里是中国的土地,不允许你临死前还胡作非为。"

浅野隆俊稍一沉思,马上改换口吻,对检察官说:"我要写一封遗书,对后事有个交代。"检察官命法警为其开脱手铐,让其坐下,并给他纸张铅笔。浅野隆俊在边上的小桌上,提笔苦思,致其上司、现押上海江湾战犯监狱中的十川次郎中将。用铅笔在十行纸上写了 100 多字:"难友们,我今天虽然枪决了,可是死得很光荣,内心也平安,希望你们回国以后,把这事告诉全国人民。江湾之狱友返国后,希致力于复兴工作。"临死也没悔意。

遗书写毕,法警又将手铐给他铐上。浅野隆俊又提出自己留下的物品不必寄回日本家中,请分赠给江湾战犯监狱的朋友。而后检察官吩咐法警将浅野隆俊押赴刑场,并下达死刑的执行指令。独立第三营第四连宪兵武辉对准浅野隆俊后脑举枪一击,弹穿前额而出。浅野隆俊倒地毙命,手脚抽动不止,血流如注。这时恰好正午 12 时。事前到场的日侨互助会用白布覆盖浅野隆俊的尸体,并派员将尸体领回火化。[2]

这个在提篮桥监狱刑场上执行死刑的日本战犯浅野隆俊,时年 34 岁,日本枥木县人。在上海沦陷时期,他任日本宪兵队上海本部外勤班情报员,负责搜集我方情报,缉捕留在上海的国共两党的地下工作人员。作战期间,以缉捕我方留沪工作人员为其主要任务,连续对非军人施以酷刑,尤其对于中国女性百般侮辱。军统局上海区行动队情报员王世雄、王世能遭到逮捕,日本人向他们的口中不停地灌水,然后又把他们倒立,百般折腾。日本人还对他们施以电烙等酷刑。王家兄

---

[1]《上海监狱中处决日战犯 浅野临死无遗言但求歌一曲》,载《申报》1947 年 12 月 11 日。

[2]《战犯浅野枪决 昨中午在监狱执行》,载《立报》1947 年 12 月 11 日。

弟的表妹戴芳清也被日本人抓去,浅野隆俊及其他几个恶魔把戴女士的上衣一件件脱下,然后又把戴女士裤子一一拉下。他们一边脱一边发出狂笑,最后戴女士被脱得一丝不挂。浅野隆俊等日本人不停地对戴女士的乳房、大腿、阴部进行抚摸凌辱,然后用绳子把她赤条条地反绑在长条木凳上,并用木棍插入下体。经调查,除了王世雄等人外,还有曹金秀、张诵如、闵某某等男女志士18人都遭浅野隆俊污辱和酷刑。被浅野隆俊杀害的有王世雄、王明德等几十人,他们的尸体不清楚如何被处理,也不知道最后埋在何处。许多被害人家属四处寻找,除个别人员以外,大部分都下落不明。

抗战胜利后,浅野隆俊被人举报,上海军事法庭对其拘捕收押,经过多次审理调查,于1947年9月22日判处其死刑。同年12月8日经国民政府主席防吕甚字25165号代电核准,于12月10日执行枪决。[1]血债要用血来还,恶魔终自食其果。

---

[1]《战犯浅野昨午执行枪决》,载《前线日报》1947年12月11日。

第十二章

中野久勇：越狱后典狱长被撤职关押

抗战胜利以后,上海关押日本战犯的场所除了提篮桥监狱以外,还有位于江湾高境庙附近的上海战犯拘留所。1947年8月起,该拘留所升格为国防部战犯监狱。

一、一个月黑风高之夜,一名战犯越狱脱逃

战犯监狱关押的日本战犯及战犯嫌疑人人员较多,涉及面较广,其中既有一批日本战犯中的高级官员,也有一批军阶较低但直接危害群众民愤很大的中下级官兵,如侵华日军驻崇明宪兵队队长大庭早志、崇明宪兵队特高课课长中野久勇等人。他们两人在抗战时专门捕杀游击队及地下工作同志,手段毒辣。他们对被捕的革命志士严刑拷打,在其身上绑缚石块,投入长江。当江水退潮之后,江边和海滨时有此类尸体被发现。大庭早志和中野久勇劣迹斑斑,崇明的老百姓对他们恨之入骨,抗战胜利后经被害人家属检举,大庭早志和中野久勇被捕,双双被关押在江湾战犯监狱。

国防部战犯监狱规格很高,典狱长授少将军衔,但在狱政管理、生活卫生方面尚属刚刚起步。被押的日本战犯中,不少为未决犯、待审的嫌疑人,他们不穿囚服,穿的多是普通的衣服,有西装,也有军装。

监狱的建筑比起提篮桥监狱要差上一大截。战犯监狱大多是平房,四周也没有高高的围墙,只采用带刺的铁丝网,把监狱围几圈,四角设一些岗哨,每隔一定时间,哨兵前来换岗。站岗的哨兵,时间一长有的也放松警惕,存在到岗不到位的现象。被关押的这些日本战犯时刻在窥伺监狱的动向,处处寻找监狱管理上的漏洞。

1947年12月14日晚上10点多钟,一个非常熟悉上海地形和风土人情的在押犯中野久勇身穿西装谎称拉肚子要去上厕所。他离开囚室,用事先早已准备的工具,撬开铁丝网,越狱潜逃,去向不明。经媒体曝光后,舆论一片哗然,老百姓纷纷指责战犯监狱的管理人员严重失职,特别是崇明县的群众更是愤愤不平。

事后查明,那天天气十分寒冷,担任监狱警卫的202师卫兵疏忽大意,躲去避风。中野久勇就是利用这个空隙,越狱脱逃获得成功。蒋介石获悉大为震怒,深感手下办事不力。同时他还怀疑这名日本战犯是否行贿买通看守,或者策反了典狱长才发生如此严重事件。蒋介石下令首先把典狱长邹任之撤职查办,解往南京听候军法处置;事后邹任之被关押了3个月才被释放。另外吩咐国防部通令各地严加缉查,尽快把越狱脱逃的中野久勇抓捕归案。同时由国防部下令任命孙介君为上海江湾战犯监狱典狱长,王成荃为副典狱长。

二、 嘉定城警察严查,拘留所关押受审

中野久勇在担任崇明日本宪兵队特高课课长之前,曾任江湾新市街日本宪兵队队长。因为他在上海驻扎时间较久,不但熟悉上海的大街小巷,而且能听懂上海的方言俗语,又能说中国话,所以他自诩为"中国通"。由于日本人与中国人肤色相同,一般情况下较难区分。中野久勇越狱后直奔市中心的南京路,把穿在身上的一套西装在旧货商店卖掉,然后走到九江路的一家小店,买了一套当时上海男性大众穿

着的普通长衫,化装成中国的平头百姓。这一进一出,还赚了一点小钱。他就在附近的小菜馆内饱餐了一顿。酒醉饭足后泡了一个小时澡堂,又让扬州师傅为其捶背揉脚,晚上在小旅馆里睡了一个安稳觉。这样三下两去,身上也没有剩下多少零钱了。中野久勇结束了一天的"小开"生活,当起了多日的"瘪三",白天半饥半饱混迹江湖,晚上就到上海北火车站的候车室的长椅上宿上一夜。由于12月份的天气十分寒冷,中野有点感冒。他去药店买了几包粉状的阿司匹林,吃下以后感冒好多了。他想起有一个朋友住在嘉定。12月16日,中野久勇就步行到位于上海西北部的嘉定。

嘉定是一座江南古城,1218年建县,其得名于南宋宁宗皇帝的年号。抗战胜利后,据国民政府有关部门统计,在1937年8月到1945年8月期间,嘉定惨遭日本军队的侵害,全县有1.651万人惨遭杀害,有几万人受伤。1947年底,嘉定仍有城墙,城里治安管理比较严格,城门口有警察站岗检查过往行人的证件。脱逃出狱的中野久勇当然拿不出证件,而且警察还在他身上查到那两包粉状的阿司匹林。那时社会上贩毒、吸毒的现象比较普遍,引发了许多社会问题,政府也在狠狠打击烟毒犯。中野身上的两包白色药粉,理所当然被警方怀疑是白粉(毒品),而他则被怀疑是一名毒品贩子。尽管中野久勇谎称自己是来到江南经商的广东人,叫王寿章,由于兵荒马乱,证件不慎遗失,身上两包白色的粉末是治感冒的阿司匹林,如果不信可以当场化验。[1] 但是任凭中野久勇的申辩,两位警察仍然怀疑他有贩毒嫌疑,要求他到警察局去一下,至于白色的粉末是药品还是毒品,经过检验后再决定。如果抓错了,可以立即释放。所以,刚从江湾战犯监狱逃出的中野久勇,又以毒品犯嫌疑人的身份关进了嘉定县的拘留所,而且一关就是18天。18天中,中野久勇只过了一次堂,案由是贩运毒品。由于

---

[1]《中野久勇判死刑》,载《新闻报》1948年2月29日。

小地方设备不全,办案的警察工作粗放,对其细枝末节未加详查,就把王寿章(即中野久勇)以"贩毒嫌疑犯"的身份,于1948年1月5日移押到上海警备司令部看守所,而且一关又是20多天。后来这两包白色的药粉经过仔细化验后,证实确非白粉,果然是阿司匹林药粉,中野久勇才于1948年2月2日被放出。中野久勇只好自认倒霉,但是唯一的好处是因祸得福避过了风头,躲过了近40天军警系统对他的缉查。

三、失身份桥头推破车,为小钱争执露身份

　　1948年2月初,刚从上海警备司令部看守所放出来的中野久勇,狼狈不堪,吃喝无着落,睡觉无处所,屋檐下、桥洞口都是他的栖身之地。面临日本无条件投降,国民政府在北平、沈阳、济南、太原等10个城市设立军事法庭审判日本战犯,大批日本侨民被遣送回国,中野久勇既不敢显露自己日本人的身份,又不敢以中国难民的身份去登记就业。为了糊口,他利用当年新春佳节,低三下四地沿街乞讨,由于机缘不错,讨了不少零钱,积少成多。中野久勇就利用这笔钱住小旅馆,到菜馆吃小炒,尽情潇洒一回。当这笔钱用完以后,中野久勇白天又到街头乞讨,晚上睡在屋檐下度日。日久天长,他感到这样下去总不是好办法。后来他找到了一条新的生路,就是到苏州河边上的乍浦路桥、老垃圾桥、新垃圾桥等桥头,给上坡的黄包车、三轮车、塌车、黄鱼车的车夫推车,从中拿点可怜的小费。这在旧上海及上海解放初期也存在,有人专门从事这一职业,俗称"推桥头"。这样,中野久勇每天可以维持一天的生活,碰到运气好,有时还会略有结余。一天,他花了一点小钱买了一套旧衣服,一顶旧"罗宋帽",倒很像一个中国人,不过一开口,他的上海话,与地道的上海人相比,仍然有一段距离,有些拗口的词语,他总有点南腔北调。

再说1947年12月14日晚上,中野久勇从战犯监狱脱逃,上海的一些军事警察机关接到缉查命令后,一天也没有安稳过,车站、码头、机场,主要交通路口派员分头巡查,经30多天的日夜忙碌,一点线索都没有,连连受到上级部门的训斥。对于中野久勇的出走方向也众说纷纭,有的说去了北方,也有的分析他混入日本的侨民中回到了日本,甚至还有人推测他跑到了苏北。但是也有人逆向思维,认为中野久勇哪儿也没去,就在上海落脚,他是采用了"最危险的地方就是最安全的地方"的策略。所以,有关部门就利用上海警察系统、特工系统的力量,派出暗探到上海的角角落落,包括妓院、赌场、夜总会各种藏污纳垢的地方去侦查。有一天他们接到一名卧底"眼线"的情报,越狱脱逃的中野久勇在上海乍浦路桥"推桥头"。为了不走漏风声,上海警备司令部采取了"智取"的办法,派了两名资深"干探",看熟中野久勇的相片,默记他的面容,其中一人装扮成一名商人,一人装成车夫,使用一辆三轮车,由乍浦路桥从桥南到桥北,隔了一段时间,又从桥北到桥南,目的是借机观察桥上的各种推车人。他们配合默契,使用"钓鱼"的方法,设下"鱼饵",等待"鱼儿"上钩。

一天下午,他们从桥南过桥北,在桥堍边发现有一个头戴"罗宋帽"、30多岁的人上前为他们的三轮车推车。推车者的面容与照片上的中野久勇十分相像。当车到桥中,其中一位乔装打扮的干探故意拿出一张5 000元(相当于后来的5角钱)的钞票,要推车者找回3 000元,但是推车人只肯找出2 000元,那人还用上海话回答:"先生,现在物价飞涨,钞票不值钱,一只大饼也要卖到3 000元。"此人的对话,从语音上来说大体可以,但是其中大饼的"大"字,讲得非常不顺耳,有点怪异,好像外国人在学华语。

"这个推车人是日本人,就是从监狱里脱逃的日本战犯中野久勇。"这两位干探脑海里同时闪过一个念头。两人不约而同地利用接回钞票的机会,将一副锃亮的手铐铐到了这个推车人的手上。1948年

2月24日下午,脱逃两个多月的日本战犯中野久勇终于再次落入法网,捉拿归案。[1] 鉴于中野久勇是从江湾战犯监狱脱逃而出,为了防止他的第二次脱逃,这次对其严加看管,并调押到设备良好的提篮桥监狱关押。

四、耍无赖索要食品,推罪行百般狡辩

1948年2月28日,上海军事法庭开庭对被捕获归案的中野久勇进行审判。当日上午8时,军事法庭书记官郭镇寰率领一班宪兵来到戒备森严的提篮桥监狱,向监狱的警卫交了法庭开出的押票,把中野久勇押解到江湾路1号的上海军事法庭。中野穿黑灰长衫,着运动鞋,发髯满面,一副狼狈相。见到书记官,中野大发牢骚,说监狱伙食太差,量又少,吃不饱饭,让我饥饿难熬,俗话讲得好,"阎王不差饿鬼"。今天你们要带我去法庭,让我先填饱一下肚子,不然我连话也说不动了。面对中野久勇这种犹如无赖的要求,书记官郭镇寰一阵苦笑,只好派人替他买了5只大饼,交给中野久勇。

10时30分,先由国防部战犯监狱典狱长孙介君与副典狱长王成荃对中野久勇进行审问。他们主要问他越狱潜逃的动机及经过情形,问明他的逃跑与前任典狱长邹任之有无关联。中野久勇如实地供称是他自己主动逃走,监狱里关押的大官、军团长、师团长也不少,他根本不认识典狱长邹任之,他的逃跑纯属个人行为,与典狱长没有任何关联。

11时15分,军事法庭正式开庭。庭长石美瑜、审判官叶在增、检察官王家楣、通译官王仁明、书记官宋定亚等一一到庭。该庭由资深法官石美瑜发问。中野在崇明所犯罪行,有一件是把李某等9人用石

---

[1]《越狱潜逃日战犯中野久勇被擒获》,载《新闻报》1948年2月25日。

块绑缚于身,残忍抛入大海。法官把从海边拍摄到的枯骨照片拿给他看。中野面对事实竟说,这些尸体可能是大海中其他溺水毙命者。总之,中野供词狡猾,把罪行能推则推,能赖则赖,一会儿把其推给他的上级、日军驻崇明宪兵队队长大庭早志,说是执行长官命令,一会儿把其推给部下,说是他们胡作非为,欺压百姓。但是任凭中野久勇巧舌如簧,颠倒黑白,最终逃脱不了中国法庭的严正判决。上海军事法庭对其判处死刑,判决书主文是:"中野久勇在作战期间共同连续屠杀俘虏,处死刑。"[1]

五、"中日亲善"出胡言,顽固不化命归天

1948年4月8日,中野久勇的死期已到。当天上午11时,由上海军事法庭主任检察官王家楣率领通译官、书记官及宪兵独立第9团第二营五连宪兵一班,前往提篮桥监狱,提押崇明宪兵队特高课课长中野久勇与他的顶头上司崇明宪兵队队长大庭早志。[2]在提篮桥监狱"十字楼"的空地上布置了临时法庭。

大庭早志和中野久勇两人在监房内,突然听到看守通知他们穿好衣服,注意服装整洁,有法警提押。诡计多端的中野久勇看到监楼上比平时多了几个陌生面孔的警察,凭着直觉意识到自己可能死期已到,希望能干干净净地去死,要求法警让他洗一次澡。在法警的应允下,中野久勇快速地在自来水龙头下冲了冲身体,穿上衣服。大庭早志则强作镇定,默默无语,态度强硬,展目四顾不露声色。片刻间,他们两人都被法警戴上手铐,提押出监房,来到露天的临时法庭。

大庭早志系日本福冈人,中野久勇是日本岐阜人,时年大庭33

---

[1]《越狱潜逃日战犯中野久勇判死刑 对杀人暴行在军庭仍作狡赖》,载《申报》1948年2月29日。

[2]《崇明两个日本战犯 大庭中野昨枪决》,载《大公报》1948年4月9日。

第十二章 中野久勇：越狱后典狱长被撤职关押

岁,中野32岁。尽管大庭早志是中野的顶头上司,但是中野久勇比大庭早志资格老,更阴险凶狠。中野久勇穿着旧黄呢军服,大庭早志则穿黄斜纹军服(军装上的领章均被除去),手上加以镣铐。当检察官王家楣当场宣布对大庭早志和中野久勇立即执行死刑,并让他们在临刑前作最后的陈述时,中野久勇还大放厥词,声称:"我无罪而受罪,希望以我之牺牲,而使中日两国永臻亲善。"大庭早志则说:"我实在冤枉,希望你们各位法官能再到崇明岛,再去做一次实地调查。"检察官理直气壮地说:"我们的军事法庭对你们的审判,事实清楚,证据确凿,程序规范。此次你们被判处死刑,是罪有应得,死有余辜,你们在中国境内杀人放火罪行累累,今天死到临头,还说什么'中日亲善',真是不知羞耻。现在我最后问你们一句话,你们要不要写遗书? 如果要写遗书,马上书写;如果不写遗书,立即押赴刑场执行枪决。"

中野久勇和大庭早志一看,苗头不对,马上软了下来,说:"报告长官,我们要写遗书,请提供书写工具。"检察官吩咐法警给他们暂除手铐,让他们在临时法庭边上的一张书桌上书写。中野久勇和大庭早志立即伏案书写遗书多封,写毕交给法警保管,代为寄送。他们还要求抽烟,检察官取"幸福牌"香烟给每人各两支。经过短暂的吞云吐雾以后,法警把中野久勇和大庭早志反铐,从监狱二大门走出,沿着监狱的围墙,经过上海警察医院(今上海市虹口区公共卫生综合大楼)来到监狱的刑场(监狱与刑场之间仅一墙之隔,但没有直接的通道)。由于临时法庭距离刑场有大约几百米的路程,日本战犯中野久勇和大庭早志为了壮胆,边行走边哼唱日本国歌。但是人还没有走到刑场,大庭早志却已神志昏迷,只好由两名法警左右各一边架着他行走;中野久勇则自己行走。他们两人来到刑场的执行区域,当检察官一声令下,宪兵徐希冀、李公浩举起手枪,对准两人的后脑,扣下枪机。只听到"砰、砰、砰"三声枪响,两名日本战犯头颅中枪,均倒地身亡。当时大庭早志一枪毙命,中野久勇两枪毙命。他们两人尸体面目狰狞,污血横流。

军事法庭的相关人员对着尸体进行拍照,留下存档。事前通知到场的日侨互助会代表,即以白布覆盖两犯尸体,代为收殓。[1]

  在此之前,提篮桥监狱刑场已有黑泽次男、富田德、芝原平三郎、浅野隆俊等日本战犯被执行枪决,不过每次都是一个人,同时执行枪决两名日本战犯,这在提篮桥监狱历史上还属第一次。

---

[1] 《崇明作恶擢发难数　两日战犯同时枪决》,载《申报》1948年4月9日。《大庭中野二日酋　法网难逃昨枪决》,载《立报》1948年4月9日。

第十三章

从羊城押解到申城处决的三名日本战犯

抗战胜利后,1945年9月16日,日军第23军司令官田中久一中将向中国第二方面军司令官张发奎上将投降。同年12月,国民政府主席广州行辕成立了战犯调查组,拟定辖区内日本战犯的调查计划,并划定调查地区分令各机关部队按计划实施。1946年2月15日在广州市广卫路4号设立广州行营审判战犯军事法庭(简称广州军事法庭),从此拉开了审判华南地区及越南的日、德、意法西斯战犯的序幕。审判工作从1946年7月开始,到1948年3月10日结束。

广州军事法庭是由当时的广东省高等法院、广东省高等法院检察处、行营三个单位抽调部分人员,联合组成的一个审判战犯特别法庭。军事法庭内设审判庭、检察处、书记处三个部门。审判庭由审判长1人、军法审判官4人组成合议庭负责审判。检察处由主任检察官1人、检察官1人组成,负责侦查及起诉。书记处由主任书记官1人,书记官若干人及翻译、副官等人员组成,负责审讯记录、编案、传票、行政事务等工作。其时,广东高等法院庭长刘贤年出任广州军事法庭审判官及庭长,广东高等法院检察处检察官蔡丽金出任主任检察官,广东高等法院主任书记官黄炎球出任主任书记官。

据统计,华南受降的日军近10万人,在他们被遣返之前广东高等法院检察处最大限度地完成对受降日军的犯罪取证任务。据《广东高等法院检察处工作报告书》记载:"调查工作遇到种种困难。主要原因有:一、沦陷区人民迁徙频仍,当时被害之人恒多他适。二、人民习惯每易善忘,时过境迁,恒不愿举报。三、被害地区辽阔,各处交通不便,难以普查。四、调查旅费浩繁,表结用纸亦多,各地方法院限于经费,颇难措办。"[1]从这个报告可以看出,当年调查取证工作的艰辛。从1946年7月到1947年12月31日,广州军事法庭共计拘留日本战犯近千人。广州军事法庭成了见证广东军民一雪屈辱的地方。法庭判处日本战犯死刑48人、无期徒刑21人、有期徒刑47人、释放55人,结案总数171人。[2]另一说判处死刑46人、无期徒刑16人、有期徒刑39人、释放17人,结案总数118人。[3]

广州军事法庭在全国10个军事法庭中,判处死刑者、结案者的人数都名列前茅。其中判处死刑的日本战犯中,除了侵华日军第23军司令兼香港总督田中久一中将、日军华南第130师团长近藤新八中将、第129师团第92旅团长平野仪一少将、华南派遣军宪兵队长重藤宪文等日军高级将领,还有一批日军特务和宪兵。其中不但涉及广东省,而且还有越南地区的日本战犯。(1945年9月28日,由日军第38军司令官兼日本驻越南总督土桥勇逸中将代表越南16度线以北地区的日本军队,向中国已率部进越的第一方面军卢汉将军投降。)当时被法庭判处死刑者,有一上报国防部核准的程序。在死刑犯核准的过程中,广州军事法庭奉令撤销,但是军事法庭看守所里还关押着3名被判死刑的日本战犯。他们分别是前驻越南日本宪兵本部特高课中国班主任兼河内宪兵分队大尉队副妻苅悟,前驻越南岘港日本宪兵分队特高课曹长田岛信雄、军曹小西新三郎。

他们3人的罪行基本相同,主要是残害居住在越南的中国华侨。

---

[1]《广东高等法院检察处工作报告书》,广东省档案馆藏,全宗号7(2)8号。
[2] 杨竞:《盟军战俘在中国——奉天战俘营口述纪实》,人民出版社2016年版。
[3] 王辅:《日军侵华战争(1931—1945)》,辽宁人民出版社1990年版,第2851页。

妻苅悟在1945年将华侨潘永昌、吴植生逮捕后滥施酷刑,吴植生因伤致死。田岛信雄、小西新三郎在1943年4月5日将华侨徐文茂、李仲昫逮捕施以酷刑致死。小西新三郎在拘捕华侨时,还抢劫财物,占为己有。抗战胜利后,由被害人亲属举报,经广州军事法庭受理,先后对这3名负有血债的日本战犯进行审讯,依据确凿的证据及犯罪事实,分别判处他们死刑,并已呈奉国民政府国防部核准,等候上级的指令,因原广州法庭撤销,故解送上海执行。[1]

从广州乘轮船到上海要好几天,一路上风险很大,怕他们逃跑,怕他们自杀死亡。所以担任押送任务的军警,个个警惕性很高,同时对3个已判死刑的日本战犯连骗带哄。为了稳定他们的情绪,甚至谎称上级法庭正在复审他们的案件,也有改判的可能,一路上要听从指挥,吃喝拉撒服从安排。如果在押送途中发生违反规定的行为,加重惩处,罪加一等。但是担任押送任务的军警,背地里也在发牢骚,3个死刑犯就在广州枪决好了,何必千里迢迢押往上海,真是多此一举。广州的军警经过几天不眠之夜,终于把妻苅悟等3个日本战犯顺利送到上海提篮桥监狱,并完成犯人的交接手续,饱餐几顿后回羊城交差。

1948年4月,上海军事法庭接到国防部核准对妻苅悟等3人执行死刑的命令。20日中午由庭长石美瑜带队,主任检察官王家楣、通译官王仁明、书记官王成华,率领武装宪兵前往提篮桥监狱,提押妻苅悟等3犯。3犯均穿黄色军服,态度慌张失态,频向庭长鞠躬行礼。检察官王家楣询明3犯年龄、籍贯。妻苅悟,时年34岁,日本鹿岛县人;田岛信雄,时年31岁,日本熊本县人;小西新三郎,时年40岁,日本大阪府人。王家楣郑重向他们宣布:"今天奉国防部命令,将对你们执行枪决,你们有什么话要说?"

这3个日本战犯从广州押到上海,对自己的去向做了两种准备,

---

[1]《日战犯三名　昨执行枪决》,载《申报》1948年4月21日。

审判从这里开始

一为改判从轻处理,二是执行死刑。所以态度均镇静,并事先每人都准备了一个小帆布包,称"遗物包",或称"遗品袋"。小包上均注明接收人的姓名和地址,请求法庭转寄家属,法庭表示同意。他们提出需要当庭各写遗书一封,于是庭上授以笔和纸张。妻苅悟等3人还向法庭索要香烟,希望临死前能吞云吐雾一番,让头脑有片刻的放松。妻苅悟等3人的遗书中,除了对其家人告别、安慰、祝愿外,多处奢谈"希望实现中日提携、中日友善、东亚共荣"。遗书写毕,法警对他们重新上铐。

午后一时整,妻苅悟等3人由宪兵押赴监狱刑场。该刑场自1947年8月起,先后有多名日本战犯在此枪毙,大多每次一人,最多仅两人一并枪决。今天同时有3名日本战犯一起执行死刑,倒是第一次。而且这3人系广州判决,上海执行,更显得与众不同。上海的许多媒体的记者,也纷纷前来采访。宪兵分队长高先鲁、军士宋清雨、连绳武3人承担执行枪决日本战犯的任务。在一名长官的指挥下,他们同时向3名日本战犯后背发枪。3战犯都是各中一枪毙命,应声倒地。日侨互助会特派人前来刑场,向遗体盖上白布收殓尸体。遗体由普善山庄备棺掩埋。[1]

---

[1] 《日宪特高课三战犯 执行死刑偿血债》,载《正言报》1948年4月21日。《日战犯三名昨枪决 尸体已由普善山庄埋葬》,载《大公报》1948年4月21日。

第十四章

大场金次：宁波日酋

宁波地处东南沿海，位于中国大陆海岸线中段，长江三角洲南翼，东有舟山群岛为天然屏障，北濒杭州湾，西接嵊州、新昌、上虞，南临三门湾，并与台州的三门、天台相连。唐宋以来，一直是我国重要的对外贸易口岸。宁波是浙东交通枢纽，人文积淀丰厚，历史文化悠久，属于典型的江南水乡兼海港城市，是中国大运河南端出海口、"海上丝绸之路"的东方始发港。

1939 年 4 月底至 5 月初，日机三次疯狂轰炸宁波市区，毁屋 2 000 余间，死伤居民五六百人，宁波遭受空前浩劫。次年 10 月，日军在宁波进行细菌战，日本飞机两度侵入宁波市区，在闹市区撒下带有鼠疫病菌的跳蚤、栗子、麦子、传单等物。许多人患上鼠疫病死亡。

1941 年 4 月，镇海、宁波（鄞县）城区沦陷。日军所到之处，烧杀淫掠，无恶不作。还在今中山东路开明街道口，占用宁波永耀电力公司营业所的房屋设立宁波日本宪兵队。从 1941 年 4 月到 1945 年 8 月，村田、清掘雄、金木胜、大场金次先后为宁波日本宪兵队队长。宪兵队下设政务课、特高课、思想课，是一个残害中国人民的机构。大场金次性情残暴，自 1944 年秋天接任宁波日本宪兵队队长以来，率部流窜乡间杀害中国军民。1945 年 3 月 27 日，由汉奸提供情报后，大场金次率部去鄞东高塘头村搜捕游击队。由于游击队已经转移，他们一伙扑了个空。气急败坏的日本宪兵队把工人朱小毛逮捕枪杀,并将附近董玉楼等乡民房屋40余间悉数焚毁。当年农历六月初五,在鄞东镇东乡松下漕村地方焚烧数间祠堂房屋,当场杀害小学校长应惠伦、邱昌宾等2人;同年5月底在鄞东善卫乡陆村地方杀害慈溪庄桥区署林队长及民众等4人;6月间先后在宁波北门外及江北岸四明公所两地杀害庄桥区署工作人员11名。

1945年5月5日,宁波日本宪兵队把国民党浙江省慈溪县党部秘书俞赵祥、宁波庄桥区长胡家冀及区署卫士张化南、王兆祥等8人进行关押。8人在关押期间受到日本人的虐待和严刑拷打。王兆祥等5人被日本人杀害,并被毁尸灭迹。日本宣布投降后,宪兵队队长大场金次还负隅顽抗,他发给部下遣散费,还有11发密探武器、38支英国步枪、7箱子弹、3挺轻机枪、52支手枪、4箱手榴弹,唆使他们到山区,投奔匪部,负隅顽抗。

抗战胜利后,俞赵祥、胡家冀向中国陆军司令部举报,指控宁波日本宪兵队长大场金次大尉、副队长某某中尉、某某少尉,以及准尉岩永林、木场胜雄、金泽秀清、铃木政一的罪行,要求把他们移送司法机关究办。宁波司法机关张贴壁报,希望被害人家属在5天内向宁波大沙泥街104号办事处登记。宁波警察局侦缉队长李子瑜,为检举宁波方面日本战犯,以宁波抗战蒙难同志会常务理事名义,特于当月1日从宁波启程到上海,去宁波旅沪同乡会等处指认战犯。除特高课副课长岩永林、木场胜雄、金泽秀清、铃木政一等人,于1945年抗战胜利时已化装潜逃外,在战犯收容所仅有日本宪兵队队长大场金次一人,经指认初度审问后,即日移送上海第一绥靖司令部军法处扣押。

上海军事法庭接案后,对大场金次进行了多次审讯,并收集了各项证据,包括证人、证言、书证、物证。经查,大场金次,日本静冈县人,时年40岁。抗战期间,特别在宁波地区杀害无辜百姓,并放纵部属奸淫掳掠,无恶不作。上海军事法庭于1948年4月19日对大场金次数罪并罚,进行审判:以杀害平民处死刑,以破坏财产处徒刑10年,最后合并执行死刑。[1]上海军事法庭一方面按程序上报国防部,另一方面布置人员对大场金次严加看管,杜绝发生意外。同年6月21日经国民政府总统民国三十七年第228号已马代电核准,批准对大场金次执行死刑。[2]

1948年6月24日中午,上海军事法庭庭长石美瑜偕检察官施泳、通译官王仁明、书记官郭镇寰及宪兵一班,到提篮桥监狱提押大场金次。法庭出示提押押票,按司法程序提押大场金次出狱。大场金次知道死期来临,经看守允准,用自来水冲洗一番,从头到脚,换上一套干净的衣服和鞋子。12时半,他从被关押的监舍中提出。经军事法庭石美瑜庭长验明正身,简单讯问后,大场金次草草写就遗书数封,交与书记官日后转送家属、朋友。在宪兵的押解下绑赴监狱刑场。经法警一枪毙命,结束其罪恶的生命,时为下午一时整,尸体由普善山庄收埋。[3]

---

[1]《军事法庭判决两起 大场金次判处死刑》,载《申报》1948年4月20日。
[2]《战犯大场金次昨午执行枪决》,载《申报》1948年6月25日。
[3]《战犯大场金次昨日执行枪决》,载《大公报》1948年6月25日。

第十五章

松谷义盛：
死刑枪决前向法庭索要剪刀的日本战犯

1948年9月1日上午,位于上海江湾路1号的国防部审判战犯军事法庭显得十分紧张而忙碌,办公桌上堆满各类卷宗和文档,电话铃声不断,各位法官、检察官和书记官分别在各自的岗位上努力工作。在一间不太宽敞的办公室内,上海军事法庭庭长、资深审判官石美瑜提笔向时任提篮桥监狱典狱长孔祥霖发出一份编号为国审沪字第626号的公函。事由"密不录由",受文者"上海监狱孔典狱长"。公函文字非常简洁：一、战犯松谷义盛一名,前经本庭审判处死刑,顷传奉总统府(37)未元枢思字第50748号代电核准执行;二、查该犯系寄押贵监狱,兹定本(9)月1日正午12时,由本庭检察官前往签提依法执行死刑;三、请查照准备。石美瑜批毕公函马上交给书记官督办。

当天,即1948年9月1日上午,上海军事法庭检察官施泳、书记官郭镇寰、通译官王仁明及宪兵一个班驾车前往提篮桥监狱。他们一行经过监狱的一大门、二大门,在警卫人员核对证件和身份后,把石美瑜签发的公函送给典狱长孔祥霖。检察官施泳一行走入监狱的第三道大门内,把关押在狱中的日本战犯松谷义盛提押出狱,准备对他执行枪决。这是提篮桥监狱在抗战胜利后在狱内刑场上枪决的第13名日本战犯。

第十五章　松谷义盛：死刑枪决前向法庭索要剪刀的日本战犯

松谷义盛,日本静冈人,时年 30 岁。魁梧的身体,高耸的鼻梁上架着茶色边眼镜,白衬衫,外套一件日本式军服,脚上一双黑色的长筒皮靴,看上去还挺斯文。但他狡黠的眼神中藏不住凶残的本性。松谷义盛在侵华战争期间,曾任日本驻杭州、松江派遣队附员,派驻松江枫泾镇,后又充任汪伪组织指导官,专门搜刮辖区内的米粮。别看他职位不大,但凶残无比。1945 年农历二月十一日,松江乡下有个老实巴交的农民徐阿颖家里几天揭不开锅,好不容易到邻村好友处借来五斗米返回家里。那时正逢松谷义盛下乡,向农民勒索粮食。他看到徐阿颖肩上背了米袋,不由对方分辩,硬是诬陷为米贩子,施以毒打,拳脚相加,弄得他半死,再把他关押于枫泾镇伪警察所。隔了不久,松谷义盛把徐阿颖押到镇外天主堂南首空地上,又派人逼来徐阿颖的妻子在旁观看。松谷义盛在众目睽睽之下用军刀对准徐阿颖的腹部猛刺 9 刀,百般摧残,最后再割去其头颅。面对此惨状的徐阿颖妻子一下子昏死过去。[1]

1945 年 3 月 20 日,松谷义盛率领部分士兵穿了便服来到松江县姜家浜较为殷实的姜杏松家里。他们以接到有人举报,姜家暗藏特敌分子为由,对姜杏松家中进行里里外外的搜查,由于没有得到想要的好处,他们就把姜家 10 间房屋当众烧毁,村民看到后提了水桶、木盆打算泼水救火。松谷义盛派兵拿了枪支站在外面,禁止老百姓施救,还煞有介事地宣布,姜杏松暗通匪特,我们来执行军事行动,谁要是上前救火,说明你们与他是一伙,系同党,将受到同等处置。在这高压事态下,大家眼睁睁地看着姜杏松一家几代积下的家产,顷刻间化为灰烬。

同年 4 月 11 日上午,松谷义盛率领部分士兵穿了便服来到一个村庄逼粮、催粮,准备对村民张苔明一家进行敲诈勒索。十分警觉的

---

[1]《日战犯宪兵中士松谷义盛昨午执行枪决》,载《大公报》1948 年 9 月 2 日。

张苔明看到他们前来,知道没有好事,赶快关门上锁,跑到屋外躲藏以图逃过一劫。不料松谷义盛看到张家大门紧闭,马上吩咐下属用枪柄砸开大门,破门而入,放火焚烧。躲在外面的张苔明对此禽兽行为欲哭无泪。当天下午,松谷义盛又窜到芥圩乡,向村民王岳琪家勒索大米10担,向村民王兰氏家勒索大米20担。他们既不付钱,也不打收条,拿了村民的口粮扬长而去。同一个月内,松谷义盛率部赴枫林村逼粮、催款。农民青黄不接,屋内没口粮,家中无炊烟,实在无粮可缴纳,无钱可勒索。松谷义盛气急败坏地竟把全村民房纵火焚烧,数十户人家遭殃受罪。所以,在江南一带当地老百姓只要一提到这个职位不大民愤极大的松谷义盛,眼睛都会冒出血来。

抗战胜利后,中国人民扬眉吐气,挺直了腰杆,许多受害人纷纷向政府部门告发检举日本战犯的罪行。经农民凌竞星等人的联合检举,藏匿在上海某角落里的松谷义盛被上海军事法庭拘押于提篮桥监狱。在大量人证、物证面前,根据有关条款的规定,松谷义盛被定为丙级日本战犯,即屠杀行为的实施者。上海军事法庭于1948年5月26日开庭判决松谷义盛死刑,并在有关报纸上发布消息和照片。

9月1日,这是经国防部核准对松谷义盛执行死刑的日子。上海军事法庭检察官施泳偕同书记官郭镇寰、通译官王仁明及武装宪兵一班来到提篮桥监狱。他们把松谷义盛提押出监,带到设在监狱刑场的法庭上。松谷义盛预感自己末日来临,面孔显得特别惨白,像糊上了一层纸一样。他一改平日盛气凌人的模样,变得顺从老实,妄图把日本国度里的礼仪文明之举,淋漓尽致地表露出来。他面对检察官,几次鞠躬,彬彬有礼。

检察官施泳问明姓名、年龄、籍贯、职业等情况后,向松谷义盛宣布,今天马上对你执行死刑,有何遗言?松谷义盛提出了两点要求:一、临死前要写几封遗书;二、请求借一把剪刀,剪下自己的指甲和头发,送给远在日本的父母。

第十五章　松谷义盛：死刑枪决前向法庭索要剪刀的日本战犯

死刑犯要求写遗言，这是司空见惯的事情，如今要求借用剪刀，倒使这位资深检察官感到意外和突然，不知其真实意图是什么？施泳略作考虑后，下令法警对松谷义盛暂时解除手铐，语气平和地对松谷义盛说，事情要一件一件地办，赶快先写遗书。

松谷义盛当场写了3封遗书，分别写给父母、日本的亲友和关押在江湾国防部战犯监狱的300余名日本人。这3封遗书内容十分简短，主要向他们道别，告诉他们，今天他马上要走向生命的终点，要为天皇尽忠。其中写给父母的信件中还提到，"当你们接到孩儿书信的时候，我已在天国，请宽恕我的不孝。为报答你们的养育之恩，我将把自己的指甲和头发托人带回日本。你们见了我的指甲和头发，如同见了我身"。

3封遗书写毕，松谷义盛仍坚持要借用一把剪刀。对于这个临刑死刑犯的特殊要求，作为监刑的检察官当然多个心眼。心想，这个死刑犯要借用剪刀，有3种可能，一是拿起剪刀剖腹自杀，二是拿起剪刀向法庭的在场官兵行凶，三是确实想要剪下自己的指甲和头发。如果答应他的要求，万一发生意外，将对社会造成严重影响。如果拒绝他的要求，又会让这日本人觉得监刑官不通情理，人即死亡，其言也善，剪下一点头发和指甲又算得什么？

施检察官一动脑筋，采取了变通的办法，既表现出自己办事能力之干练，宽豁大度，又尽可能满足死刑犯的特殊要求。施检察官十分爽快地答应了松谷义盛的特殊要求。他吩咐法警先把松谷义盛恢复上铐，同时让法警取来一把剪刀，替松谷义盛剪下若干指甲和头发，连同松谷义盛刚才使用过的自来水笔，一起放入一个信封内，作为松谷义盛的遗物，转交给有关人员。松谷义盛对检察官的做法，满意地点了点头，脸上露出一丝苦涩的微笑。[1]

---

[1]《日战犯松谷昨执行枪决》，载《申报》1948年9月2日。

"预备——执行——"随着检察官执行命令的下达,恶贯满盈的松谷义盛被宪兵和法警押解入监狱刑场上执行区域。正义的子弹射入松谷义盛的后脑,结束了他 30 岁罪恶深重的一生。

第十六章

伊达顺之助：
提篮桥被处决的最后一个日本战犯

1948年9月9日上午11时,上海军事法庭检察官施泳偕书记官郭镇寰、通译官王仁明,率一班武装人员到提篮桥监狱提押一名日本战犯。该战犯身穿草绿色军服,戴玳瑁眼镜,身体修长,皮肤黑灰,鬓发花白,大眼大耳,大鼻大嘴,还有一颗大虎牙,看上去有60多岁。他貌似从容镇静的眼神中略带一种茫然的目光。今天他自知将一命鸣呼,魂归天国。在公案前他操着流利的中国话,一一回答监刑官的各种提问,并要求书写遗书,甚至还向检察官索讨纸烟。他说,自己从政多年,烟瘾极重,希望在临死前点燃一支香烟,让自己的尸魂随着袅袅香烟,飘向冥冥阴曹,渺渺苍穹……检察官满足了他这一要求,给其香烟。从他言谈举止中,似乎看不出刽子手的身份,倒像一个知识渊博的学者。他虽然生于日本,却对中国的历史、政治、文化、军事等情况十分熟悉,称得上是一个"中国通"。

此人在中国无恶不作,罄竹难书。但是在临刑前还把自己打扮得道貌岸然,在遗书里还写上"中日亲善""一衣带水"等美丽动听的词语。写毕,他又得寸进尺,恬不知耻地要酒喝。他用流利的中国话说:"我对中国情况十分熟悉,中国是一礼仪之邦,文明古国,你们有个传统习俗,死刑犯杀头前总让他喝酒,饱餐一顿,我一向崇尚中国的文明……"检察官马上喝住他的胡言乱语,严肃地说:"今天我们是奉命对你执行死刑。"正午 12 时,这个恶贯满盈的日本战犯被押抵刑场。中国法警对其一枪毙命,在刑场上留下一摊污血。[1]

这个在提篮桥监狱刑场上最后一个被执行死刑的日本战犯叫伊达顺之助,生于 1892 年,日本东京都人,是日本战国时代伊达政宗的后代。父亲伊达宗敦是岩手县水泽藩的藩主,曾出任仙台藩知事、贵族院议员。伊达顺之助从小非常顽皮,到处惹是生非,品行恶劣,喜欢舞刀弄枪,骑马射猎,生性骄横霸道,为此频繁转学于多所中学。17 岁的时候,因琐事与一位学友发生争吵,伊达顺之助立即拔枪将其打死,后被东京地方裁判所判刑,警方以其未成年为由,减轻惩处。当然伊达被学校开除学籍,予以除名。由于伊达家族的包庇,通过各种关系,最后又把伊达顺之助开枪致人死亡的犯罪活动说成自卫,改判缓刑而出狱。由于在日本待不下去,他就前往朝鲜,曾一度担任平安北道国境的警备队队长。

伊达顺之助安分守己没多久,又回到日本,同日本军部的外围组织"黑龙会",日本的法西斯理论鼓吹者北一辉、大川周明等勾结,干起了侵略中国的勾当。清朝垮台的时候,日本人土井勾结宗社等人,企图策划"满蒙独立运动",但是遭到部分日本政界和外交权势人物的反对。他们发现张作霖是日本人制造"满蒙独立"的绊脚石,于是把攻击目标指向张作霖,决定用暗杀手段除掉他,以便趁乱控制奉天城。土井组织的满蒙决死团的骨干中就有伊达顺之助。后来,决死团侦知张作霖到达奉天车站,由于认错对象,向张作霖马队中的一个人,扔了一枚炸弹,炸死几个卫士,张作霖逃过一劫。

1921 年,伊达顺之助经人举荐出任东北奉系军阀张作霖的顾问,

---

[1]《日本阴谋家伊达顺之助执行枪决 临刑前要求饮酒 仍妄言中日亲善》,载《申报》1948 年 9 月 10 日。

第十六章　伊达顺之助：提篮桥被处决的最后一个日本战犯

授少将军衔，负责训练精干士兵。次年他去了山东，与狗肉将军张宗昌军阀臭味相投，一拍即合，混了个顾问的头衔，还取了一个中国名字"张宗援"。令人耻笑的是竟拜小自己17岁的张宗昌为干爹。后来张宗昌的母亲感到这种称呼让人肉麻，又不通情理。在她的建议下，两人才改为兄弟相称。伊达顺之助与张宗昌狼狈为奸，拉起一支伪军。这支军队后来频繁与东北抗联作战，危害抗日将士及平民百姓，手段残忍。伪满洲国整编伪满军后，该支部队的番号改为第三混成旅，属于伪满第一军管区。

"九一八"事变后，伊达顺之助密赴辽宁安东(今丹东)，勾结当地的民族败类、社会渣滓，组织各种军事和政治活动。同时，他又耍起笔杆，与人合谋写了《支那事情》《对中国施策之大观》《支那紧张处理大纲》等各种小册子。这些书中谈的都是一些如何利用各种地方势力，挑唆各派系之间的矛盾，以华治华的权谋权术、诡计阴谋。

1932年4月，伊达顺之助自任东北安(东)、奉(天)地区副司令，下面编了3个步兵营及骑兵连、机枪连、迫击炮连、山炮连、大刀队各一个。放纵唆使日本宪兵及其所辖队伍在安东八道沟捕杀中国人。当年夏天，伊达顺之助来到天津日租界的亚细亚会馆，吃喝玩乐，还霸占了原是东北地区的一位叫铃子的女孩。在一次酒席上，伊达顺之助旁若无人地对她狎侮猥亵。在酒足饭饱后，他突发奇想，要显示一番他的神奇枪法。他晃晃悠悠地起身，把铃子拉到墙壁前，吩咐随从取来一只苹果，放在铃子的头上，要当众表演"枪打美人"的绝技。临近屋子里的客人纷纷涌进来，吃惊的、诧异的、担忧的、叫好的……反应不一。伊达顺之助坐在距离墙壁6米左右的椅子上，端起手枪，"啪"的一声枪响，铃子头上的苹果落地，但是铃子也随之倒下，鲜血直流。"哎呀，打死人啦!"大家惊叫起来，饭厅里乱成一片。伊达顺之助站起不停地抽着冷气；他并非惋惜铃子的生命，而是沮丧自己的枪技当场出丑。然后，他被日本领事馆警察署扣留审查。在那里，警察装模作样地询问了一下情况,让伊达顺之助当场演示了一番"神技枪法"后,草草作了一个笔录,就放人结案。[1]

1932年9月,伊达顺之助的把兄弟张宗昌被山东省政府参议郑继成枪杀于津浦铁路的济南车站后,伊达带着伪军进占张宗昌的家乡山东掖县(今莱州市),还特地大张旗鼓地祭奠了一番,以寄托他的所谓思念。从1932年到1937年,伊达顺之助从东北到华北,特别是冀东一带,大肆进行骚扰活动,制造政治动荡,为日本侵略者找寻借口,对中国政府施加压力,扶植汉奸傀儡政权。他还收罗地方势力,强征民工,组织伪山东自治联军,为敌寇侵犯山东地区的黑先锋。伊达顺之助有时自称陆军中将,有时又称陆军上将,穿着与之相应的军服,只是肩章与真正的日军中将、上将肩章略有点区别。曾在关东军司令部属下任伪满洲军政顾问的佐佐木到一对此回忆:"'满军'当中的日本人顾问或指导官,有些是从未受过一天军事教育的普通人,例如伊达顺之助,素称张宗援的便是。他随便着用陆军中将服装,让骑兵军曹佩戴上校肩章和参谋绶带,或者给一个上等看护兵以少校或上尉的军衔。真所谓群魔乱舞,危害极大。"[2]

伊达顺之助还在华北地区实施各种活动,推行其谋略。当关东军主使伪满军入关后,其中一部分伪满军编成热河支队及石兰部队进入华北协助日军作战,另由第三混成旅长李寿山同伊达顺之助率领一部分伪满军,编成"满洲国"派遣军李支队,潜入山东东部,配合日军主力控制地方。伊达顺之助后来继续率部活动于掖县、招远、黄县一带,残害中国军民。伊达顺之助后在山东任伪自治联军司令及伪国民自卫军司令,鱼肉人民,屠杀无辜,残害中国人民。其中1939年初,该部占领掖县后制造的惨案,令人发指。此后伊达顺之助的部队在抗日武装

---

[1] 王希亮:《日本来的马贼》,济南出版社1995年版,第103—105页。
[2] 天津编译中心编:《日本军国主义侵华人物》,中国文史出版社1994年版,第410页。

第十六章　伊达顺之助：提篮桥被处决的最后一个日本战犯

一再打击下,逐渐解体,内部也发生火并,一度合伙的同伙也领兵他去。没有军事实力的伊达顺之助渐渐失去日本军事当局的信任。伊达顺之助遭解职后,投奔到正在青岛担任海军司令官的堂弟桑折英三郎子爵那里,并从海军司令部获得了一个海军高级顾问的身份,从事着他的特务老本行,并在青岛过着悠然自得的生活。

1945年8月日本宣布投降,11月17日伊达顺之助被青岛军警逮捕,关押进青岛监狱。可能伊达顺之助在山东还有一定的情报资源,一度又被国民党某部门收容,经中统局批准,调往山东省鲁东区情报室留用。不过好景不长,在被榨干利用价值后,伊达顺之助最后还是作为战犯被辗转押解到上海,关押在江湾国防部战犯监狱。1947年12月29日,上海军事法庭开庭审理日战犯伊达顺之助。[1]钱记生律师为其辩护。1948年1月6日法庭又再次审讯。

经过法庭的多次审讯,掌握其确凿的罪行后,由上海军事法庭石美瑜庭长亲自审理,同年6月1日中午,军事法庭以3项罪名数罪并罚判处其死刑。判决书的主文为:"伊达顺之助,违反国际公约,计划阴谋对中国之侵略战争,应处死刑;纵容部署连续屠杀我无辜平民,应处死刑;强迫非军人从事有关敌人军事行动之工作,应处死刑,总判应处死刑。"[2]法庭宣判以后,下午2时30分,法庭命令宪兵将伊达顺之助押回国防部战犯监狱。对中国文化有一定研究的伊达顺之助对同伙说:"我一向研究明朝王阳明的学说,对于生死无话可说。我判死刑,只有听天由命了。"同年7月24日,伊达顺之助被移押至提篮桥监狱。

1948年9月9日上午11时,军事法庭检察官施泳偕书记官郭镇襄、通译官王仁明,率一班武装人员到提篮桥监狱提押伊达顺之助。

---

[1]《军事法庭审讯日战犯伊达》,载《新闻报》1947年12月30日。
[2]《伊达顺之助昨处死刑》,载《申报》1948年6月2日。

伊达顺之助自知罪孽深重，今天将一命呜呼。在公案前他操着流利的中国话，一一回答监刑官的各种提问。他当庭书写遗书并委托法庭将其所戴的玳瑁眼镜及所用的一支钢笔赠予侵华日军第20军第82旅团长樱庭子郎中将留作纪念。12时，伊达顺之助被押抵刑场，由中国军警对其执行枪决。一枪即告毙命，尸体由普善山庄收埋。[1]

---

[1] 《伊达顺之助枪决　昨午在提篮桥执行》，载《大公报》1948年9月10日。

1948年9月9日,日本战犯伊达顺之助在被执行死刑前写遗书
——翻拍于沈阳审判日本战犯法庭展览馆

第十七章

谷寿夫：
被关押于上海监狱的南京大屠杀首犯

一、谷寿夫素描

说起1937年12月发生在南京的大屠杀，无不令人悲愤欲绝。30多万中国同胞惨死在侵略者的屠刀下，石头城内血流成河，秦淮河畔尸骨成山。历史永远不会忘记南京大屠杀的元凶，就是时任日本第6师团师团长谷寿夫。

谷寿夫，日本福冈县人，1882年生。1903年和1912年，先后毕业于日本陆军士官学校和日本陆军大学。他曾作为军事研究生赴英国留学3年，出任过日本驻印度武官，长期在日本军界任职。由于他手段残忍，效忠于主子，军阶步步晋升。1930年任少将，1933年8月晋升为中将，历任日本东京湾要塞司令官、第6师团师团长。1937年卢沟桥事变后，谷寿夫率第6师团从日本熊本出发入侵中国华北，血腥镇压中华儿女。同年12月13日，谷寿夫率师团从南京中华门进入市区，开始了震惊世界的大屠杀。12月17日，侵华日军举行侵占中华民国首都南京的入城仪式，气焰嚣张。日本华中方面军司令官松井石根大将对谷寿夫所谓的功绩大加赞赏。日军侵占南京6个星期内，共屠杀中国同胞30万人以上，全市约三分之一的建筑物和财产化为灰烬。

第十七章　谷寿夫：被关押于上海监狱的南京大屠杀首犯

日军的残暴行径受到世界各国舆论的普遍谴责。[1]

谷寿夫不仅在南京犯下滔天罪行,而且在上海也欠下累累血债。金山卫地处江苏金山县(今为上海金山区),东濒东海,是上海的东南前哨。1937年11月4日,日军第6师团在谷寿夫的指挥下,在杭州湾的金山嘴、金山卫一带登陆。日军登陆后见人就杀,见屋就烧,沿途村庄变成一片火海。据统计,金山卫乡被日军杀害的共有1050人。[2] 金山全县共有19个乡镇遭到日军纵火焚烧,被毁房屋共计36418间。[3] 时人曾有这样的记载:"本县地处海滨,为江浙水陆要道,日军登陆首当其冲,两军相抗炮火连天,庐舍化为灰烬,市场变为荒墟,民众离散,机关解散,地方秩序,荡然无存。朱泾镇为县治所在,在民国二十六年十一月六日夜,日军入境,受灾尤较他区为重,遍地焦土,浮尸累累。"[4]

1937年底,谷寿夫率第6师团从南京调往安徽芜湖。不久谷寿夫被日军统帅部召回日本国内,担任日本中部防卫区司令官,1939年9月转入预备役。1945年8月12日,谷寿夫再次受到主子重用,被任命为第59军司令官兼中国军管区司令官,未及赴任,日本天皇宣布无条件投降。后来反法西斯盟国根据《波茨坦公告》《日本投降书》等一系列国际性文件精神,在德国纽伦堡、日本东京设立国际军事法庭,惩办战争罪犯。1945年9月,远东盟军最高统帅麦克阿瑟将军发布命令,逮捕日本战犯并宣布东条英机、松井石根等38人为甲级战犯嫌疑犯。12月又宣布前日本首相近卫文麿等110人为乙级战犯嫌疑犯。1946年2月2日,谷寿夫在日本东京被捕,关押在巢鸭监狱,后被远东国际

---

[1] 张子申、薛春德编著:《走向神社的哀歌:日军毙命录》,解放军出版社1994年版,第250—253页。
[2] 军事科学院外国军事研究部编著:《日本侵略军在中国的暴行》,解放军出版社1986年版,第61页。
[3] 朱炎初主编:《金山县志》,上海人民出版社1990年版,第734页。
[4] 《1939年汪伪金山县政概况》,上海市档案馆档案,档案号R18-162。

军事法庭确认为乙级战犯。根据国际惯例,甲级战犯由远东国际军事法庭审判,乙级、丙级战犯则直接由受害国家的法庭审判。在中国人民的强烈要求下,国民政府向远东国际军事法庭提出,将谷寿夫等引渡到中国。

二、 囚禁江湾战犯拘留所及提篮桥监狱

1946年8月1日中午时分,一架美国飞机徐徐降落于上海西北角的大场机场。谷寿夫与沦陷时期的日本驻香港总督矶谷廉介一起被押下飞机,乘上道奇10轮大卡车,在国防部战犯管理处徐益三组长等人的押解下关入江湾战犯拘留所。[1]两天以后,谷寿夫押到江湾路1号4楼,受到军事法庭的侦讯。出庭的是检察官林我朋、书记官殷李泼、通译官罗涤等。谷寿夫老奸巨猾,在回答问题的时候,避重就轻。当问起他经历的几次侵华路线时,谷寿夫侃侃而谈,说得很清楚。当问到他有关南京大屠杀的情况时,谷寿夫时而装糊涂,时而又说没有听说过,并且推脱说:"1937年12月21日我奉命到芜湖,在南京只待了一个礼拜,没有听说屠杀消息。"[2]

几天后,经上海军事法庭批准,上海一家媒体的记者参观江湾战犯拘留所采访了谷寿夫与矶谷廉介。看到他们两人共囚一室,与其他战犯相隔离,较他们优待,门外则派有士兵荷枪监视。记者入室时,两犯正各沿床而坐,状颇忧郁。两犯中相比之下矶谷廉介较为直率坦白,对其过去的罪行敢于承认。与谷寿夫谈话时,其多方设法掩饰罪行。记者曾询他们被捕后囚禁巢鸭监狱的情况。他们称,日本在战后食粮缺乏,每日均喝薄粥,从没有吃过干饭;监狱铁窗石壁,异常坚稳;

---

[1]《两残暴人兽 矶谷谷寿夫昨解沪》,载《民国日报》1946年8月2日。
[2]《矶谷谷寿夫两罪魁 今日移解军事法庭》,载《申报》1946年8月3日。

第十七章　谷寿夫：被关押于上海监狱的南京大屠杀首犯

每天看到从铁窗格子里射进来的阳光,吸着一天仅有的 4 支香烟;美军管理监狱甚严,所有拘押人犯一律不得交谈;东条英机等人仅在每天体操时见一面,各犯人家属每月仅能接见一次。[1]

上海对谷寿夫来说并不陌生,1937 年 11 月,他曾率队伍在杭州湾金山卫登陆,进军南京,那时他挂着中将军衔,系第 6 师团师团长,指挥着日军在中国土地上为所欲为。如今相隔 8 年来到上海,却成了囚禁押狱中的犯人,吃喝拉撒、起床睡觉如同兵士的管理。过去自己出门有车乘,上路有马骑,如今却只能在不大的空间内蹒跚而行。谷寿夫和矶谷廉介后来从江湾的战犯拘留所移押到提篮桥监狱关押。

三、从上海到南京

9 月底,上海军事法庭接到上级通知,要把谷寿夫、矶谷廉介两人押往南京审讯。上海离南京 300 多公里,交通方便,有火车、汽车、飞机、轮船等多种交通工具可以选择。几经权衡,认为还是通过火车押解比较安全可靠。于是军事法庭先同上海警备司令部、上海警察局联系,预先到北火车站察看地形,选择上车路线,并同北站相关部门研究具体细节。军事法庭向铁路局包了半节车厢,至于押解什么人员,决不向车站方面透露半点消息。

10 月 3 日晚上,由上海军事法庭主任书记官李业初率领若干兵士来到提篮桥监狱,把谷寿夫、矶谷廉介二人合铐一副手铐,押上汽车离开监狱,沿着长阳路、长治路驰往上海北火车站。汽车从北站的宝山路边门直接开上车站月台。那天上海至南京的火车提前 3 分钟停止上客,并响起停止上客的铃声。当客人上车结束后,军事法庭的士

[1]《关于矶谷廉介》,载香港《工商晚报》,1946 年 8 月 14 日。

1946年10月3日,谷寿夫从上海押往南京小营看守所
——韩文宁、冯春龙:《日本战犯审判:见证1945》,南京出版社2005年版,第99页

第十七章 谷寿夫：被关押于上海监狱的南京大屠杀首犯

兵押了谷寿夫等人上火车。在路上谷寿夫、矶谷廉介两个人合铐一副手铐,上火车时开了铐,到火车上又把二人合铐在一起。谷寿夫身穿一套闪米呢西装,头戴呢铜盆帽。因为军事法庭只包了半节车厢,车厢内有人来往。谷寿夫怕手铐被人看见,就摘下头上戴的铜盆帽悄悄地盖住手铐,用以遮挡旅客的视线。参加这次押送工作的有上海军事法庭的书记官袁辉、副官刘珊、两名翻译,还有若干兵士、警卫。[1] 次日早晨谷寿夫等人抵达南京,关押在小营日本战犯管理所。经军警搜身检查,谷寿夫还带上一只热水瓶,以及消磨时光用的3副扑克牌。

1946年10月4日《民国日报》头版曾刊发一则短讯,标题为《南京屠杀案主角 两战犯由沪解京》。全文如下:"南京大屠杀主角谷寿夫、矶谷廉介等二名,今晨已自沪押解南京,送国防部战犯拘留所。预料该两巨犯将处极刑,日内即可望审判。"

小营日本战犯管理所内主要有两栋坚固的监楼。这里曾经是日本人囚禁中国同胞的地狱,现在却用来关押日本战犯。管理所对在押战犯每人一床一被,夏天有蚊帐,每天还有两次"放风",可以在院子里走走,晒晒太阳,或打打垒球。当时小营关押了48名战犯,分押在20多间牢房里。两栋监楼只使用了一栋,还有一栋监楼空无一人,准备留给关押后来者。第一个被关押进小营日本战犯管理所的是日本驻华大使谷正之。尽管日本战犯在侵华战争中,对中国民众进行了惨无人道的暴行,但是小营管理所对他们仍然实行人道主义待遇。谷寿夫和矶谷廉介各关一间,只有放风时才能见面。他们的生活为军事化,每天早晨6点半起床,半小时的洗漱时间,然后放风,做健身操,一直到9点半,早饭后入囚室。牢房内备有经过检查后的日本小说书。下午2点至3点半放风,接着为晚餐。他们系每天两餐制(民国期间各监狱看守所的人犯,基本上都实行两餐制)。晚上9点就寝。

---

[1] 笔者在2000年8月,对时任上海军事法庭主任书记官李业初的访问记录。

放风是小营关押者最感兴趣的事情。那里有一块50米长、30米宽的草地，是深居牢狱之人的一块自由天地。他们可以东一堆、西一伙地聊天闲谈。在押的48人中被狱方分成3组，将、佐军阶一组，尉官、士兵一组，韩国人及中国台湾人一组。三个组之间的人员壁垒分明，互不往来。小营日本战犯管理所有时还为关押者放映电影，以调剂生活。在押人员每月可以发信两封，外面来信则不受限制。但凡发信出去或寄信过来，都必须经过管理人员严格检查。时任管理所所长为黄蔚南上校。[1]

四、受审石头城　毙命雨花台

在一个多月的时间内，国防部审判战犯军事法庭（又称南京军事法庭）多次庭审谷寿夫。谷寿夫对入侵古城供认不讳，但他极力否认在南京存在大屠杀的行为，甚至在南京大街上连死人也没有看见过。面对大量的证据，他总是抵赖或狡辩，以此来掩盖自己在南京犯下的滔天罪行。

为了做好审判中的取证工作，1946年10月28日，南京军事法庭张贴布告，广泛搜集资料，号召南京人民特别是中华门一带的受害者及其家属，起来揭发、控诉谷寿夫的罪行。布告内容如下：

> 查本庭审理日本战犯谷寿夫一名，据供：前任柳川军第6师团长，由杭州湾进攻南京，于1937年12月13日进城，所辖部队分驻中华门内外附近一带地方，至同月21日调往芜湖等语。查日军进城一周之内，为南京大屠杀最惨烈时期，该犯既身任中华门

---

[1]《在京日本战犯的生活》，载《新上海》1946年4月。

南京市民聚集在励志社大礼堂门外聆听审判日本战犯的广播实况
——张宪文主编:《日本侵华图志》第25卷,山东画报出版社2005年版,第96页

一带驻军之将领,关于该区域之犯罪事实与证据,自不能不切实调查,以明其责任。凡我军民人等曾在上述地带及时期内,曾遭日军烧杀奸掠及其他加害行为者,仰各被害人或遗族,或在场目睹之人,迅即详叙情形报告本庭,以资侦查,是为至要。切切。此布。

1946年12月21日,南京军事法庭第三次审讯谷寿夫。法庭列举400多名证人及许多证据,都证实1937年12月13日至21日,谷寿夫所属部队在中华门内外一带所犯罪刑属实。谷寿夫本人在这次侦讯中也供认,自己1937年8月1日,从熊本上船,经过朝鲜到华北,以后从天津大沽口登船在杭州湾登陆,参加南京作战,后到安徽芜湖。1938年1月9日离开中国芜湖,到日本大阪做防卫司令官。

12月31日,南京军事法庭检察官以谷寿夫"破坏和平罪和违反人道罪"提起公诉,并请科以极刑。在起诉书附件中,附有谷寿夫部队杀人事实122例,受害人数334人,刺杀事实14例,受害人数195人;集体杀害15例,受害人数95人;其他杀害,包括屠杀、打死、烧死、淹死、暗杀69人,受害人数310人;强奸15例,受害人数43人;抢劫及肆意破坏财产3例,受害者17人。

1947年2月6日至9日,法庭对谷寿夫进行连续三天的审讯。6日下午,军事法庭在励志社礼堂(中山东路307号)对谷寿夫进行首次开庭。出席的有南京各界代表、中外证人、中外记者等500多人,外交部长王世杰、法学家王宠惠等也到场,日本国联络部也派了一个叫小竺原清的列席。石美瑜任审判长,法官叶在增、宋书同、葛召棠、李元庆,书记官张体坤,检察官陈光虞,指定律师梅祖芳、张仁德以及英文通译、日文通译等相继到庭。旁听者上千人,庭外装有广播设备,播放审判实况的会场被挤得水泄不通。公审开始,首先由石美瑜对谷寿夫询问姓名、年龄、籍贯及经历后,由公诉人陈光虞检察官宣读长达两个

第十七章 谷寿夫：被关押于上海监狱的南京大屠杀首犯

小时的起诉书,按战争罪、违反人道罪、破坏和平罪3项罪名对其起诉,历陈谷寿夫在南京大屠杀中所犯下的滔天罪行。经初步调查,侵华日军违反国际公法,在侵占南京后,犯下大量残杀俘虏和平民的严重罪行,死难者达30多万人,失踪或被暗害者达700多人。被告席上的谷寿夫傲慢无礼,他时而摇头,时而闭目养神,时而又双眼朝上。当审判长问话时,谷寿夫百般抵赖。

下午4点50分左右,开始法庭调查。首先对红十字会埋葬在南京中华门外被枪杀而死的民众的尸体逐一说明,此时礼堂上白骨累累。接着由红十字会副会长许传斌(他曾赴东京法庭出庭作证)陈述目睹日军杀人放火等违法罪行,并称红十字会组织埋葬尸体4万多具。金陵大学美籍教授史密斯博士和贝德斯还放映了日军自己拍摄的新街口屠杀现场的纪录片,以及美国驻华使馆新闻处实地拍摄的记录有谷寿夫部队暴行的影片。法庭又传中华门外的受害者姚家隆及陈二姑娘作证,前者之妻及子女3人均被日军用刺刀刺杀,后者在日军威胁下被轮奸。最后传谷寿夫的证人小竺原清。小竺曾是日本陆军大学的学生,自称对南京战役素有研究。小竺原清称谷寿夫是纯粹军人,不参与国策,治军严谨,其部下绝无暴行滋生可能。对此谬论,石美瑜庭长出示日军自己所拍摄的日军暴行的照片,以事实来驳斥日本帮凶的辩护。首次的庭审一直进行到下午6点20分结束。[1]

2月7—8日,军事法庭继续开庭审讯谷寿夫。为了揭穿其推卸罪责的无赖行径,法庭请《陷都血泪录》的作者、南京守军营长郭岐和英国《曼彻斯特卫报》记者田伯烈出庭作证。美国《纽约时报》驻南京特派记者出庭宣读《南京大屠杀的目睹记》。法庭上证人继续发言、控诉,有人说到伤心处,声泪俱下,有人当场抽搐不止,全场中外人士义

---

[1]《法庭上满陈尸骨 日战犯谷寿夫公审》,载《新闻报》1947年2月7日。

1947年2月25日,侵华日军第6军团司令官谷寿夫中将在南京法庭上受审
——杨克林、曹红编著:《世界抗日战争图志》下册,上海画报出版社2005年版,第216页

第十七章 谷寿夫：被关押于上海监狱的南京大屠杀首犯

愤填膺。在铁的事实面前,谷寿夫被迫承认自己纵容和唆使部队屠杀南京平民和俘虏的犯罪事实。

2月12日,国防部军事法庭又一次审讯谷寿夫。石美瑜庭长再次重申本法庭是按照3项罪名对谷寿夫起诉审判的：第一是发动侵略战争罪；第二是违反人道罪；第三是破坏和平罪。同时根据南京市参议会提出的罪证2 784件、区公所提出的罪证945件进行侦讯。[1]对此,谷寿夫拒不认罪,百般抵赖,狡辩军人以服从为天职,为奉命到中国作战；战争期间双方都要死人,对此深表遗憾；至于说部属屠杀南京平民,则是没有的事情。

3月10日下午3时,军事法庭在励志社再次开庭,审判长石美瑜宣读军事法庭民国三十六年度审字第1号判决书,对谷寿夫宣判死刑。判决书主文为："谷寿夫在作战期间,共同纵兵屠杀俘虏及非战斗人员,并强奸抢劫,破坏财产,处死刑。"[2]审判后,谷寿夫提出上诉,并写了申辩书。3月18日,军事法庭将谷寿夫判决要旨及其申辩书一并呈送南京国民政府主席审批。4月25日,南京国民政府府字第1053号文批示："查谷寿夫在作战期间,共同纵兵屠杀俘虏及非战斗人员,并强奸、抢劫、破坏财产,既据讯证明确,原判依法从重处以死刑,尚无不当,应予照准。至被告声请复审之理由,核于陆海空审判法第四十五条之规定不合,应于驳回,希即遵照执行。"[3]

4月26日上午9时45分,谷寿夫最后一次被押上法庭。他身着黄色军便服,足穿黑绒布鞋。检察官陈光虞按照惯例,问明姓名、年龄、籍贯后,把3封家属来信,交给谷寿夫阅读。谷寿夫接信匆匆阅读,并获准执笔作简单的回复。片刻后,陈检察官严肃宣布："战犯谷寿夫,今天对你执行死刑,押赴刑场执行枪决。"此刻,谷寿夫脸色死

---

[1]《南京大屠杀主角谷寿夫受审记》,载《申报》1947年2月12日。
[2]《血债要用血来还　谷寿夫判处死刑》,载《大刚报》1947年3月11日。
[3] 胡菊蓉：《中外军事法庭审判战犯》,南开大学出版社1988年版,第157—158页。

灰,但死到临头,他还作最后的挣扎:"我除了参加南京的入城式外,并没有到城内。请庭上能将全案弄明白后,再作决定。"检察官陈光虞严厉地打断了谷寿夫的狡辩:"今天我奉命执行,你提出的超出我的职责范围,无能为力;今天对你执行死刑,如有遗书赶快书写,如果不写马上押赴刑场。"

此刻,谷寿夫向检察官提出,要求给其妻子及家人写几句话,告慰后人。经法庭获准,命谷寿夫坐在椅子上书写遗书。谷寿夫共写了3封遗书。第一封写给其妻子梅子,遗书中说:"昭和二十二年四月二十六日,我的死刑执行了。在未知执行之前,我曾给你另一封信,和这封遗书一并作为永别的纪念,未能偕老的梅子,你尽到了内助的责任,这里我要深深感谢你。在中国方面错误的判定下,现在我被执行死刑了,实在是遗憾的。我是否犯国际的罪行,确信有一天会给大白的。但是,我一个人没有关系,我终于死于雨花台,总算是最后的报国。我并无情意的挣扎,分已、近存两君,也请多多帮助他们;清子、秀子都要抚养他们成为有用的人。我身虽死异域,但魂终仍返君前。现在是四月二十六日的正午,我向你致诀后,便将永别。愿各位能幸福,现在我还能站着向各位叙别,那没有一会儿,我便要长倒下去,这是不幸的,那也是命运。我是一个男人,为国而死,是值得满足的,走完了人生的旅途了。我最后的形状,高桥中将和就笠厥参谋都亲见,他们可以告诉你。什么事都是命运,六十六岁,成了我的生命最后的一年。一直到死,我都认为没有错,努力到最后的最后,但终被枪毙了。实在遗憾,最亲爱的梅子,永远的再会吧,请将我的遗骸火葬后,骨灰拿回去。我不害怕,愿护家幸福,我的想法和梅子的想法是完全一致的。愿上苍祝梅子长寿,永远的再见。"[1]

其后,谷寿夫又亲自去检点衣物,把它分为两大包,一包要求寄回

---

[1]《九载血债而今获偿 谷寿夫执行枪决》,载《申报》1947年2月27日。

谷寿夫被押赴刑场
——秦风辑图、李继锋撰述:《影像与断想:抗战回望》,山东画报出版社2002年版,第256页

日本家中，一包给小营战犯拘留所的战犯，还有地图、自来水笔，则分别托人送还。谷寿夫身着军装，清理物品时，把脚上的黑绒棉鞋脱下，换上黑皮鞋，戴上灰色礼帽及手套。11点15分，谷寿夫即被宪兵押上囚车。前有警车开道，警笛一路长鸣。囚车前后都由宪兵押解，一组车队，直驰雨花台刑场。从中山东路到中华门，道路两旁观者如潮，几乎阻断了道路。如果没有数以千计的军警奋力阻挡，谷寿夫到不了刑场就会被愤怒的南京市民撕得粉碎踩成肉酱。当行刑宪兵将他架下刑车时，这个往时凶残狠恶的杀人魔王却烂如泥团，吓瘫在地，路也不能走，身旁押解的宪兵只能架起谷寿夫走到指定的行刑点。11时50分随着一声枪响，愤怒的子弹从谷寿夫的后脑射入，从嘴里飞出，门牙也被击落，谷寿夫立刻栽倒在地，一命呜呼，结束了其罪恶的一生。[1]

---

[1]《谷寿夫昨枪决》，载《世界日报》1947年2月27日。

第十八章

冈村宁次：
逃脱法律制裁的侵华日军派遣军总司令

一、冈村宁次其人

冈村宁次，1884年5月15日生于日本东京四民坂町街区的一个武士家庭。父亲冈村宁永。冈村宁次是家中第二个儿子。在给这个儿子起名时，冈村宁永用了一个表示顺序的"次"字，就是冈村宁次。1890年3月冈村入坂町小学，毕业后进东京专门学校（后来的早稻田大学）附属中学部。次年转入东京陆军中央幼年学校。[1] 1904年、1913年，他先后毕业于日本陆军士官学校和日本陆军大学。1917年1月冈村宁次作为青木宣纯中将的助理派往北京，收集情报。1923年他转为日本参谋本部第二部（情报部）第六科中国班成员。[2] 次年到上海任日本领事馆武官。1932年8月任关东军副参谋长，指挥关东军进攻热河等地，并代表日方签订《塘沽协定》。1938年任日第11军司令官，指挥进攻武汉作战。1940年4月晋升陆军大将。冈村宁次最主要

---

[1] 金阳编：《日本侵华战争罪犯实录》，黑龙江大学出版社2017年版，第10页。
[2] 天津编译中心编：《日本军国主义侵华人物》，中国文史出版社1994年版，第551页。王斯德主编：《第二次世界大战事件人物》，华东师范大学出版社1991年版，第371页。

1945年9月9日,中国战区受降仪式在南京举行,日军代表冈村宁次大将签署投降书
——张宪文主编:《日本侵华图志》第25卷,山东画报出版社2015年版,第96页

第十八章 冈村宁次：逃脱法律制裁的侵华日军派遣军总司令

的罪行不是与国民党军队作战，而是对中国共产党领导下的华北抗日根据地和八路军作战。1941年7月，冈村宁次调集数万日伪军，对华北抗日根据地进行多次"大扫荡"，包括最残酷的1942年"五一"大扫荡，前后造成约百万平民的死亡。日军封锁根据地，搞据点，挖封锁沟，对根据地实行"三光"政策：杀光、抢光、烧光。华北大地，一马平川，沃野千里。然而残酷的大扫荡使它成为"出门跨壕沟，抬头见岗楼，无村不戴孝，到处见狼烟"的悲惨世界。[1] 1944年11月冈村就任侵华日本中国派遣军总司令官，指挥除东北和台湾之外的全部侵华日军，对中国人民犯下了滔天罪行。抗战胜利后的冈村宁次指挥日军统一向国民党军投降，不向八路军投降，受到蒋介石的嘉许和欣赏。1945年9月9日，日本投降仪式在南京原陆军军官学校大礼堂举行，冈村宁次代表日军在投降书上签字盖章。

冈村宁次是一个屠杀中国人民十恶不赦的头号战犯。早在1945年11月，中共在延安公布的战犯名单中就将冈村宁次列为第一号战犯。远东国际审判法庭也将冈村宁次列入战犯名单，其检察局曾先后3次要求把冈村宁次引渡回日本接受审判，却被南京政府以种种理由无限期地拖延下来。冈村宁次还在南京受到优厚的待遇，他常常坐禅静养，下棋饮酒，散步消闲，还受高官政要的看望或会见，其中包括蒋介石、白崇禧、何应钦、汤恩伯、冷欣等。但随着谷寿夫、田中久一等日本战犯被国民政府判处死刑以后，各界民众日益关注对冈村宁次的审判。在国际和国内强大舆论压力下，蒋介石不得不将冈村宁次送交中国军事法庭审判。1948年3月30日，冈村从南京押解到上海，但没有关进监狱，而是将他安顿在虹口黄渡路王文成的私宅内。王文成，又名王子惠，他从小学到大学均在日本读书，曾任汪伪政府的经济部长，

---

[1] 中央电视台：《抗日战争中华民族站起来的记忆》，上海科学技术文献出版社2008年版，第229页。

与日本财界关系颇深,又与重庆方面有联系,是个两面人物。京沪杭警备司令汤恩伯安排部署便衣警察在其居住的寓所周围日夜守卫,不时提供中国各界对冈村宁次反应的情报,还专门聘请日本医生为其治疗肺结核,真是关怀备至,细心照顾。直到同年下半年冈村宁次才被转送到位于江湾的国防部战犯监狱关押。

二、 冈村宁次的狱中生活及法庭调查

监狱中,冈村宁次在生活上也受到很好的待遇,经常有人探望,并送来各种物品;不少物品本人用不了还经常送人,以联络感情,拉拢关系。这里摘录他在1947年《日记》中的若干文字,充分披露了当时的情况:"8月14日,与盟友矶谷廉介及其他数十名在监旧识相继来谈,连晚饭后的自由活动时间也与友人谈话,心情甚快。""8月25日,松冈送来鸡蛋、蔬菜、香蕉等,照例分给矶谷及患病的柴山、神田。""9月11日,入狱以来,蒙斋藤弼州经常照顾,并为我做翻译,今日托斋藤弼州由狱内合作社买纸烟若干,分赠经常照顾我的人等。""9月17日,本日中秋节,又收到狱外送来各种食品,并有月饼。""9月23日,日本青年会之哈顿博士(京都帝大毕业)来监探视,承赠咸牛肉罐头。""9月24日,王家送来食品。同监有一姓岩元的木工,曾多次赠我燃料,日前我以香烟回赠。他用木料制作小型屏风送来,邻室下河边宪二并在屏风上作画。我在狱中,除斋藤外,尚有一二人照顾我。大家对我关心,实属幸运。""10月8日,收到大量监外送来物品,仍照常分与矶谷等人。""10月29日,松冈、王宅的平山等每隔四五日即送来物品,不胜感谢。""11月26日,汤恩伯将军来信探问病情。"[1]

1948年7月7日,上海军事法庭发出传票,令冈村宁次出庭受审。

---

[1] [日]稻叶正夫编:《冈村宁次回忆录》,中华书局1981年版,第220—225页。

第十八章　冈村宁次：逃脱法律制裁的侵华日军派遣军总司令

7月12日经法庭调查后，冈村宁次申请保释。8月3日，上海军事法庭经检察官施泳侦查，确认冈村有纵容部属屠杀平民等罪，以"民国三十七年度第145号"文提起公诉。起诉书全文刊登于各媒体。[1]

8月14日，上海军事法庭对冈村宁次又一次进行法庭调查。法庭首先由张体坤军法官发问冈村的履历，休息数分钟后，法庭庭长石美瑜开始讯问了6个问题，其要点为：(1)担任驻华指挥官是奉令抑系自意？(2)以大将地位曾参与大东亚战争最高军事会议几次？(3)担任总司令以前已在华作战，对于日军屠杀放火的行为是否知悉？(4)作战期间，日军第27师团长落合甚九郎、第116师团长菱田元四郎、第64师团第55旅团长梨冈寿男、长沙警备司令船引正之等所部杀人放火的罪行，冈村宁次应否负责任？(5)日本投降时，散布中国的日军共有多少？(6)日本海空军是否亦由其负责？

对于以上6点，冈村宁次供称：(1)担任驻华最高指挥官系奉政府命令。(2)并未参与大东亚战争最高军事会议。(3)关于日军屠杀放火等种种事件均不知道，担任总司令后曾约束部下。(4)落合甚九郎师团长等的罪行我不能负责，因总司令官以下由方面军管辖，方面军以下又有军司令部，师团由司令部管辖，与总司令部相隔两级，故其罪行应有师团长负责。(5)日本投降时在华日军确悉不知，大概在一百万人以下。(6)一部分空军受其指挥，海军及海军陆战队则自有系统。冈村宁次除口头答复庭上讯问外，并当场提呈答辩书一份，其内容大致分为两点：(1)起诉书内所列日军屠杀中国百姓之罪行，其责任应由直属长官师团长负责。(2)提出他曾设法防止其部下加害我人民的种种证明。在法庭上，冈村宁次把自己的侵华罪行推得一干二净，仍念

---

[1]《前驻华派遣军总司令官日战犯冈村宁次　军事法庭提起公诉》，载《申报》1948年8月3日。《日本侵华战犯头子冈村宁次提起公诉》，载天津《大公报》1948年8月3日。

念不忘"大东亚和平"。[1]

三、军事法庭对冈村的初次审讯

1948年8月，上海军事法庭正式将冈村宁次列入受审名单，并公布法庭设在虹口的塘沽路。塘沽路是一条东西走向的马路，东起大名路，西至浙江北路，长1840米，宽9.3米到14.6米。塘沽路最初修筑于1848年，以美国圣公会主教文惠廉之名命名为文监师路，1943年8月更名为塘沽路。塘沽路309号原为日本人居留民团旧址，后来在此成立了日本人俱乐部。抗战胜利后被国民政府接收，改为上海市民政局、上海市参议会用房。1948年8月23日上海军事法庭在此审判日本战犯冈村宁次。

法庭设在参议会大礼堂内。该礼堂修建于20世纪30年代，系典型的意大利风格。由于礼堂的座位不够多，审判前，军事法庭于同年8月17日发了公函向上海最有影响的同乡团体之一的"湖社委员会"借用座椅200只，增加座位，以供旁听者入席。[2] 上海有几千条马路，有许多高楼大厦、会场礼堂，为什么法庭选定在塘沽路上的大礼堂内？这不禁让人想起《塘沽协定》。1933年5月31日国民党政府派熊斌与日本代表冈村宁次在天津塘沽签订停战协定。这是一份丧权辱国的停战协定，为日军进一步侵占华北敞开了大门。现在让当年《塘沽协定》日方签署者的冈村宁次在上海塘沽路的一个会场受审，这可真是历史的巧合。

1948年8月23日是军事法庭公审冈村宁次的日子。那天下着

---

[1] 《头号日战犯头子冈村　调查庭讯问六点》，载《申报》1948年8月15日。
[2] 《为公审冈村宁次战犯案请借用座椅两百只》，上海市档案馆档案，档案号：Q165-1-62-197。

1948年8月23日,在上海军事法庭受审的侵华日军中国派遣军总司令冈村宁次大将
——杨克林、曹红编著:《世界抗日战争图志》下册,上海画报出版社2005年版,第1661页

雨,天气闷热潮湿,不仅审判场所上海市参议会礼堂内有1000多人参加旁听,外面的广场上也挤满了人。礼堂门前挂出大幅标语,白底黑字,非常醒目。全副武装的宪兵三步一岗五步一哨,戒备森严。外面的大立柱上悬挂了两个高音喇叭。国民政府国防部军法局局长徐业道、上海市市长吴国桢、参议会议长潘公展等也到场旁听。8点左右,一辆车号为"Q3·1104"的红色警备车,押着冈村宁次及作证的船引正之、落合甚九郎等几名日本战犯抵达。

法庭中间是审判台,上面设有审判长、检察官、陪审官、书记官等7个席位。这次审判,石美瑜任法庭审判长,王家楣任检察官。还有法官陆起、林建鹏、张体坤、叶在增。当时这批司法人员年轻气盛,一心想通过审判冈村宁次为民族伸张正义。江一平、杨鹏、钱龙生律师担任冈村宁次的辩护人。台下是通译员席位,分译中、日两国语言。9点半,审判准时开始。冈村宁次穿着西装出现,戴着玳瑁边的眼镜,没有站在规定的被告围栏中,而受到了优待。法庭上,首先由检察官施泳宣读起诉书,控诉冈村宁次作为侵华日军中国派遣军总司令参与发动侵略战争,纵容部下残杀无辜平民等罪行。石美瑜庭长首先审问,冈村总是避重就轻,百般推脱。至中午12时,上午的审讯结束。休息3个小时。冈村宁次的午餐还是丰盛的中国菜。

下午3时审讯继续进行,几位辩护律师与法庭之间展开激烈辩论,场内气氛一度紧张。下午6时半,庭长石美瑜宣布庭审结束。冈村宁次公审一次就停顿下来,一拖竟达几个月之久,引起各界民众的不满。作为庭长的石美瑜也十分不满,认为不判冈村宁次舆论上不行,自己会被后世唾弃。他要求辞职回乡,但是未获批准。而在法庭开庭前一天,即8月22日,战犯监狱典狱长孙介君就到冈村宁次的居室,由斋藤弼州翻译,探问病情并密告:"先生前在签《塘沽协定》时和在停战投降时,均未采取对中国不利的措施,中国有志之士均甚嘉许。蒋总统本无意使先生受审,然考虑国内外的影响,不得不如此。但绝不会处以极刑。至于判无期也好,判十年也好,结果都一样,请先生安心受审。"孙还授意冈村,"在受审时,对中国民众所受灾害,要以表示痛心为宜。判决后可根据病情请求保释监外疗养,无论是审理和入狱只是形式而已"。[1]

四、冈村宁次被宣判无罪

冈村宁次初次公审以后,被收押于江湾高境庙战犯监狱。时隔半个月不到,即9月8日,冈村宁次提出因病保释申请,11月27日被批准出狱,仍然回到虹口黄渡路王文成的家里。作为头号日本战犯,他入狱累计关押仅100多天。另一方面,上海军事法庭在国民政府高官的授意下费尽心机起草判决书。军事法庭在搁置6个月后,即1949年1月24日,国防部军事法庭向冈村宁次发来传票。事前审判长石美瑜接到"中正"签署的电令:"据淞沪警备司令汤恩伯呈请,将冈村宁次宣判无罪,应予照准。"

1月26日上午10时,军事法庭对冈村宁次进行第二次公审,公审时间和具体地点并没有对外公布,开庭时只允许20余位新闻记者象征性地到场旁听,与第一次公审时千人旁听的场面简直是天壤之别。连辩护人江一平、杨鹏都没有赶到,仅钱龙生律师一人出庭。在公审时,石美瑜象征性地问了几个问题后,按预定计划匆匆地走过场,于当日下午4时宣读了民国三十七年度战审字第28号判决书,宣判冈村宁次无罪。[2]该判决书全文如下:

国防部审判战犯军事法庭判决书(民国三十七年度战审字第

---

[1] [日]稻叶正夫编:《冈村宁次回忆录》,中华书局1981年版,第153—154页。
[2] 《日本驻华派遣军总司令冈村宁次宣判无罪》,载《申报》1949年1月27日。

28号)

公诉人：本庭检察官

被告：冈村宁次，男，六十六岁，日本东京人。前日本派遣军总司令官，陆军大将。

指定辩护人：江一平律师

杨　鹏律师

钱龙生律师

上述被告因战犯案件，经本庭检察官起诉，本庭判决如下：

主文：

冈村宁次无罪

理由：

按战争罪犯之成，系以在作战期间肆施屠杀、强奸、抢劫等罪行，或违反国际公法，计划阴谋发动或支持侵略战争为要件。并非一经参加作战，即应认为战犯。此观于国际公法及我国战争罪犯审判条例第二、第三条之规定，至为明显。

本案被告于民国三十三年十一月二十六日受日军统帅之命，充任中国派遣军总司令官。所在长沙、徐州各大会战中日军之暴行，以及酒井隆在港粤、松井石根、谷寿夫等在南京的大屠杀事件等，均系被告到任以前发生之事，与被告无涉(酒井隆、谷寿夫业经本庭判处死刑，先后执行在案)。且当时盟军已在欧洲诺曼底及太平洋塞班岛先后登陆，轴心国即行瓦解，日军陷于孤立。故自被告受命之日，以迄日本投降时止，阅时八月，所有散驻我国各地之日军因斗志消沉，鲜有进展。适日本政府正式宣告投降，该被告乃息戈就范，率百万大军听命纳降。迹其所为既无上述之屠杀、强奸、抢劫，或计划阴谋发动，或支持侵略战争等罪行，自不能仅因其身分系敌军总司令官，遽以战争罪相绳。至在被告任期内虽驻扎江西莲花、湖南邵阳、浙江永嘉等县日军尚有零星暴动发

第十八章 冈村宁次：逃脱法律制裁的侵华日军派遣军总司令

生,然此由行为人及各该辖区之直接监督长官落合甚九郎、菱田元四郎等负责。该落合甚九郎等业经本庭判处罪刑奉准执行有案。此项散处各地之偶发事件,既不能证明被告有犯意之联络,自亦不能使负共犯之责。

综上论述,被告既无触犯战规或其他违反国际公法之行为,应予谕知无罪,以期平允。根据以上结论,按战争罪犯审判条例第一条第一项,刑事诉讼法第二百九十三条第一项,判决如主文。

本庭经本庭检察官施泳苤庭执行职务。

中华民国三十八年一月二十六日
国防部审判战犯军事法庭
审判长　石美瑜
审判官　陆　起
审判官　林建鹏
审判官　叶在增
审判官　张体坤[1]

这份判决书提出的理由是非常无理且缺乏逻辑性的。特别是把冈村宁次的案情仅仅局限在他1944年11月到1945年8月任中国派遣军总司令这不足一年的时段内。此前冈村在关东军、华北派遣军的经历,竟然无一字提及。1944年11月以前侵华日军的种种暴行均与冈村宁次无关。1944年11月以后派遣军的"零星暴行"均由侵华日军第27师团长落合甚九郎中将等人负责。这不免令人产生时空腾挪的感觉：难道日本法西斯侵华是从1944年11月开始的？难道冈村宁次

---

[1] 韩淑芳、张建安等编著:《民国惩治日本战犯汉奸案》,群众出版社2005年版,第320—322页。

出生于 1944 年 11 月？在整个审判过程中，上海军事法庭完全回避日军在中国共产党领导的抗日根据地范围内犯下的战争罪行，特别是冈村宁次指挥的华北大扫荡，对冈村宁次表现出明显的袒护。这个判决书实际是一份冈村宁次的辩护书，其行文用词都带有明显的反共政治倾向。

五、判决后舆论哗然　纷纷指责

判决书宣读后，法庭内全场哗然。石美瑜拒绝回答记者在现场的提问和质疑，立刻宣布退庭，慌忙躲进庭长室。愤怒的记者们不顾宪兵的阻拦，冲入办公室向法庭抗议。这时候，法庭副官向冈村宁次耳语几句，宜趁此混乱时机从后门走脱，徒步返回寓所。后来，冈村宁次曾在日记中写道："东京国际法庭将我列入战犯名单，传我到庭受审，中国政府以有病予以拒绝，以后等待东京审判的进展，并考虑国际关系及舆论动向最后才使我入狱，随后又因病情恶化准予秘密保释，恢复狱外生活，以迄今日，宣判无罪。除对中国政府、蒋总统、国防部各位将军的一贯好意永志不忘外，并愿病愈之后，献身于日华友好，以酬夙愿。"冈村宁次还写道："关于对我的判决，军方以外各方面有的主张判无期徒刑，石审判长曾拟判处徒刑七年，我自己也希望如此判处。这样，表面上也好，实际上因有种种条件，即使服刑也等于零，今天判决无罪，我想主要是以何应钦部长为首的军方要人，尤其是汤恩伯将军强硬主张宣判无罪的作用。"这一切正如汤恩伯在其札记中所写的："民国三十七年对冈村宁次大将进行审判时，正值华北局势恶化，共产党对此审判也极为注意。在国防部战犯处理委员会审议本案时，行政院及司法部的代表委员均主张处死刑或无期徒刑。我从反共的见地出发，主张宣判无罪，并要求主任委员会、国防部副部长秦德纯，特别是何应钦部长出席参加审议，结果我的意见获得胜利，并经蒋总统批

第十八章　冈村宁次：逃脱法律制裁的侵华日军派遣军总司令

准。总之,蒋介石、何应钦、陈诚、白崇禧、汤恩伯等人都程度不同地为冈村宁次的宽大处理而尽心尽力。"

冈村宁次被判无罪,引起国内舆论的强烈不满,众多具有正义感的人士提出抗议,中国共产党也为此发表声明。这是上海军事法庭,也是国民政府审判日本战犯最大的败笔。中共中央发言人于1949年1月28日发表声明,"严令南京政府立即逮捕不久前被国民党军事法庭宣判无罪的日本战犯冈村宁次,同时逮捕主要的国民党战犯。……"[1]上海的《申报》在2月1日全文转载了中共的声明。在国民党统治区敢于发表中共的言论是很罕见的,表明上海新闻界针对国民党政府对冈村宁次的判决敢怒而不敢言,只好借助中共声明来表达自己的心声。冈村宁次在华北是共产党、八路军最强劲的对手。1941年,冈村宁次调集数万日军,对华北抗日根据地进行残酷的大扫荡,造成约百万平民的死亡,八路军丧失了一半根据地及人口,平原地带全部变成游击区,总军力由40万减至30万,太行山深处的前方总部被日军特种部队突袭,参谋长左权牺牲。

日本投降后,冈村宁次执行国民政府的命令,指挥日本军队统一向国民党军队投降,而不向靠近华北的八路军投降,受到国民政府的欣赏和嘉许。1946年内战爆发,冈村宁次因具有和共产党部队作战的丰富经验,为国民党军方倚重。虽然冈村宁次和其他日本战犯一起被关押,但他实际上充当着国民党的军事顾问的角色,所以被捕之后,延迟到1948年8月23日才首次受审,后因患肺病审讯一再拖延。国民党高层为冈村宁次开脱罪责,做无罪判决。当然,国民政府内也有一些坚持正义立场,在办案过程中不赞成过分宽大的人士,如司法行政部部长谢冠生。又如军事法庭曾派京沪医院朱院长,在授意以健康原因为冈村宁次申请保释时,朱院长拒绝担保。判成冈村宁次无罪释放

---

[1]《中共发言人严令南京政府交出冈村宁次》,载大连《实话报》1949年2月6日。

也并非石美瑜的本意,只是他们的意见没有占据上风。冈村被释放后,他曾坦言:"李宗仁代总统为争取和平,已下令对我重新逮捕,而上海警备司令部汤恩伯将军将命令扣押不发,而令我乘船回国。此外,日后在东京,中国代表团团长商震亲口告诉我,李宗仁也曾命令商震将我逮捕归案,经与美军当局协商结果,予以拒绝。"汤恩伯、商震等人的行为,自然是蒋介石在幕后操纵的结果。

1949年1月28日晚上,汤恩伯派一名副官通知冈村宁次,准备好物品于29日早晨6时半到战犯监狱集合。30日,冈村宁次及其他日本侵华战犯250多名在上海乘美国"维克斯"号轮船回国,逃脱了中国人民的审判。2月4日清晨,冈村宁次踏上日本国土,随后被安排在东京国立第一医院住院疗养。[1] 后来,冈村宁次还出任蒋介石的军事顾问,1961年6月出访台北。1964年,冈村宁次在日本防护战史室的鼓动下,整理自己的日记,并撰写个人回忆录,后由稻叶正夫编辑。这本《冈村宁次回忆录》也是他罪恶人生的真实记录。1966年4月冈村宁次突发心脏病死亡,时年82岁。他死有余辜,中国人民及其子孙后代将记住这个臭名昭著的头号日本战犯。

2000年,在河北省玉田县一居民家里发现一把侵华日军派遣军总司令冈村宁次的战刀。该刀全长67厘米,刀柄上写有"天皇"两字。刀鞘的一面写有"天皇"和"昭和十五年"字样,并刻有日本国旗图案,刀鞘的另一面写有"武运长久"字样,刀身一面的下半部刻有日本国旗和"天皇"两字,及"40127"编号,刀身另一面的下半部写有"昭和十五年"和"冈村宁次"字样。刀柄与刀身的空档处,刻有4朵樱花图案。经唐山市文物管理部门的专家鉴定,认定"本刀系冈村宁次战刀"。这一战刀的发现,再一次为日本侵华增添了强有力的罪证。[2]

---

[1]《在华日战犯抵东京 冈村宁次入某医院疗养》,载《申报》1949年2月5日。
[2]《河北玉田发现冈村宁次战刀 日本侵华又添有力罪证》,载《文汇报》2000年9月6日。

第十九章

多名日本宪兵被审判处刑

日本宪兵队于 1881 年 1 月由明治天皇在国务会议上下令组成，当时是一支 349 人的精锐部队。在 1898 至 1945 年，日本宪兵建起庞大的权势网络。在侵华战争中，上海日本宪兵队队部驻叶家花园（今上海肺科医院），同时还设有沪北、沪南、沪东、沪西、浦东等分队部。沪南分队驻法租界贝当路（今衡山路），沪北分队驻公共租界天潼路[1]，浦东分队驻东昌路的"颍川小筑"。日本宪兵队的便衣侦探分布各公共场所及居民区域，他们采用各种恐怖手段，残害各界民众。抗战胜利后各地军事法庭判处的日本战犯中宪兵占有很大比例。因为日本宪兵队不像日本作战部队那样具流动性，受害民众及蒙难同胞对犯有暴行的宪兵的犯罪事实比较清楚。据日本学者一则研究称，中国法庭判处死刑的 149 名日本战犯中，有 63 名是日本宪兵，占总数的 42.3%。广州军事法庭起诉的 171 人中，有 64 人是宪兵。汉口军事法庭起诉的 151 人中，有 59 人是宪兵。北平军事法庭起诉的 112 人中，有 47 人是宪兵。[2] 又一说，北平军事法庭起诉的 112 人中，有 51

---

[1] 李峻：《日伪统治上海实态研究(1937—1945)》，中央编译出版社 2004 年版，第 72—73 页。
[2] 田中宏巳：《BC 级战犯》，筑摩书房 2002 年版，第 199 页。

人是宪兵,另有宪兵翻译者6人,合计约占总人数的50.8%。[1]在上海军事法庭起诉的181人中,宪兵也占很大的比例。

上海军事法庭自接受被害人、知情人举报审理日本战犯后,对多名宪兵进行审讯及判决。如1946年7月12日上午审讯前上海杨树浦宪兵分队(又名沪东宪兵分队)队长宫本仁平大尉及宪兵曹长丸水政十。他俩曾于1944年10月30日施用酷刑将忠义救国军第四大队队长陆祥生重伤致死。法庭审讯开始,先传证人张宝善及赵月娥等人叙述陆祥生被害经过。后又传丸水政十及宫本仁平审讯,并当庭对质。宫本仁平对陆祥生施刑殴打之事,百般推却,拒不承认,并声称陆祥生系押解到驻上海日军第13军军律会议处死的,与他俩无关,请法庭向日军第13军的有关人员问罪。作为凶手之一的丸水政十在法庭上也鹦鹉学舌跟着宫本的模样拼命抵赖,所以军事法庭与宫本仁平、丸水政十的第一次交锋就此结束。[2]后来法庭经过进一步的调查及多次庭审,1947年4月26日判处宫本仁平有期徒刑12年。

1947年期间,上海军事法庭又审判一批日本战犯。如2月8日下午,军事法庭对4名上海日本宪兵队沪西分队的宪兵进行审讯,他们是曹长管元勘三郎、平良正弘、日侨大三、沼野正吉。该4人的主要罪行是1945年4月10日在青浦县拘捕上海直属情报员俞鹏,对他辱骂、严刑拷打、上电刑、非法施以逼供,并押解到日本军队的军法处判刑,投入监狱监禁。抗战胜利后俞鹏获释。由上海蒙难同志会检举,俞鹏亲往日战俘集中营指认[3],把这4人揪出,拘押受审。经上海军事法庭提起公诉,审理终结后,于同年2月25日宣判:管元勘三郎及平良正弘各有期徒刑6年,日侨大三及沼野正吉各有期徒刑5年。判决书

---

[1] 顾亚欣:《北平军事法庭审判日本战犯始末》,载《北京档案》2009年第3期。
[2] 《日战犯宫本仁平 矢口否认》,载《新闻报》1946年7月13日。
[3] 《上海军事法庭八日将审判四战犯》,载《中华时报》1947年2月4日。

主文为:"被告等共同在职期间,对中华民国国民连续以强暴行为,逼迫而致伤害。"[1]

同年 4 月 25 日又有两名日本宪兵被军事法庭提起公诉,其中一名是后藤重宪。他罪行累累,凶残无比,曾任日本驻青岛宪兵队队副。1939 年 1 月他任保安警察灭共系的负责人,在职期间邀功心切,对于妄图捕灭我方地下工作人员异常努力,捕风捉影、无中生有罗织罪名,造成冤狱纷纷,株连许多无辜民众。事后后藤重宪竟受到上峰的褒奖。1940 年 9 月间,有一位叫苗宗一的学生在山东省城济南为日本军队所捕,饱受酷刑,后被押解至青岛日本宪兵队。后藤重宪逼迫其供述与共产党地下组织的关系,并要其交代所谓的罪行。后藤重宪一无所得便恼羞成怒,在当年的 12 月把苗宗一杀害。同年 11 月中,后藤重宪又逮捕东莱银行职员谭锦涛,指控他为抗日分子,对其刑讯逼供,后来把他解至北平继续关押,最后被日军枪杀。

1942 年 3 月,后藤重宪逮捕国民党党员王廷顺,对其使用酷刑,拟取供词,其间还一度将王廷顺放逐到伪满新兴煤矿充当苦役,使其受尽磨难。同年农历三月间,后藤重宪又逮捕王方平,由他亲自审讯,连续几天对王严刑拷打,不让他喝水吃饭,还从精神和肉体上对他摧残,并使用心理战术和亲情战术。有一次,后藤重宪还特地叫来王方平的妻子在旁观看其丈夫被日本人拷打。被害人王方平因刑重致死,其妻子当场昏厥过去,不省人事。

1942 年 8 月间,后藤重宪又逮捕青年团团员王振华、赵芝亭等 10 余人。后藤重宪在刑讯赵芝亭时令狼狗狂噬赵芝亭,致其伤重毙命。其余人员刑讯之后被流放至东北伪满洲地区,也有的人通过被迫送上金钱古董才幸免逃过一劫。同年 11 月,后藤重宪又逮捕军统局职员郦吉人等 8 人,均由后藤重宪分别审讯。在酷刑之下,毙命冤死者有

---

[1]《敌宪军曹四名滥施拷打无辜》,载《申报》1947 年 2 月 26 日。

张涤生、崔玉田两人。其余被移解他处,生死未明。[1] 经上海军事法庭的侦查、审讯,1947年7月26日判处后藤重宪无期徒刑。

上海军事法庭在1947年期间,曾对多名日本战犯判处徒刑。3月9日对犯有黄桥乡勒索军米、放火焚烧民房、作恶多端等罪行的松江日本宪兵队军曹安田辉忠判处有期徒刑10年。他曾逮捕前东南区中美合作所机关情报组组长宋振中及宋家住所之房东于凤翔,强取于家赤金三块,对其施加酷刑,甚至以香烟头燃烫其下部。[2] 上海军事法庭于4月24日对上海日本宪兵队北四川路分队分队长青木义一判处有期徒刑10年。[3] 5月12日对上海日本宪兵队沪北分队曹长沼仓孝义判处有期徒刑5年。[4] 6月14日对上海日本宪兵队沪南分队曹长佐藤忠治判处有期徒刑2年。[5]

[1]《日战犯两名被提起公诉》,载《申报》1947年4月26日。
[2]《安田辉忠徒刑十年》,载《申报》1947年3月9日。《安田辉忠徒刑十年》,载《中华时报》1947年3月9日。
[3]《敌宪兵队曹长青木义一判刑》,载《申报》1947年4月25日。
[4]《一日本战犯判刑5年》,载《申报》1947年5月13日。
[5]《日战犯佐藤忠治判有期徒刑两年》,载《申报》1947年6月15日。

侵华日军攻入复旦大学
——照片原由日本随军记者拍摄,原载1940年10月日本出版的画册《征服中支那》。引自王晓华、原伟华、范玉荣、丁晓红编译:《日本侵华大写真》,汕头大学出版社1997年版,第7页

第二十章

判处无期徒刑及有期徒刑的将级日本战犯

上海军事法庭自1946年3月开始审理日本战犯,初期以民愤很大的宪兵、曹长、兵士等下层人员为主,从1947年开始,军事法庭也对多名将军衔的日本战犯开展审讯工作,并对他们判处无期徒刑及有期徒刑。

一、判处无期徒刑者

黑濑平一 54岁(指法庭起诉或宣判时的年龄。下同),日本山口人,少将。1942年来华,任第20军133联队长,转战浙江、江西地区,次年任第20军68师团步兵第57旅团长。在侵华期间驻扎浙江境内无恶不作。1941年参加湖南衡阳之战,嗣后进军祁阳,将该县疏海冲地方附近的一个村庄放火烧毁,致使百姓无家可归,并令所部对无辜平民用机枪扫射,当时被害者数十人,财产损失达1亿元以上,事后又掳去男女数十人,对男子肆意毒打后罚做苦工,对女子奸淫,惨无人道。抗战胜利后黑濑平一被拘捕,1947年12月6日由上海军事法庭提起公诉,1948年2月25日被判处无期徒刑。[1]

---

[1]《日战犯一批判罪》,载《申报》1948年2月26日。

野地嘉平 59岁,日本宫城人,中将。早年毕业于日本陆军士官学校。1937年9月起历任独立守备第17大队大队长、步兵第32联队联队长、留守第20师团兵务部部长、第69步兵团长、独立步兵第5旅团长、第133师团长。侵华期间驻扎在湖北江陵地区,纵容部属连续屠杀无辜民众,破坏、抢劫财物,奸淫妇女。1946年5月,野地嘉平在浙江嘉兴被拘捕后被押送至上海。1947年11月由上海军事法庭侦讯起诉,1948年4月12日被判处无期徒刑。[1]

船引正之 58岁,日本东京人,中将,早年毕业于日本士官学校及陆军大学。历任热河承德独立混成第11旅参谋、第64师团长。在侵华期间驻扎浙江境内,杀害无辜平民,奸淫妇女,抢劫财产。1946年9月3日收押于提篮桥监狱。1948年4月由上海军事法庭提起公诉,同年5月31日被判处无期徒刑。[2]

菱田元四郎 59岁,日本东京人,中将。早年毕业于日本士官学校。1931年"九一八"事变时来华,历任天津驻屯军副官、"满洲独立守备队"队长、第84旅团长、第116师团长。该师团驻湖南宝庆,向湘西进攻时被王耀武部队击败,便迁怒于平民,在祁阳、安仁、绥宁、武冈、茶陵等县大肆行凶,纵容部属杀害中国平民1 608人,强奸妇女600余人,其中因奸致死者80多人,纵火焚烧房屋150余间;抢劫米谷50 971石、牲畜17 177头、衣被1 691件、布匹16 901丈,毁坏家具101件;强拉民夫从事军役2 000余名。1946年10月19日起由上海军事法庭审理。1948年4月被提起公诉,同年6月7日被判处无期徒刑。[3]

落合甚九郎 57岁,日本栃木人,中将。早年先后毕业于日本士官学校、陆军飞行侦察及战斗学校、陆军大学。曾任士官学校中华队

---

[1] 《昨日宣判日战犯一批》,载《申报》1948年4月13日。
[2] 《日将级战犯五名 军事法庭昨宣判》,载《申报》1948年6月1日。
[3] 《日战犯师团长两人昨天判处无期徒刑》,载《大公报》1948年6月8日。

长、日本天津驻屯军参谋长等,1937年8月以后任第109师团长驻军朝鲜。1940年来华,任汉口第11军团副司令官兼特务师长。次年6月,接任第27师团长。1945年该师团猛攻粤汉铁路沿线,后侵驻南康、曲江、英德一带,肆意杀害无辜平民,奸淫妇女,抢劫平民财物,烧毁房屋。其部属在长沙等处残害平民592人,奸淫致死妇女48人,抢劫及破坏财产6 882万元,牛、猪40头,米谷190石,烧毁房屋92座。落合甚九郎系国民政府战争罪犯处理委员会于1947年7月公布的261名日本重要战犯之一。1948年4月18日由上海军事法庭提起公诉,同年6月7日被判处无期徒刑。[1]

内田孝行 日本山梨人,中将,侵华日军第70师团长。早年毕业于陆军大学,1932年12月率领所属第16联队侵华,先后在太原会战、广德会战、衢州会战、丽水会战中肆意屠杀中国军民,并对非军人施以酷刑及恶意饿毙,烧毁民房,抢劫财物,杀人如麻。自1939至1944年,内田孝行所属部队在南昌、杭州、金华、萧山、安吉、武义、吴兴、长兴等地参战,并残害民众。1942年5月中旬,以第70师团为主力参加浙赣会战,由奉化、上虞进犯东阳。1943年10月初,进犯安吉、广德、溧阳。1944年6月,攻陷浙江衢县,8月下旬一部窜犯丽水,9月攻陷温州。该师团又多次侵犯浙江、江西两省,并纵兵强奸妇女、抢劫财产、危害百姓。[2]内田孝行系国民政府战争处理委员会于1947年7月公布的261名日本重要战犯之一。1947年4月5日由上海军事法庭提起公诉,1948年6月30日被判处无期徒刑。[3]

---

[1]《日战犯师团长两人昨天判处无期徒刑》,载《大公报》1948年6月8日。
[2]《日本重要战犯名单(续四)》,载《北京档案史料》1991年第1期。
[3]《日战犯八名宣判》,载《申报》1948年7月1日。

二、判处有期徒刑者

粟岩尚治 56岁,日本长野人,少将。1937年8月率军来华在吴淞登陆参加作战。其部队进驻江苏太仓县境,后因军中马匹不敷使用,就向农夫强征耕牛200余头,不付报酬,将耕牛随军发拨,民间损失甚大。后来他曾任第3师团辎重联队长,继续危害民众,民愤极大。抗战胜利后被拘捕,1947年12月6日由上海军事法庭提起公诉,12月22日被判处有期徒刑3年半。[1]

福田良三 59岁,日本东京人,海军中将,早年毕业于日本海军大学。曾任日本联合舰队舰长及青阳号舰长,参与侵华战争。嗣后勾结大汉奸汪精卫,破坏中国统一,削弱抗战力量。1941年5月起就任厦门联络部部长,在厦门成立兴亚机关,训练汉奸,勾结流氓,收买土匪,组织亲日团体,并派大批爪牙布置间谍网,潜入漳州、泉州刺探情报。[2]自1943年4月起,福田良三调任台湾高雄舰队司令长官,管制飞机千余架,命令飞往后方,滥施轰炸,杀害广大平民。1945年5月,调任中国方面舰队司令,系日本侵华海军最高指挥官。由其管辖的有上海、汉口、青岛根据地舰队司令部,华南方面第二遣华舰队司令部,海南警备府司令部及上海日本海军陆战队司令部,其统帅的舰队遍及整个中国海岸线。他纵兵抢劫物资,俾供侵略,滥捕平民,施以酷刑,无恶不作。福田良三系国民政府战争罪犯处理委员会于1947年7月公布的261名日本重要战犯之一。抗战胜利后潜返日本,后经盟军总部引渡被押抵台湾。1947年5月又被押抵上海,经上海军事法庭开庭审讯,于1948年5月31日被判处有期徒刑15年。[3]

---

[1]《军法庭昨判决战犯两起》,载《申报》1947年12月23日。
[2]《日本重要战犯名单(续三)》,载《北京档案史料》1990年第4期。
[3]《四重要日战犯判刑》,载《大公报》1948年6月1日。

三浦忠次郎　61岁,日本宫城人,中将。早年毕业于日本士官学校和陆军大学,战前曾任天津驻屯军参谋、朝鲜驻军司令参谋。1944年调任第69师团长。1944年4月来华,在中原会战时,第69师团由山西南部过黄河入河南渑池、新安、陕县、大营地区,肆意奸淫烧杀,掠夺粮食及各种物资,任意拘捕人民,施以酷刑,并勒索大量捐款。[1]三浦忠次郎系国民政府战争罪犯处理委员会于1947年7月公布的261名日本重要战犯之一。抗战胜利后,三浦忠次郎被捕,经上海军事法庭审理,于1948年5月31日被判处有期徒刑12年。[2]

　　梨冈寿男　55岁,日本东京人,中将。早年毕业于日本士官学校。曾任日本第64师团第55旅团长、支队长。1944年间驻防浙东沿海一带,司令部设于永嘉(温州)。1945年6月,该部队自浙江乐清、永嘉等处向奉化、鄞县撤退时,沿途杀人放火,抢劫掳掠,杀害平民345人,烧毁房屋498间,滥施酷刑者89人,抢劫财物近4.3亿元,另有物资20余船。[3]抗战胜利后梨冈寿男被拘押。1948年5月经上海军事法庭审讯,于6月8日被判处有期徒刑20年。[4]

　　原田清一　55岁,海军中将。日本海军学校出身,1906年参加海军,1938年来到上海,曾出任"出云舰"舰长,次年回日本。1942年奉派厦门,任日本海军厦门根据地司令官。在侵华期间,纵容部属在福建闽江口、梅花镇等地连续杀害民众,强奸妇女。1945年9月28日,原田清一在厦门鼓浪屿向中国军队将领投降。但因审查不严而被作为一般战俘遣送回日本。1946年7月,国民政府又重新申请盟军总部对其拘押,并经引渡于1947年11月3日将其押抵上海。由上海军事

---

[1]《日本重要战犯名单(续二)》,载《北京档案史料》1990年第3期。
[2]《四重要日战犯判刑》,载《大公报》1948年6月1日。
[3]《军法庭明审讯梨冈中将》,载《中华时报》1948年5月21日。
[4]《作恶多端之日战犯判决　梨冈判徒刑二十年》,载《申报》1948年6月9日。

法庭审理,1948年7月5日被判处有期徒刑10年。[1]

柴山兼四郎 60岁,日本茨城县人,中将。早年先后毕业于日本陆军士官学校及日本陆军大学。1923年6月起历任日本辎重兵第14大队中队长、参谋本部支那研究员、支那公使馆武官、辎重兵第18大队长。1938年10月来华,历任陆军省军务课长、天津特务机关长、汉口特务机关长、日本辎重兵监部附、陆军辎重兵学校校长、辎重兵监、驻大同的第26师团长。1941年汪伪政府组织成立后,就任中国派遣军总司令部附兼南京汪伪政府最高军事顾问。1942年2月侵犯山西兴县、保德,强奸、抢劫、惨杀无辜平民,为侵犯晋察冀边区之罪魁。[2]抗战胜利后,柴山兼四郎潜返东京,被盟军总部缉获。系国民政府战争罪犯处理委员会于1947年7月公布的261名日本重要战犯之一。1948年7月,柴山兼四郎被从日本引渡到上海,经上海军事法庭审讯起诉,11月24日被判处有期徒刑7年。[3]

神田正种 59岁,日本爱知人,中将。早年毕业于陆军士官学校及陆军大学。曾任参谋本部副勤务、参谋本部员、浦盐派遣军司令部附、关东军司令部附、步兵第39联队大队长、朝鲜军参谋等职。1932年起历任日本驻土耳其大使馆副武官、陆军大学教官、参谋本部课长。1936年任第6师团鹿儿岛步兵第45联队长,参与1937年的华北平原作战和淞沪会战的金山卫登陆行动,并一路追击至南京,是南京大屠杀的主犯之一。1941年任第6师团长,指挥该师团驻防湖南岳州、长沙、临湘一带,并参与第二次长沙会战及第三次长沙会战。其部属在

---

[1] 《为战犯原田清一希请申请引渡由》,1946年7月8日。台北"国史馆"藏外交档案:020010117330134x。《两日战犯宣判 原田清一判处十年》,载《申报》1948年7月6日。《战犯畏罪 对中美表示感谢否认曾参加战争》,载《申报》1947年11月5日。

[2] 《日本重要战犯名单(续四)》,载《北京档案史料》1991年第1期。

[3] 《日战犯柴山兼四郎 军事法庭提起公诉》,载《申报》1948年11月20日。《战犯柴山处刑七年》,载《世界日报》1948年11月25日。

侵华期间,残杀平民,强奸妇女,致多人残死。纵火焚烧房屋30余间,抢劫古籍书及牲畜、衣服、家具、粮食等。抗战胜利后神田正种潜返日本东京,被盟军总司令部缉获。经中国驻日本代表团解送上海军事法庭侦查,1948年9月10日被提起公诉,11月10日被判处有期徒刑14年。[1]

---

[1] 《日战犯神田被提起公诉》,载《申报》1948年9月20日。

第二十一章

判处无罪释放的将级日本战犯

从1947年开始,上海军事法庭对多名将军衔的日本战犯开展审讯工作,这些战犯中,有的判了重刑,也有的由于证据不足,或因办案经费不足,路途遥远,取证困难,或经有关部门包庇掩盖而判无罪释放,逃脱了法律的追究。现将相关人员列举如下。

四方谅二 52岁(指法庭起诉或宣判时的年龄,下同),日本神户人,少将。早年毕业于日本陆军士官学校。他和日本甲级战犯铃木贞一中将、北支那宪兵司令加藤泊治郎中将,并称东条英机身边的"三奸"。1917年12月起历任步兵少尉、宪兵大尉、朝鲜咸兴宪兵分队长等。1933年8月起历任哈尔滨宪兵分队长、关东宪兵队司令部员,并成为东条英机的亲信。1940年4月起历任宪兵司令部员、科长,中支那派遣宪兵队长,东京宪兵队长,上海宪兵队长、中支那派遣宪兵队司令官,侵华日军第131师团长等。抗战胜利后被逮捕,经由上海军事法庭对其提起公诉,1948年2月25日因证据不足被无罪释放。[1]

小仓达次 60岁,日本东京人,中将。早年毕业于日本陆军士官学校,1910年12月起历任陆军少尉、骑兵第15连队长、陆军骑兵、留守第1师团司令部附。1939年起历任侵华日军绥远特务机关长、骑兵

---

[1]《日战犯一批判罪》,载《申报》1948年2月26日。

第 4 旅团长、日本驻蒙军情报部厚和支部长。1945 年 1 月起,历任留守第 54 师团长、第 84 师团长、第 131 师团长。1945 年,第 131 师团与第 115 师团在老河口一带肆意惨杀中国大批无辜平民,强奸妇女,抢劫财物,强迫平民从事军事活动。小仓达次系国民政府战争罪犯处理委员会于 1947 年 7 月公布的 261 名日本重要战犯之一。抗战胜利后率部在安庆向中国军队缴械投降,后由上海军事法庭侦查提起公诉,1948 年 4 月 12 日因证据不足被无罪释放。[1]

大井川八郎 61 岁,日本福岛人,少将。早年毕业于日本陆军学校。1939 年 4 月来华,历任 219 联队长、114 师团炮兵第 83 旅团长。曾驻防河南息县、山西汾阳等地。纵容部属杀人抢劫,施以酷刑,危害平民。抗战胜利后被拘捕,1948 年 4 月由上海军事法庭对其提起公诉,5 月 31 日因证据不足被无罪释放。[2]

樱庭子郎 56 岁,日本青森人,中将。早年毕业于陆军士官学校。1940 年来华,曾任安徽联络部部长,为安徽省调查政治、经济、社会各种情况的负责人,监督汪伪安徽省行政,加强沦陷区统治,榨取资源,掠夺物资,勒索捐税,逮捕民众,施以酷刑,枪杀抗日志士。1945 年曾任侵华日军第 20 军独立混成第 82 旅团长,驻扎湖南郴州一带,纵容部下对民众奸淫杀掠,无所不为,仅株洲一地就杀害 300 余人,强奸 100 余名妇女,焚毁该地房屋 200 余栋。该犯系国民政府战争罪犯处理委员会于 1947 年 7 月公布的 261 名日本重要战犯之一。1947 年 12 月 6 日经由上海军事法庭提起公诉,1948 年 7 月 5 日因证据不足被宣判无罪[3],1949 年 1 月 26 日,又经上海军事法庭宣告无罪。[4]

---

[1]《昨日宣判日战犯一批》,载《申报》1948 年 4 月 13 日。
[2]《四重要日战犯判刑》,载《大公报》1948 年 6 月 1 日。
[3]《战犯原田中将判处徒刑十年　樱庭子郎宣判无罪》,载《大公报》1948 年 7 月 6 日。
[4]《伊藤忠夫长监　樱庭子郎无罪》,载《申报》1949 年 1 月 27 日。

第二十一章 判处无罪释放的将级日本战犯

宫川清三 59岁,日本东京人,中将。早年毕业于日本士官学校,曾任日本下关要塞参谋及陆军兵器学校校长等职,1942年来华,初任华北方面军及派遣军总司令部兵器部长,次年升任第40师团长。他参与长(沙)衡(阳)会战,纵容部属滥杀百姓,掠夺财物,后退至广东始兴和广西期间,沿途抢劫。在华南桂林之役中,又纵容部属残杀无辜平民,强奸妇女。此外,他曾纵容部属抢劫华德贸易公司堆存在公和祥码头仓库中的工字铁、流水铁及盘元丝等钢铁货品400余吨。抗战胜利后经上海军事法庭审讯,1948年5月31日被判处有期徒刑12年。同年11月24日被复判无罪。[1]

专田盛寿 日本神奈川县人,中将。早年毕业于陆军士官学校和陆军大学。1931年7月起历任参谋本部中国课课长、侵华日军关东军参谋。在此期间,追随土肥原贤二、板垣征四郎,在华北进行特务活动,胁迫国民政府势力退出华北。1939年起历任第39师团参谋长、兴亚院调查官(驻华北联络部)、独立混成旅团长。系国民政府战争罪犯处理委员会于1947年7月公布的261名日本重要战犯之一。1947年12月29日上海军事法庭对其提起公诉[2],1948年12月被判处无罪。

冈村宁次 65岁,日本东京人,大将。侵华日军中国派遣军总司令。详细资料可参见本书第175—176页。1949年1月26日被上海军事法庭判处无罪。

从1947年底至1948年,各地军事法庭依照国民政府的命令相继关闭,已判决和尚未审判的日本战犯陆续集中到上海。除了1949年1月判处冈村宁次大将无罪外,从1947年5月至1948年11月,上海军事法庭陆续宣判了一批少将、中将级的日本战犯。其中,1947年12月

---

[1]《两将级日战犯审结 福田宫川犹作狡辩 军庭已定月底宣判》,载《申报》1948年5月25日。《四主要日战犯判刑》,载《大公报》1948年6月1日。
[2]《发动侵华积极分子 军庭起诉专田盛寿》,载《申报》1947年12月30日。

宣判了粟岩尚治。1948年2月宣判了黑濑平一、四方谅二，4月宣判了野地嘉平、小仓达次，5月宣判了宫川清三、船引正之、三浦忠次郎、大井川八郎、福田良三，6月宣判了落合甚九郎、菱田元四郎、梨冈寿男、内田孝行，7月宣判了原田清一、樱庭子郎，11月宣判了神田正种、柴山兼四郎；同年还宣判了专田盛寿。除福田良三、原田清一外，其余均为日军陆军师团长、旅团长，都直接参与侵华战争，对他们的审判着重于战争犯罪。

以上被判刑的少将、中将级的日本战犯，有两个共同点：一、从法庭提起公诉到正式判处的间隔时间大多很短，有的只有2个月左右，如落合甚九郎于1948年4月18日被提起公诉，同年6月7日被判处无期徒刑。特别典型的是柴山兼四郎1948年7月被从日本引渡到中国关押在上海，11月19日被法庭提起公诉，11月25日即被判处有期徒刑7年，匆匆结案定罪，纯粹属走流程，愚弄民众。二、有的战犯较早关押在上海有关场所，但是正式起诉审理较晚，如侵华日军第64师团长船引正之中将于1946年9月3日就关押在提篮桥监狱，但是一直拖到1948年4月才被提起公诉，同年5月31日被上海军事法庭判处无期徒刑。[1] 再如日本海军厦门根据地司令官原田清一中将于1947年11月3日抵上海，直到1948年7月5日才被宣判。[2] 还有一些将军衔的日本战犯，因涉及面广取证困难，均以证据不足为由无罪释放。

1948年前后，国内的政治、军事形势已发生很大变化，人民解放军节节胜利，蒋家王朝岌岌可危。在这种时局下，这些将级日本战犯，真正关押服刑的时间并不长，1949年1月底都被移送回日本，后来都被释放。所以国民政府对日本战犯的审判，是随着内战的硝烟进行的，

---

[1]《船引正之、黑濑平一押提篮桥监狱》，载《申报》1946年9月4日。《四重要日战犯判刑》，载《大公报》1948年6月1日。

[2]《日归还我国和顺轮抵沪 运来日战犯四名》，载新加坡《星洲日报》1947年11月6日。《两日战犯宣判 原田清一判处十年》，载《申报》1948年7月6日。

第二十一章　判处无罪释放的将级日本战犯

最后的裁决，特别是将级日本战犯的审判多为象征性的，从这个层面上说，日本战犯在中国的罪行没有得到彻底清算，这实在是中华民族的遗憾。

抗战胜利后，1945 年冬，共产党领导下的解放区就成立了战犯调查委员会，由吴玉章担任主任委员。12 月 15 日解放区战犯调查委员会公布首批日本战犯名单，包括准备发动侵略战争者及侵略战争的积极执行者和积极支持者冈村宁次等 52 名，侵略战争的积极执行者与军部合作积极支持侵略战争者松井太久郎等 116 名，与军部合作支持侵略战争者清水澄等 201 名。由于众所周知的各种原因，中国共产党人没有机会行使正义之权，而名义上代表 4 万万国民的国民政府，却放纵自己的行为，一味宽容，以德报怨，使许多战争罪犯逃脱了法律的追究，逃脱了正义之剑的惩罚。

日本战俘回国
——翻拍于上海崇明抗战纪念馆

第二十二章

伊藤忠夫：
被中美两个法庭判刑的日本战犯

抗战胜利后，日本战犯在上海的审判大都经一个法庭经办，但是也有一个特例，其中就有一人曾经先后受到美军军事法庭和上海军事法庭的审判，被分别判处20年有期徒刑和无期徒刑。该人就是日本战犯、陆军大尉伊藤忠夫。[1]

伊藤忠夫，日本中央大学法科毕业，曾任陆军法务官。1945年6月19日，美军飞行员麦克里莱等14人在中国台湾海面乘飞机失事，被台湾日本驻军逮捕，经过日军官兵的摧残折磨和审判后被处死。抗战胜利后，伊藤忠夫随侵华日军驻台湾第10方面军参谋长谏山春树等人自台湾押解来上海，在提篮桥监狱关押受审。1946年7月25日，被美军军事法庭判处有期徒刑20年[2]，后来该犯被移送日本执行。他因曾在安徽芜湖及南京杀害我民众的重大罪行，经中国驻日本代表团交涉引渡来华。1948年12月10日，伊藤忠夫由中国驻日本代表团武官钱明年少校自东京押解抵达上海，送江湾战犯监狱收押。[3] 经过上海军事法庭侦查终结，1949年1月19日提起公诉。

---

[1] 有的资料也写成伊东忠夫，本书统一写成伊藤忠夫。
[2] 《杀害美飞行员案 八战犯昨宣判》，载《和平日报》1946年7月26日。
[3] 《日战犯伊藤忠夫自东京押解抵沪》，载《申报》1948年12月11日。

在侵华战争期间，伊藤忠夫随日本军队的铁蹄踏上了中华神州的土地，曾驻防台湾岛。当时京沪沿线各地相继沦陷，不少爱国人士从事游击活动，打击日本侵略者。1944年冬，国民政府军事委员会驻浦东的一支军队，由张为邦担任运输主任，奉派率领队员蒋序伦、姚汉民、姚兴舟、傅海根等24人，雇帆船往温州玉壶受训，不幸途中遇到暴风侵袭，加上帆船设施不好，该船犹如一片树叶般在大海上漂荡，后来该帆船漂抵台湾的大安港。该情况被日军发觉，蒋序伦、姚汉民等24名队员均遭俘，被解送台湾日军司令部。该部裁判所法务部伊藤忠夫及陆军大佐福田稔夫、陆军中尉太田武等对被捕者蒋序伦、姚汉民、姚兴舟、傅海根等20人竟擅自借军法会审的名义，以抗日罪判处死刑，于1945年8月2日，在台北水道町台湾军经理部西南方空地执行枪决。李世荣、庄根清二人则遭拘禁，幸免于难。直到日本投降，台湾光复后才被释放出狱。

1946年6月17日，李世荣向台湾警备司令部检举，伊藤忠夫被扣获，福田稔夫、太田武等人逃亡去向不明。在侦查期间，伊藤忠夫因另案解往上海，由美军军事法庭判处有期徒刑20年。后经上海军事法庭审理查证，伊藤忠夫在1945年间，曾在日本人控制下的台湾法务部充任中尉法务官，还在台湾临时军法处会审时担任裁判官等职。虽然他对于残害蒋序伦等20人的犯罪事实拒不承认，但是蒋序伦等20人在台湾被捕，如何移送军法处会审，如何判处死刑的情况，不但经同案生还者、被害人李世荣在台湾军事法庭审问战犯王瑞琪案卷内，指陈历历，记载详细；同时在该案卷宗内，也有伊藤忠夫当时在会审时署名盖章制作的审讯笔录及判决书，所以伊藤忠夫残害中国同胞的证据极为确凿，罪不可赦。

在上海军事法庭上，伊藤忠夫竟恬不知耻地辩称，"对于此案，事前事后我都不知情，宣判蒋序伦等20人死刑判决书上所盖的图章被部长所盗用"。这些话完全是空言狡辩。由张为邦担任运输主任的这

第二十二章　伊藤忠夫：被中美两个法庭判刑的日本战犯

支部队是国民政府军事委员会下属的抗日部队,其队员均具有军人身份,被日军俘虏后本应受到俘虏的待遇,伊藤忠夫等人竟将他们中的绝大多数人处死。被害人蒋序伦等系中途船遇暴风漂流到台湾,他们是海难的遇险者,按照国际惯例,各国公民都有义务帮助他们脱险,给予生活上的照顾。从另一角度说,蒋序伦等人航船的目的地为温州玉壶,而不是台湾,因遇到不可抗力而漂流到台湾。如果作为战俘,他们没有任何武装行为,也没有任何间谍行动,应该按照《日内瓦战俘公约》的规定妥善处理,不应该随意杀戮。伊藤忠夫身为法务官,学过法律,懂得法律,责在维护法纪,但是却知法违法,对蒋序伦等人施以酷刑,并加以屠杀,显然违反《海牙陆战规例》《日内瓦战俘公约》《战争罪犯审判条例》等有关条款的规定。

为此,上海军事法庭于1949年1月26日又一次开庭[1],宣判日本陆军大尉法务官、前日本台湾军司令部裁判所法务官伊藤忠夫,以共同杀人、杀害俘虏的罪行,判处无期徒刑。[2] 据目前可以查到的资料来看,这是民国时期,上海军事法庭,也是中国各军事法庭对日本战犯的最后一次有罪判决。

---

[1]《军事法庭迅速结案　今起审三日战犯》,载《申报》1949年1月26日。
[2]《伊藤忠夫长监　樱庭子郎无罪》,载《申报》1949年1月27日。

第二十三章

大寺敏、本田同：
虐待盟国侨民获刑的日本战犯

第二次世界大战期间，日本军队在上海从1938年起建立第一个集中营（徐汇战俘营），到1945年抗战结束时，共建有23座集中营。在押人员中包括有美国人、英国人、中国人在内的10多个国家的战俘与平民。按其关押对象来说，大体上可分为：上海侨民集中营、教会人员集中营、上海盟军战俘集中营和中国战俘集中营。所涉及空间涵盖今宝山、杨浦、虹口、静安、长宁、徐汇、黄浦、浦东等区域，其中位于徐汇、长宁两区的最多。这些集中营的旧址，不少至今还是上海标志性的机构、学校及医院，如提篮桥监狱、华东师范大学、上海中学、市西中学、上海社会科学院大楼、徐家汇藏书楼、411医院、杨浦区老年医院等。其中海防路俘虏收容所旧址位于静安区的海防路372号。该处最初由中国富裕阶层建造，大院里有两处大型建筑。因当时政局不稳，房屋的住户于1941年11月离开上海到外地安身。美国海军陆战队驻扎于此，一度为美国海军陆战队第4军团第2营的军营。太平洋战争爆发后，日本人独占租界，这里成了日本人的集中营。1942年11月5日清晨，日本宪兵逮捕了300多名盟国在沪侨民，他们身份地位显赫，因他们多与金融界、政界和商界领域的重要人物有关联，也被关入海防路。

第二十三章　大寺敏、本田同：虐待盟国侨民获刑的日本战犯

该收容所内关押了英国、美国、丹麦、比利时、希腊等国的 360 名外侨，年龄最小者 21 岁，最大者已 74 岁。日军危言耸听地称他们为"危险的战犯"。当时日军设置在四川北路崇明路口的大桥监狱盟军战俘营里，也有许多深受日本宪兵队打骂和侮辱的被拘押者。如今在英国伦敦帝国战争博物馆内，仍收藏着海防路俘虏收容所被囚禁人员签名的衬衫。

海防路俘虏收容所所长大寺敏（日本鹿儿岛人，时年 50 多岁），留着长长的白色八字胡须，战俘们称其为"八字胡汉克"。海防路俘虏收容所总务主任叫本田同（日本东京人，时年 30 多岁）。俘虏收容所的管理人员对被囚人员无情地克扣伙食，压低他们的伙食标准，使囚禁者长期处于饥饿或半饥饿状态。据知情者披露，一度收容所中在押 300 人的食品数量仅相当于普通居民 30 人的数量，即十分之一的数量，其饥饿程度可想而知。冬季关押人员的囚室毫无御寒设备。患病俘虏名义上住在医院，但对肺病患者不予隔离，致使传染扩散蔓延。该处邻近有一座军火库，当飞机空袭时，海防路俘虏收容所的管理人员不顾关押者的安全，仍然命令他们各就各位，不准他们散开避险，听任命运的摆布。国际红十字会送给海防路俘虏的包裹、粮食常被管理人员没收或私吞。日军管理人员对于被关押者常常殴打、虐待。各地或市内寄来的信件，常被日军管理人员私自禁毁及丢弃，如 1944 年曾有 20 封信被禁毁。更为可恨和不能容忍的是收容所对被关押者随意打骂虐待，同时还强迫他们强颜欢笑，向日军管理人员频繁敬礼。[1]

英国人苏达立，1921 年到达杭州，1928 年 10 月任杭州广济医院（今浙医二院前身）院长。1937—1942 年间，他带领着许多医务工作者为杭州百姓提供生命的避难所，积极救治从淞沪战场上撤退下来的伤兵，救护逃难至杭州的难民，被称为"杭州的拉贝"。1942 年 11 月 11

---

[1]《军事法庭大审日战犯》，载《中华时报》1946 年 11 月 19 日。

日苏达立被日军逮捕,次日被押送到上海海防路俘虏营监禁。据苏达立记载:"营犯中时常有人随时被宪兵提到总部诘问或被特别拘禁,时间从24小时到3个月不等。各国男女混杂,拥挤污秽,受尽凌辱和饥饿。"[1]

随着抗战胜利的天平越来越倾向中国,日军疯狂反扑,一方面抓紧构筑防御工事,另一方面将在上海日军集中营的外侨转移。转移之前,英国人苏达立医生、美国籍主教华德、荷兰人斯毕尔门等人年龄都已超过60岁,还有一些患病者。苏达立代表他们集体给收容所所长写了一封书面材料,主要内容是:按照有关规定,凡是患病者及超过60岁的老年人可以不必送往外地,应该留在上海。但是书面材料送交后,杳无音信,没有下文。1945年7月海防路收容所又将被关押的全体侨民运往河北丰台,仍由大寺敏等负责管理。移送时患病者及年老的俘虏均不能幸免留在上海。运送途中,火车拥挤,空气浑浊,没有座位,更没有睡觉的铺位,连续站立达96小时以上。更让人愤怒的是火车开了36个小时,即一天半以后,负责押送的人员才给被押送者每人一磅面包或饼干、两杯清水。当时天气炎热,加上车辆老旧,设施较差,车厢闷热异常。这些人员一路辛苦、一路颠簸来到丰台车站,但是该处离目的地还有一段路程,他们还需自己拿了行李负重步行,不少人因途中劳累而得病,身体受到损伤。如患有心脏病的克利森孙因体力不支而昏倒,还有患有脚病的斯密司来到收容所以后则昏厥不省人事。

丰台收容所的设备及食物更不卫生,大家居住的地方条件很差,100多人集中住在仓库里,空气窒息,光线昏暗,设备简陋,加上北方气候比较干燥,用水不便,食用杂粮,有的人水土不服,短期内无法适应,

---

[1]《医者苏达立》,见杭州市档案局与《钱江晚报》合办"历史的见证——杭州市抗日战争档案史料展"。

健康大受损害。丰台的收容地没有厕所,日军就在地上挖了一个坑,一半作小便池,另一半弄了几块木板作垫脚用,供人大便。此办法对年老及病人来说非常不适用,简直在折腾人。大便处苍蝇乱飞,常飞到食物上,传播疾病。在大家的抗议下,两个星期后,日军才开始建造比较正规的露天厕所。在丰台大约有百分之八十的人员生病。英国人苏达立随其他外侨被日军强行移送到丰台一个在日军严密军事管制防卫的,甚至连日军士兵都不允许阅读任何报纸的集中营,直到日本投降。

抗战胜利后,侨民向各国领事馆报告。海防路俘虏收容所所长大寺敏逃脱不了惩处,他在上海被战犯管理所扣留。本田同尽管脚下抹油,匆匆逃往北方躲避,但是仍被美军在天津捕获,解送上海军事法庭。他们两人因虐待战俘罪,由上海军事法庭侦讯后提起公诉。1946年11月18日,上海军事法庭对海防路俘虏收容所所长大寺敏、上海海防路俘虏收容所总务主任本田同因虐待战俘罪进行审讯。[1] 在一次庭审时,外国人宇特泼斯牧师到庭作证称,对于苏达立医生所提请患重病者和老人应留在上海不要外迁,是收容所内多数侨民的意思。本田同则推卸责任,说移迁丰台是执行日军第13军司令部的命令,出发前日本军医官曾对外迁人员做过身体检查,认为他们无碍外出,所以该责任属于医官。大寺敏、本田同均否认少给俘虏食粮,其他被控的罪行,他们也多含糊其辞。本田同、大寺敏的诡辩与推脱,解救不了他们的法律罪责。在法庭上有前被俘外侨金氏、希尔汤浦森、威灵柏尔格、佛莱特里克等10多人的报告及罪行调查表,还有证人希尔曼壁资及前华德路警察医院护士王纪生等到庭陈述。本田同、大寺敏违反《日内瓦战俘公约》,应予惩处。

---

[1]《两日战犯虐待俘虏 军事法庭提起公诉》,载《申报》1946年11月19日。

1947年5月17日，上海军事法庭开庭侦讯。[1]同年6月10日[2]、6月28日、7月5日，上海军事法庭又多次开庭审讯大寺敏及本田同。庭审期间，当年曾在该收容所中备受虐待的英美人士前工部局督察长华门等8人也出庭作证，揭露本田同、大寺敏的罪行。

1947年7月26日，上海军事法庭对大寺敏及本田同进行宣判。大寺敏的判决书主文为："大寺敏于作战期间，违反战争规例，对拘捕之盟国人民加以虐待，处有期徒刑7年。"本田同的判决书主文为："本田同于作战期间，违反战争规例，对拘捕之盟国人民加以虐待，处有期徒刑10年。"[3]后经国防部复核，认为"大寺敏及本田同对该管侨民的给养，还没有故意留难克扣的事情，其情节非不可悯"。改判大寺敏有期徒刑3年半，改判本田同有期徒刑4年。[4]

上海海防路俘房收容所虐待外侨案至此审理完毕，整个案件审理过程反映了日军在非法拘禁外侨中犯下的违反国际法的罪行。遗憾的是，在上海二十几个外国侨民集中营和拘留所中，只有这一个案件得到了审判。其他集中营由于战后侨民纷纷回国，没有人举报，因此大多数日本集中营管理者没有受到应有的惩处而逍遥法外。后来著名导演斯皮尔伯格的电影《太阳帝国》再现了当年外侨的悲惨遭遇，让人们永远不会忘记这段历史。[5]

---

[1]《两日战犯判决》，载《申报》1947年5月18日。
[2]《虐待盟国侨民　两日战犯受审》，载《申报》1947年6月11日。
[3]《大寺敏等三日战犯宣判》，载《申报》1947年7月27日。
[4] 李良等：《战犯审判实例之一》，《国际公法新问题》，1947年，第225—230页。
[5] 刘统：《大审判——国民政府处置日本战犯实录》，上海人民出版社2021年版，第812页。

上海日军战俘营内的美军战俘（摄于1942年1月23日）
——[日]西夫一夫编：《不许可写真》(2)，第189页。引自张宪文主编：《日本侵华图志》第12卷，山东画报出版社2005年版，第117页

第二十四章

冈部直三郎：病亡中国的侵华日军最高将领

一、冈部直三郎履历调查

冈部直三郎，日本广岛县人，生于1886年，1905年11月毕业于日本陆军士官学校第18期炮兵科，次年6月被授予炮兵下士军衔，开始在炮兵部队服役。1915年毕业于日本陆军大学第27期，晋升为炮兵中尉，毕业后以军事研究生身份出国留学，后在关东军供职。1927年12月任陆军大学教官，不久，晋升为炮兵大佐。1930年4月，调任关东军第1师团野战炮兵第2联队联队长，再次入侵中国东北。次年8月，奉命返回日本国内，任参谋本部炮兵监部员。1932年"一·二八"事变后，调任上海派遣军高级参谋。同年年底，回国任参谋本部演习课长。1934年晋升为陆军少将，任陆军大学研究部主事。1937年3月，任技术总务部部长，8月任职于华北方面军。此后，冈部直三郎辅佐方面军司令官寺内寿一大将，先后率日军入侵河北、察哈尔、山西、绥远、山东等省。在指挥作战的同时，冈部直三郎还不断加强特务活动，在天津专门设置了由其直接负责的特务部。在他的指挥下，特务部在天津、北平、河南、山西、山东等地成立了各种名目的伪自治政府、维持会、临时政府、防共政府等，拼凑傀儡政权，建立日伪统治。1937年11月冈部直三郎被晋升为陆军中将。次年7月，他调任驻东北齐齐哈尔的关东军第一师团师团长,大肆镇压黑龙江省民众的抗日武装斗争,并不断挑起中苏边境纠纷和武装冲突。1939年冈部直三郎转任驻蒙军司令官。上任后即组织冬季"扫荡",企图消灭涞源县南部的八路军,结果被八路军毙伤1500人,其部将阿部规秀被炸死。后来,冈部直三郎又与傅作义部交战,也遭到沉重打击。

1940年,冈部直三郎奉召回国,在参谋本部任职。1942年,调任军事参议官兼陆军大学校长。1943年2月,晋升为陆军大将。后相继担任关东军第三方面军司令官、华北方面军司令官、第六方面军司令官等职,指挥所部到处征伐,残杀中国人民。1944年11月,他接替冈村宁次任第六方面军司令官,在乘专机由南昌飞往广州抵达机场上空准备着陆时,遭到美军混合机群的袭击,其座机被击毁,人负重伤,命悬一线,差一点机毁人亡。[1]

二、江城武汉受降

1945年8月15日,日本宣布无条件投降。素有"九省通衢"的武汉三镇一片欢腾,广大市民欢呼雀跃。中国政府决定在汉口设立第8受降区,受降地点就设在武汉中心城区中山公园内。中山公园原系汉口地皮大王刘歆生的私人花园,建于20世纪初。1914年前后,刘歆生把该园送给湖北军政府的财政厅长李华堂。1927年汉口特别市政府将该园作为敌产没收,后经扩大改建为公园,两年后对外开放,称为中山公园。园内西北角一座平顶建筑,就是当年国民政府接受日本战犯投降的"受降堂"。它是一座长方形单层厅堂建筑,面积约350平方米。该堂始建于1942年,原名大众会堂,后称提襟馆、来甘馆、张公

---

[1] 张子申、薛春德编著:《走向神社的哀歌:日军毙命录》,解放军出版社1994年版,第242—245页。

祠。该建筑坐西朝东,大门上方有一块土黄色牌匾,上有孙蔚如手书"受降堂"三个大字。"受降堂"内分别悬挂着中、苏、英、美等反法西斯国家的国旗,一张长方形的会议桌摆放会场中央,上首一侧是出席受降仪式的华中地区总受降官孙蔚如等 5 位中方将领的座椅。武汉地区总受降官王敬玖、湖北省主席王东原(副司令长官)及各军师长、党政要员、地方耆宿、"民意"代表及美军顾问等 88 人出席了受降式。

1945 年 9 月 18 日下午 3 时,侵华日军第六方面军司令官冈部直三郎在参谋长中山贞武少将、高级参谋福栖静岛大佐、冈田芳政大佐、清水勋之大佐等 4 人陪同下,面带哀容走进"受降堂"。他们缓缓脱帽,向主席台上就座的中国政府代表孙蔚如将军(新中国成立后,他曾任山西省副省长)等鞠躬致敬。听取孙蔚如将军宣读中华民国第六战区长官司令部命令。孙蔚如对冈部直三郎微微点头,并亲自将一份《第六战区第一号命令》交给冈部。冈部双手接住,看完文件后,叹息一声,缓缓地提起毛笔,在砚台上捺了捺笔锋,无奈地在投降书上用中文签下自己的名字。冈部直三郎又苦涩地解下挂在腰间的军刀,举起双手呈送给孙蔚如的副官,再由副官转交给孙蔚如将军。这代表由他所率领的第六方面军的 21 万名日军向中国政府投降。随即,孙蔚如命令冈部直三郎等人退场,中方人员也在热烈的掌声中退席。这个庄严的瞬间只不过 10 分钟,却在历史的长河中留下了巨大的回响,凝固成不可磨灭的一段华章。受降仪式后,中国政府在受降堂旁立了一块纪念碑,告慰后人勿忘国耻。碑文简洁明了,全文如下:"中华民国三十四年九月十八日,蔚如奉命接受日本第六方面军司令部冈部直三郎大将率属二十一万签降如此。第六战区司令长官孙蔚如题。"(2017 年 6 月,我曾专程去武汉,参观并考察位于中山公园内已恢复的当年"受降堂"及受降堂边上的纪念碑。)

同年 9 月 22 日起,冈部直三郎向所属部队下达了缴械投降的命令,并将命令副本及其各部队番号、兵力、驻地、武器、装备等有关图表,呈报中国第六战区司令长官并请代为转告各受降部队。9月末至10月上旬,日军第六方面军全部解除了武装。武汉地区受降共接受日军战俘53 955人,收缴大小火炮140门,轻重机枪457挺,各种手枪587支,军刀550把,各种车辆300多辆,军马1 642匹,无线电机80台,军轮4艘,仓库及野战兵工厂100余座,军属医院9所,还有大批武器弹药和其他物资。[1]

此后,冈部直三郎被中国军队囚禁在珞珈山下风景秀丽的武汉大学内。不久,冈部在中国军队的押解下,乘长江轮船,顺水而下,于1946年8月6日转押至上海,关押在提篮桥监狱。由于提篮桥监狱建筑精良,交通便捷,狱政设施坚固,被有关当局确定为关押日本战犯的首选之地。

三、上海急疾毙命

1946年11月28日下午2点半,位于提篮桥监狱内的一幢高达8层、设有350个床位的监狱医院里,响起了一阵急促的电话铃声。"喂,我们这里有一名要犯,突发急病,情况紧急,迅速抢救!"不一会儿,医院里抬进一副军用担架,担架上躺着一个昏迷的日本人。看守人员告诉医生,这是一个要犯,必须尽力抢救。随即监狱医院处于紧急的工作之中。此人就是监狱在押的日本战犯陆军大将冈部直三郎。

11月28日,那天的天气不太正常,全天温差很大,气压低,让人心烦。下午2点半左右,冈部直三郎打开提包,在囚室内津津有味地吃着美式牛肉干,一边还隔着铁栅与看押他的看守人员拉家常,以便打发寂寞的铁窗生涯。过了一会儿,牢房里寂静无声。看守突然发觉冈部直三郎不讲话了,昏倒在地,知觉全无。看守一看情形不对,马上报

---

[1]《武汉市志·军事志》,武汉大学出版社1982年版,第450页。

告上级主管,并及时打电话通知监狱医院。医院接到电话,迅速派出医务人员来到关押日本战犯及嫌疑人的"十字楼"。监狱看守早已用钥匙打开囚室,帮处于昏迷状态中的冈部直三郎敞开衣领。医生马上对冈部进行病情检查和紧急抢救。经过抢救,病情略有好转。院方组织人员用担架把冈部直三郎抬到监狱医院的 2 楼病房观察治疗。

提篮桥监狱早在 1903 年启用时,就有一座 3 层楼高的小型医院,1932 年时拆去旧建筑,另在监狱东南角重建了一幢有 8 层楼高、配有电梯的 6 500 多平方米的新医院。尽管医院的建筑设施比较超前,但是当时医院医务力量不足,药品很少,医务人员不懂日语,院方生怕冈部直三郎生活上不便,经请示有关部门批准,破例叫来一起拘押在狱中的原杭州情报站的芝原平三郎等战犯,临时调到冈部身边,在生活上给予照料。监狱和监狱医院考虑到冈部直三郎是狱中的要犯,立即聘请上海的日本籍医生中山博士携带急救药前来监狱会诊。中山博士诊断后认为,冈部直三郎患的是脑血管类疾病,又是急性突发,虽然医院抢救及时,但是毕竟脑出血过多,且年龄偏大,恐怕性命难保,希望医院和监狱做好准备。

当晚 6 点 50 分(距发病 4 个多小时),接氧输液中的冈部直三郎病情突然恶化,气喘吁吁,大汗淋漓。中山博士亲自参加抢救,无济于事。7 点 15 分,这个在侵华战争中双手沾满中国人民鲜血的日本陆军大将,双眼一闭,一命呜呼。冈部直三郎个子不高,中等身材,须发斑白,身穿军服,死时仰面朝天,两手交叉于胸前。卒年 60 岁。[1]

第二天(11 月 29 日)早晨,冈部直三郎的尸体从提篮桥监狱医院运往胶州路上海验尸所检验,并对尸体拍照存档。地检处派出警官曹鸿缭前往验尸。呈报后由上海日本联络部领回,办理善后事宜。[2]

---

[1]《战犯冈部直三郎脑出血病死狱中》,载《新闻报》1946 年 11 月 30 日。
[2]《穷兵黩武之下场　敌酋冈部大将瘐死》,载《申报》1946 年 11 月 30 日。

第二十四章　冈部直三郎：病亡中国的侵华日军最高将领

1946年11月，《申报》《新闻报》《大公报》《民国日报》等报纸对冈部直三郎的死亡作了简要报道。《大公报》的标题为《一战犯病死　冈部在沪患脑溢血》。其报道十分简洁，全文摘录如下："前日驻湘鄂第六方面军司令官冈部直三郎，前经武汉行辕解沪审讯。28日下午2时，在监所内突患脑溢血症，当日晚上7时15分毙命。"侵华日军中国派遣军总司令官冈村宁次在《冈村宁次回忆录》一书中，直言不讳地记载："1946年11月28日，接到冈部大将在上海死于狱中的报告，不胜哀悼。"[1]

在侵华战争中，对中国人民犯下滔天罪行的侵华日军头目冈部直三郎大将，病亡在上海提篮桥监狱，这是他60年的生命终结。他如果不病亡于监狱，根据其所犯的罪行，也必将受到军事法庭的严厉审判，也许还有更可悲的下场。据查，冈部直三郎系抗战胜利后因病在狱中毙命的日军最高将领。[2]

---

[1]　[日]稻叶正夫编：《冈村宁次回忆录》，中华书局1981年版，第175页。
[2]　张子申、薛春德编著：《走向神社的哀歌：日军毙命录》，解放军出版社1994年版，第242页。

第二十五章

上海民众营救美军飞行员的前尘往事

抗战时期,美国志愿人员和空军援助中国人民抗击日军,飞机失事屡有发生。许多美国飞行员跳伞落地后,遭到日军追捕和虐杀。中国军民甘冒风险极力营救美国飞行员,绘出了一幅幅悲壮、动人的画卷。其中有的发生在外地,有的就发生在上海。

一、全力营救美军飞行员

1945年初,美国飞机对日军占领的上海机场、造船厂等军事目标和军工部门进行多次轰炸、扫射。1月21日,美军驻华第14航空队21战斗机队的26名飞行员驾驶野马式P51型飞机,从江西起飞对日军控制的龙华机场进行轮番扫射。对此日军也出动了空中、地面火力进行反击。其中一架美军飞机被日军击中,该飞机猛地一震,冒着浓烟,斜斜地直插地面。机内有2名美籍飞行员,其中一人丧身,另一人系22岁的美军中尉飞行员哈罗德·托勒特。飞行经验非常丰富的托勒特异常镇静,他知道飞机已被日军高射炮击中。此时飞机油箱已经起火,托勒特的面部、左手和右脚均已被灼伤。剧痛之下,托勒特被迫跳伞,降落在浦东三林塘临浦村薛家宅地方。飞机冒着黑烟坠落栽地。

三林塘临浦村薛家宅的许多乡民目睹了这一幕。保长薛和尚,村民薛雨亭、陆阿乔等人迅速赶了过去,共同参与营救美军飞行员。当时美军为便于中国军民识别,特地在飞行员的衣服后面,印上一面美国星条国旗;衣服前面则在胸下用中文印着白底黑字"我是美国飞行员"的字样。这样,飞行员跳伞降落就会被中国的老百姓辨认出来。托勒特见有中国民众过来,赶紧从衣服口袋里掏出一个红色小本子,上面写的是一些中英文对照的短句,用于在紧急时刻求救。然而,赶来的几个农民都不识字。托勒特非常着急,不停用手比画着求助。尽管语言沟通不畅,但几个村民还是带着托勒特离开了农田,躲到了距出事地点最近的陆阿乔家。薛和尚虽然担任保长,但有正义感,痛恨日本鬼子,能为百姓利益着想,所以见事态迫切,他急中生智,将托勒特身着的橡皮套等衣物埋入泥土之下,还藏好了托勒特的降落伞及有关物品,让他换上乡民的衣服、帽子和鞋子。几个村民给托勒特烧了开水,为其提供食物充饥。但陆阿乔家毕竟不能久留,薛和尚等人就领着托勒特躲到离村子两里地的瓜地窝棚里,还托人找了新四军淞沪支队的队员、三林塘上的米行老板吴进根。吴进根马上把托勒特转移到小圩村,并连夜将消息报给驻扎在南汇的新四军淞沪支队。薛和尚还告诉大家,一定要保守秘密,决不能把营救美军飞行员的事情透露出去,这关系到全村民众的生命安全。

第二天清晨,淞沪支队部分人员赶到托勒特藏身的地方,摇船通过水路,将托勒特转移到部队驻地。而后安全脱险回到美国,后来发生了许多很有影响的故事。

二、酷刑拷打 丧尽天良

美军飞机坠毁浦东三林塘的当天,日本宪兵队很快就赶到了现场,大肆搜索后只发现了一些飞机残骸,并没有找到美军飞行员踪迹。之后,日本兵找部分村民盘问,也没有得到任何线索。浦东日本宪兵队队长大野茂、宪兵队特高课班长久保江保治、杨思桥支队军曹片冈晃、杨思桥支队伍长大森满雄、东昌路分队军曹野间贞二、东昌路分队一等兵森下宗雄、东昌路分队军曹平田清一等一伙人，巡查数次仍然没有结果。

第二天，浦东日本宪兵队派出了大批便衣人员四处打听。村民十分小心谨慎，见到陌生面孔的人都不去与他们搭话，能回避的就尽量回避。第三天，日本宪兵开始来硬的了，在临浦村村头架起机枪，把村里百姓赶到一起，开始恐吓打骂，几个村民被倒吊在树上反复拷问。当时，一个新郎正巧来村里迎亲，被日本兵打得瘫在地上，只能坐着迎新娘的花轿回家。尽管这样，日本兵还是一无所获。此后几天，日军派出几个会讲浦东方言的便衣，潜伏在村口茶馆打听消息，并以金钱为诱饵。最终，两个贪财的村民中了圈套，向日本人提供了线索，讲出了知情人保长薛和尚和他的侄子薛镜如的名字。

1月27日，日本宪兵队久保江保治、野间贞二亲率宪兵，气势汹汹地再次来到临浦村薛家宅，抓走了薛和尚和薛镜如。那年，薛和尚50多岁，长得人高马大；薛镜如只有14岁。那天清晨，日本兵就把他俩带到位于东昌路的日本宪兵队队部，即"颍川小筑"，系建于1922年的富商陈桂春私宅。年纪尚幼的薛镜如被扔在牢房，薛和尚被日本人带进刑讯室，严刑拷打，要其交代被营救的美军飞行员的去向。薛和尚咬紧牙关，拒不回答。他深知，自己不只是保护美军飞行员，更要保护全村的乡亲们。如果日本兵知道村里人救了美国人，全村人都得遭殃。日本宪兵对薛和尚百般摧残，企图从薛和尚的口中获悉美军飞行员的去向。他们把薛和尚捆绑后悬吊起来，用棍棒、门闩、竹杠死命地敲打他的臀部、头部及四肢，致使薛和尚头骨开裂，右臂折断仅是皮肉相连，腿上及脸上亦伤痕累累，浑身衣衫破烂，血肉模糊，脸肿得连眼睛都睁不开。遭到一顿毒打后的薛和尚被日军押回牢房。晚上，薛和尚又被日本宪兵拉出去百般折磨，很晚的时候才送回牢房，身上没有一处好肉。他大口喘气,没法说话。薛和尚就这样被日本宪兵活活打死,含恨离世。

　　日本宪兵对薛和尚年仅 14 岁的侄子薛镜如也不放过。他们先用糖果、点心,甜言蜜语,企图诱骗其说出真相。由于没有获取他们任何所要的消息,就使用硬的一手,用棍子打,后用皮鞋踩踢他的大腿、小腿,使他遍体鳞伤,两腿肿粗如斗,仍然没有口供。日本宪兵还威逼薛镜如洗去其大伯、死者薛和尚脸上的血迹,并把尸体从东昌路日军宪兵队队部移往三官堂。日本宪兵看到实在问不出实情,就将薛镜如释放回家。与此同时,由日本宪兵队特高课班长久保江保治电话通知杨思桥支队军曹片冈晃,让薛氏家属到宪兵队队部将薛镜如接回家里。片冈晃交给薛和尚的胞弟薛泉根一张名片,要薛泉根前往三官堂认尸殓尸。薛泉根、薛泉云他们见到血肉模糊的大哥薛和尚泪如雨下,泣不成声。薛泉根等人在日本人淫威之下,只能把仇恨埋在心头,盼望报仇雪恨那一天的到来。

　　薛和尚家是一大家族,家中兄弟姐妹,亲属众多。而后,日本宪兵分别将薛和尚的胞弟薛泉云及亲属薛丫头、薛章东等押往宪兵队,除了对他们肆意毒打、棒击足踢外,又将薛泉云等双手反绑,悬吊屋梁,乱挥棒棍,打得遍体鳞伤。[1]

三、 日本战犯的审判与执行

　　1945 年 8 月日本投降后,中国各地组成军事法庭开始对日本战犯的拘押及审判。上海军事、政法机关号召受害人、知情者控告检举侵华日军的罪行。广大百姓闻悉后纷纷行动踊跃举报。被害人薛和尚的弟弟薛泉根首先出面,一吐苦水,并附呈死者薛和尚的 3 张照片,向

---

[1]《薛和尚见义勇为营救美飞行员　日宪兵下毒手》,载《申报》1946 年 5 月 14 日。

驻上海的国民政府第三方面军战俘管理处告发。紧接着有关部门于1946年2月9日将久保江保治等日本人逮捕,不久转解上海军事法庭侦查。军事法庭在侦查期内经证人薛泉云(死者薛和尚之胞弟)、薛炳祥(薛和尚之侄)、薛林根(薛和尚之子)及死者之侄女等人的供述,并带他们去沪西集中关押日军战犯、战俘嫌疑人的场所去指认参与此案的日本战犯。薛泉根等人当场指认出片冈晃、大森满雄、野间贞二、森下宗雄等人。这一伙人就是当时对三林塘临浦村薛家宅乡民实施拘捕及酷刑的人员。军事法庭即把片冈晃等人予以拘留侦讯。

1946年5月13日上午,上海军事法庭首次对薛和尚被害案的一批犯罪嫌疑人进行公审。军法官蒋保釐首先传讯时年33岁的前浦东日本宪兵队特高课班长久保江保治、浦东杨思桥支队军曹片冈晃、浦东杨思桥支队伍长大森满雄、浦东东昌路分队军曹野间贞二、东昌路分队一等兵森下宗雄、警务曹长世谷传造、军曹早原勋等7人(但其中涉案的浦东日本宪兵队长大野茂及东昌路分队军曹平田清一在逃)。法官在讯问了他们的姓名、年龄、籍贯等基本情况后,又分别讯问他们搜寻美籍飞行员、拘捕薛和尚并将其毒打致死的情况。久保江保治等言语支吾,大多不予正面答复,故意推诿责任,而且前后矛盾。久保江保治推说事情发生后,上海宪兵司令部命令调查,大野茂队长接到一份中文密信,说美飞行员是薛和尚所放掉,队长转信给他,他就让平田清一去抓薛和尚到案,询问时,薛说美军飞行员不知去向。后来宪兵司令再命令调查,又令片冈晃再去抓人,薛关在留置场三四天就死了,他没有参加毒打。

片冈晃称,此事由宪兵队东昌路分队办理,等到薛和尚死了,分队长来电话叫他通知薛的家属收尸。伍长大森满雄辩解说,薛和尚死亡时,他在南京没有在场,所以他不知情。军曹野间贞二说,他曾参与美军飞行员失踪的调查,不是单独行动,而是与平田清一、片冈晃等5人同去。一等兵森下宗雄说,他参与在浦东三林塘抓其他乡民,但并没有参与抓捕薛和尚。世谷传造的供述对薛和尚被害案的来龙去脉讲得比较详细,但否认自己参与。军曹早原勋承认他仅参加预谋抓人的会议,是平田清一具体操办抓薛和尚的,其他情况他不清楚。七个日本人互相推诿,避重就轻说了一通不着边际的话,并把许多要害之处推向已经逃跑、没有到庭的宪兵队队长大野茂和军曹平田清一身上。时间直到中午12点40分,首次庭审始告讯毕。[1]

同年6月6日下午2时,上海军事法庭再次提讯久保江保治、片冈晃、大森满雄、野间贞二、森下宗雄、早原勋、世谷传造等7人。他们依次站立。开庭后,首先由检察官顾永泉宣读起诉书,然后开始传证人。证人有薛镜如(死者薛和尚侄子)、薛泉根(死者胞弟)、薛泉云(死者胞弟)、薛毛囡(死者姐姐)、薛林根(死者儿子)、薛关媛(死者侄女)、薛炳祥(死者侄子)、薛丫头(死者亲属)等8人。庭长逐一审问各日本战犯,他们均矢口否认犯有拷打及虐杀薛和尚及其亲属的行为。对此,法庭让这8个证人对受审的日本人当庭指证。他们指认野间贞二、片冈晃、早原勋等是实施酷刑及拘捕薛和尚的凶犯。不少人还当场陈述自己遭日本人毒打的事实。在确凿证据面前,受审的日本人,有的俯首无话,有的还狡辩掩饰,野间贞二还故意给法庭出难题,希望将逃跑在外的宪兵队队长大野茂及当事人平田清一捉拿归案以明真相。法庭宣布退庭,被告还押,择期再行审理。[2]

由于薛和尚被害案涉及当事人、证人众多,案情比较复杂,经法庭反复调查开庭,一年以后,即1947年10月27日,上海军事法庭开庭宣判:浦东东昌路日宪兵队特高课班长久保江保治死刑,军曹野间贞二死刑,暂押提篮桥监狱关押。对事出有因但证据不足涉及该案的片冈晃、大森满雄、森下宗雄、世谷传造、早原勋判决无罪,当庭释放。

---

[1]《殴毙薛和尚案 日战犯首次公审》,载《申报》1946年5月14日。
[2]《虐杀薛和尚案 七日犯态度可恶》,载《申报》1946年6月7日。

四、两战犯毙命提篮桥

久保江保治、野间贞二两人的死刑执行书,报经国防部审批,国民政府主席1948年3月11日寅真代电核准执行。正在外出差的上海军事法庭庭长石美瑜奉令后,马上从南京赶回上海布置工作。15日上午11时,上海军事法庭检察官徐乃堃偕通译官王仁明、主任书记官施泳、书记官王成华,并武装宪兵一班,前往提篮桥监狱,设置公案,提押久保江保治、野间贞二两战犯。石美瑜庭长亲自到场监察行刑,国防部战犯监狱第二科中校副科长张品之,提篮桥监狱总务、警卫、作业课人员以及上海高等法院看守所的职员、警察,依序站立两旁,各报摄影记者大都聚精会神拍摄执行的情形。

11时55分,法庭将两名日本战犯提至监狱钥匙间盖指纹。久保江保治在前,野间贞二跟随在后。钥匙间警卫森严,久保江保治神色正常,野间贞二则东张西望,仓皇失色。他们被提到监狱二大门外临时公案前站定,由徐乃堃检察官验明正身,问明姓名、年龄、籍贯等情况后,宣布:"今奉国防部令要对你们执行死刑,你们有无遗言,是否需要书写遗书?"两犯均点头,并请求提供纸张、钢笔及两支香烟。同时还向在场战犯监狱的训导主任深致谢意:"蒙你的照应和训导,我们很感谢,现在我要去了,中国的官长待我们很好,我们永远不会忘记的,我们的死,不是因犯罪而死,我们不承认有罪,我们是为了国家而牺牲的。"

检察官命他们坐在长凳上在小桌前写遗书,久保江保治、野间贞二嘴里吸着纸烟,手不停地疾书。久保江保治戴了一顶黑丝绒的瓜皮小帽,身上还穿了军大衣,被一位青年军官注意到。久保江保治只得听从命令,将大衣脱下,继续书写遗书。大约吸了两支烟的工夫,遗书写毕。久保江保治写了三份遗书,一致其长官十川次郎中将,一致原宪兵队同伙早原勋,一致其父久保清太郎。野间贞二则写了四份遗书,第一份致十川次郎中将,第二份致原宪兵队军曹早原勋,第三份致其兄妹二人,第四份致其朋友某人。这些遗书所表达的主要意思是,马上要执行死刑了,这不是我个人的罪恶,而是日本战败的结果,还希望将头发和遗书都寄回日本。

遗书写完,野间贞二感到口渴,他用中国话说要求喝水,并说这里如没有热水就是冷水也行。经法官同意,法警拿来了盛满水的杯子,满足了他临死前这一特殊要求。久保江保治、野间贞二重新戴上手铐,他们两人被押往监狱刑场,分别坐在行刑椅上。宪兵第9团第2营第5连分队长邓德昌、中士班长任坤祥是今天对两个日本战犯枪决的执行者,他们分别瞄准战犯的头颅发枪,"砰、砰"两声,两个战犯应声倒地,愤怒的子弹都从他们的后脑进,前脑出。两人的细微之处略有不同,久保江保治左鼻流血,有血洞,子弹即由洞口出,右眼张开,嘴巴半张,露出一颗金牙;野间贞二鼻梁上、右眼下有一枪洞,子弹由该处出,血流满身。时间为中午12时45分。两具尸体经过拍摄照片留存归档后,盖上白布,由日侨联络部派人收殓。[1]

五、幸运的托勒特

22岁的托勒特出生于美国阿肯色州,父亲以修配汽车、无线电等零件为业,他是家中独子,大学里学的是机械工程。1943年他参加了援华空军志愿队,经过训练,次年11月来中国作战。在参加第13次飞行作战的时候,被日军炮火击落。

托勒特被浦东三林塘薛家宅的乡民营救,随淞沪支队生活了一周

---

[1]《两日战犯在沪处死》,载《中央日报》1948年3月16日。《两日本战犯昨枪决》,载《申报》1948年3月16日。

以后,支队部将他送往新四军浙东纵队司令部。离别之前,托勒特把自己一支崭新的柯尔特小手枪和一张印在绸布上的飞行航空图送给支队长朱亚民;朱亚民把腰里的一把毛瑟枪送给托勒特留作纪念。托勒特又把一只夜光指南针和一把匕首送给懂英语并与之交流的支队干部金子明。[1] 在指战员的护送下,托勒特乘船从南汇的一个海角下海,渡过杭州湾,1月28日晚安全抵达设在浙江四明山区梁弄的浙东纵队司令部。经过多月的医疗和休养,托勒特完全恢复了健康。在新四军为他准备的欢送会上,托勒特激动地说:"我十分感谢你们把我从敌人的包围中救了出来,现在又要护送我回去。我很希望能再和你们见面!"最后,他还情不自禁地喊了一声:"上帝祝福新四军!"

上海人民救助美国飞行员这件事,在当时影响很大。托勒特回到自己所在的美军部队后,将自己被中国乡民和新四军救护的事情传播开来,许多人知道了中国人民的善良勇敢,中国共产党的抗日决心与能力。第二次世界大战结束后托勒特退役,给某公司老板当试飞员,后因飞机失事不幸亡故。1949年10月新中国成立后,托勒特的妻子曾来过中国,对当年上海人民及新四军部队救助托勒特一事表示感谢。这段真实的事情,在1980年被珠江电影制片厂改编拍摄成电影故事片《一个美国飞行员》。不过主角的名字由托勒特改为爱卜斯坦。该片由范若由编剧,王为一、王毅执导,演员是吴竞、张勤道、李世玺、刘振国、王孝忠等。该片的故事梗概:抗战时期被日寇追赶的美国飞行员爱卜斯坦到赵大妈和儿媳陈英娣家躲藏。陈英娣将他带到游击队,爱卜斯坦却私自跑到忠义救国军那里。不料被忠义救国军司令杨得彪出卖给了日本人。几经曲折游击队战士身负重伤救出爱卜斯坦,并把他送出日军的关卡,在上海机场,爱卜斯坦终于同朋友们相会。

---

[1] 朱亚明:《我与浦东抗日游击队——忆淞沪支队逐鹿浦江两岸》,上海人民出版社1996年版,第199页。

1981年3月,中国电影出版社曾以该片内容出版电影连环画册,第一版发行87万册。

近年,由浙江天鹏传媒公司和淳安千岛湖旅游集团联合出品了电影故事片《烽火芳菲》,由丹麦比利·奥古斯特执导,刘亦菲等主演。影片以"二战"期间的真实故事为创作原型,讲述了美国飞行员在执行任务中因燃油耗尽迫降在中国浙江沿海,被中国女子救助后所发生的故事。她与《一个美国飞行员》有相似的历史背景,不过该片则由外国人编剧和导演,不少外国人参演。

美军法庭篇

第二十六章

日本战犯在华第一审

一、提篮桥监狱开设法庭审判日本战犯

根据1943年12月1日的《开罗宣言》、1945年7月26日的《波茨坦公告》、1945年9月2日的《日本投降书》和1945年12月26日的《莫斯科会议协议》等文件的规定,盟国驻日本最高统帅麦克阿瑟于1946年1月19日发布了设置远东国际军事法庭的命令。同年初,由中国、美国、英国、苏联、法国、加拿大、新西兰、澳大利亚、荷兰、印度、菲律宾等共11个国家各派选法官和检察官组成远东国际军事法庭。根据远东国际军事法庭条例,甲级战犯(又称A级战犯,发动战争的谋议者)由国际军事法庭审判,乙级战犯(又称B级战犯,战时屠杀行为指挥者)、丙级战犯(又称C级战犯,屠杀行为的实施者)由受害国和其他国家组成军事法庭分别进行审判。

1946年初,美国中国战区参谋长兼驻华美军总司令官魏德迈将军奉命在中国上海组建美军军事法庭(又称美军审判委员会),审判日本军队在中国大陆和台湾地区杀害美国空军被俘人员的有关案件。[1]美军军事法庭就设在提篮桥监狱内"十字楼"的2楼和6楼。2楼的法

---

[1]《审讯在沪日战犯 魏德迈奉令设军法庭》,载天津《大公报》1946年1月23日。

庭正面设 5 个法官坐椅,两侧坐记录员和翻译,记录员后为几十个座的记者席,翻译席后为受审日本战犯席。法官对面,一面为检察官,一面为律师席。

1946 年 1 月 24 日上午,美军军事法庭在此开庭审判日本战犯。军事法庭的法官、检察官、律师、翻译、记录员等全部由美军军官担任。法官以美国米都顿准将为首组成,其他审判官还有史冰克上校、奥斯特上校、加度上校、米撒上校等,检察官由韦斯德中校、杰拉德上尉等担任。被告律师由哈金斯中校、蓝文少校担任。[1]

10 点整,法庭宣布开庭。先后由记录员、翻译员、法官、检察官和律师分别起立宣誓,然后由检察官宣读起诉书。18 名被告均是日本战犯,他们分别是侵华日军第 34 军参谋长镝木正隆少将,日本汉口宪兵队司令福本龟治大佐,少佐酒井定次,大尉小阪庆助,准尉藤井勉,曹长增井昌三、久松稔,军曹山口久吉、冢田孝吉、竹内义幸、藤井顺一、增田耕一,兵长水田胜、白川与三郎,上等兵西川正治,汉口日本领事馆职员真锅良一、滨田正平,翻译加藤匠等 18 名。这 18 名受审的日本战犯被控罪名为 1944 年 12 月 16 日于汉口违背国际战争法规虐待美军战俘,强迫战俘游街,令路人侮辱并以拳棍加诸 3 名美军俘虏,而后将此 3 人绞死。宣读起诉书时,18 名战犯均兀坐静听,面无表情,唯藤井准尉面呈忧虑恐怖的神色。[2]

首犯镝木正隆,1897 年生于日本石川,先后毕业于陆军士官学校及陆军大学,1920 年底开始军事生涯,1938 年 8 月来到中国。在华期间,他曾历任日军驻蒙军高级参谋、第 11 军参谋、第 34 军参谋长,协助司令官指挥日军在各地进行"扫荡"作战,指挥部下残杀中国军民。1945 年 3 月晋升少将。6 月奉调回日本,任第二总军第 55 军参谋长。

---

[1]《上海美军今日开审日战犯》,载《中央日报》1946 年 1 月 24 日。《日战犯十八名今晨首次提审》,载《华美晚报》1946 年 1 月 24 日。

[2]《杀害美飞行员的刽子手 日战犯十八名初审记》,载《和平日报》1946 年 1 月 25 日。

同年 8 月,日本宣布无条件投降后,镝木作为战犯被引渡到中国,关押在提篮桥监狱。[1]

1946 年 1 月 24 日,美军军事法庭在上海开庭审判日本战犯,是抗战胜利后中国境内对日本战犯的首次审判,自然引起了社会各界的广泛关注,《中央日报》等新闻媒体都在显要位置刊发了消息。[2]

二、控辩双方激烈的法庭调查

2 月 1 日和 3 日,美军军事法庭又两次在提篮桥监狱公开审讯镝木正隆等人。[3] 11 日上午,美军军事法庭第 4 次在提篮桥监狱公开审讯镝木正隆等 18 名日本战犯。[4] 法庭上除了原来可到庭旁听的 60 名新闻记者外,又增设了 100 个旁听席,并于当日早晨在监狱外发放旁听证,任何人均可领取,发完为止。除摄影记者外,其他人员不得拍摄照片。[5] 2 月 18 日的庭审,美国空军飞虎队原司令陈纳德将军也到庭旁听。这更引起了旁听人的兴趣,军事法庭在法庭上特地为陈纳德设立了首席旁听席。[6]

针对美军的审判权问题,被告的辩护律师曾在法庭上对美军在华设立军事法庭审讯日本战犯的合法性问题提出质疑,认为中国今已取消各国在华治外法权,美军并没有占领中国境内的土地,所以美军在

---

[1] 张子申、薛春德编著:《走向神社的哀歌:日军毙命录》,解放军出版社 1994 年版,第 229—230 页。
[2] 《上海美军今开审日战犯》,载《中央日报》1946 年 1 月 24 日。《审讯在华日战犯 美军在沪首次举行》,载《北平新报》1946 年 1 月 26 日。
[3] 《美军审判委员会今再审日战犯》,载《文汇报》1946 年 2 月 1 日。《沪美军主持再审日战犯》,载《中央日报》1946 年 2 月 3 日。
[4] 《四审日战犯 今正式开庭辩论》,载《民国日报》1946 年 2 月 11 日。
[5] 《汉口日战争犯 明晨公开审讯》,载《华美晚报》1946 年 2 月 10 日。
[6] 《今日审讯日战犯 陈纳德参与旁听》,载《和平日报》1946 年 2 月 18 日。《今日续审日战犯 陈纳德前往听审》,载《中美日报》1946 年 2 月 18 日。

华设立军事法庭毫无法律根据,更无权在华自行审判战犯。检察官韦斯德中校认为战后审判日本战犯是人心所向,没有地域之分,无论何时何地、任何国家均可执行,而且中国政府对此并没有表示反对。而美军总司令部在此设立的军事法庭乃受命于太平洋战区联合委员会。这种情况在菲律宾、日本及德国都同样通行。美军法庭支持检察官的发言,驳回了被告辩护律师的问话。[1] 按原计划进行审讯。

据法庭调查,1944年11月21日,美国一架飞机在汉口上空被日本军队击落,3名美军飞行员被日军捕获,受到百般折磨。日军将他们游街示众,后于12月16日在火葬场用麻绳将他们绞死,其中两人当场死亡,另一人未断气,日军又一次勒紧麻绳将其勒死,直接在火葬场焚化。

在历次开庭审理中,调查此案的美军蒙乃可少校、伯斯丁上尉及目睹美军飞行员被害的中国汉口乡民杨德有,汉口火葬场张家元、宋文通等人作了如实的陈述。杨德有家住汉口火葬场边上,他亲眼看到日军对3名美军人员百般折磨。张家元系汉口火葬场的门卫兼花匠,工作多年,他在1944年12月16日,看到满脸血迹、双手被捆痛苦呻吟的3名美军,由日本宪兵用卡车送到火葬场。那时日军还对3名美军不停地拷打。然后日军强迫他开炉烧火,对这3人进行火化。第二天早上,日军要求他将这3人的骨灰抛弃。但是当时他多了个心眼,与勤杂工宋文通一起把这3人骨灰及没有烧尽的杂物用油纸包好,在附近秘密挖坑埋藏,密不告人。抗战胜利后,美国人到汉口调查被害3名飞行员的遗骨时,张家元就把骨灰挖出交给他们。法庭又让美军中尉卑斯出庭。卑斯系抗战胜利奉命去寻找3名美军飞行员的调查人员。当时他从汉口火葬场张家元手中拿到被害3名飞行员的一包遗骨,其中还有这3名美军的金属纽扣、牙齿等物。接着法庭又让汉

---

[1]《美军续审日战犯　双方有激烈辩论》,载《申报》1946年2月13日。

第二十六章　日本战犯在华第一审

口火葬场勤杂工宋文通到庭,宋文通的供词基本与张家元相同。

残害美军飞行员暴行事件涉及不少人,其中首先下达命令处死 3 名美军的是驻汉口的日军第 34 军军长佐野忠义中将,他是日本静冈县人,1945 年 7 月病亡于日本仙台(系国民政府战争处理委员会于 1947 年 7 月公布的 261 名日本重要战犯之一)。还有潜逃在外的军部情报部泉毅一中尉、日本驻汉口特务通讯员田云中尉等。案发后美军调查时逮捕了嫌疑人 19 名。其中一名重要当事人系汉口日本宪兵分部队长服部守次大佐,他被捕后,因病由美军批准住院治疗。他自知罪行重大,再加上身体不好,已于 1945 年 11 月 23 日畏罪服毒自杀。但是他自杀之前,写了一封遗书,把残害美军飞行员的一切罪行都揽在自己身上。

身任侵华日军第 34 军参谋长的镝木正隆少将系该案的首犯。日本宣布无条件投降后,他被从东京引渡到中国关押在提篮桥监狱。被告辩护律师哈金斯准备减轻他的罪名,但检察官韦斯德极力为死者伸冤,于是法庭之间舌战时起。哈金斯举出两点:一是各犯为执行上峰命令,不得逆上峰之意;二是以尽军人天职。

法庭首先传镝木正隆出庭提取口供。他狡辩多端,有时说"不记得",有时说"不知道",有时又说"我没有做过的"。企图逃避法律的追究。法庭又传汉口宪兵司令福本龟治大佐到庭问话。福本时年 52 岁,头发斑白,自称对游行的事情不赞成,但只奉命派宪兵出动合作,而派宪兵合作有三点理由:一、为保护美飞行员;二、为预防他们逃脱或自杀;三、军令如山,不可违抗。"我们是执行第 34 军长官佐野忠义中将的命令,还有宪兵总司令服部守次的话为证。他让我们不必担忧,一切由他负责。"

法庭再传酒井定次问话。酒井定次,时年 50 岁,农夫出身,从军服役 30 年,有儿女 6 人。酒井定次称,杀害美军飞行员之事发生后,接军部情报部泉毅一中尉(在逃)的报告,才知道这件事,当时日军以为可以借此游行机会大肆宣传,称日本人已打落美国飞机,同时可平汉口人民之愤。他当时曾与福本龟治谈及此事,福本说此事怕会有麻烦,既是命令,只好执行,"我毫无办法"。韦斯德中校问:"参加杀害美飞行员之人,是否由你派遣?"答:"是的,但只指派一人,并未指出具体人员。"酒井定次并不承认在纸上签字,其口供与以上二人大同小异。

自1946年1月24日开庭审讯,到2月26日,美军军事法庭对镝木等18人的审判,一直没有停歇,就连2月22日美国总统华盛顿诞生纪念日,法庭也不休庭。通过传唤证人、调查证据、讯问被告、法庭辩论等各项活动,审讯工作告一段落。

三、对日本战犯的宣判

2月28日上午8时半,法庭继续审理此18名日本战犯案。军事法庭法官米都顿准将、史冰克上校、奥斯特上校、加度上校、米撒上校,检察官韦斯德中校、杰拉德上尉,被告辩护律师哈金斯中校、蓝文少校均已来到提篮桥监狱的审判庭。他们在会议室开了一个碰头会。9点半正式开庭,18名战犯均按序在第二排位子上就座,他们显得非常紧张,空气似乎凝固,都等待着决定生命时刻的到来。美军军事法庭由米都顿准将宣读判词。[1] 各战犯的罪行主要有两项:一、虐待美飞行员3人,迫使游街示众;二、残害美飞行员3人,置他们于死地。米都顿以洪亮的语音宣读完毕后,再由美军上尉翻译用日语向各战犯翻译。

48岁戴近视眼镜、身穿半新旧皱纹哔叽军装的镝木正隆系第一个判处的对象。当主审官宣判时,他应声起立。随着主审官宣布"镝木

---

[1]《宣读判决书时　法庭空气紧张》,载《华美晚报》1946年2月8日。

正隆犯第一、第二项罪行,判处绞刑",镝木正隆露出了深藏内心的恐惧,面目发紫,随即坐下。当宣布藤井勉准尉绞刑时,藤井勉近乎精神崩溃,颓废万分,叹气而坐。接着法庭又宣判增井昌三、增田耕一、白川与三郎等3人死刑。判处福本龟治无期徒刑。判处酒井定次有期徒刑20年。判处久松稔、山口久吉、西川正治有期徒刑15年。判处冢田孝吉、竹内义幸、藤井顺一有期徒刑12年,判处小阪庆助、真锅良一有期徒刑3年,判处加藤匠有期徒刑2年,判处水田胜有期徒刑1年半,宣判滨田正平无罪释放。[1] 后来经魏德迈批准,军事法庭把原判有期徒刑12年的冢田孝吉、竹内义幸、藤井顺一等3人,改判各有期徒刑6年。[2]

四、对日本战犯处绞刑

由于1944年12月3名被俘的美国飞行员由日本人执行绞刑而死亡,这次美军军事法庭也采用绞刑的方式来执行这5名日本战犯的死刑。绞刑的执行场所位于审判日本战犯的这幢大楼的3楼。这座绞刑房面积18平方米左右,长5步多,宽3步有余,三面环壁,一面开有两扇气窗。绞刑房地板中间有一个约1.8平方米的长方形孔,两侧各安装一块活动地板,活动地板正上方天花板上装着一个绞架,墙壁四角顶端装有四只电灯。这座绞刑房建于1934年,1936年8月30日第一次启用是对一名印度籍杀人犯执行绞刑,平时极少使用。现在一下子对5名日本战犯处以绞刑,这在提篮桥监狱历史上是绝无仅有的。

1946年4月22日(星期一)上午8时,被美军军事法庭宣判死刑的镝木正隆等5名日本战犯被美军宪兵用绳索反绑双手,押解到该大

---

[1]《穷凶极恶亦有今日　日战犯昨日宣判》,载《文汇报》1946年3月1日。《日本战犯十八名判决　五犯处绞刑》,载《申报》1946年3月1日。
[2]《魏德迈批准　日战犯处死》,载《大公报》1946年4月5日。

楼3楼一个与绞刑房相连的房间内,由美军翻译汉姆上尉用日语简要地宣读了他们的主要罪状,并严肃宣布今天将对他们执行绞刑。汉姆上尉询问他们,还有什么话要交代?镝木等4人脸色苍白,神色镇静,均摇头不语。只有军曹增井昌三苦笑了一下,慢条斯理地说:"我早知有今日下场,事先已把遗书写好,日期签署的是4月20日。今天是4月22日,请求你们把遗书上的日期改为4月22日。"汉姆上尉点了点头,干脆地回答:"放心,可以办到。"[1]

在处以绞刑的5名日本战犯中,只有增井昌三过去在教会学校读过书,故而比其他4个人考虑问题更周到,死到临头时,还想到日期的精确性。这5个人中,只有他一个人信奉天主教,所以美军军事法庭事先请来了上海的西班牙籍天主教神父江柴拉士在行刑前为他洗礼。同时,美军军事法庭也请来了上海寺庙里的僧侣为镝木正隆等4人诵经超度。

8点一刻左右,美军军事法庭按照被执行人军衔的高低,根据从大到小的顺序,把少将军衔的镝木正隆首先押进绞刑房。宪兵先用绳索把其脚扎住,然后用黑布大口袋把整个头部罩住,再用绞架上的绳索扎紧其颈部。镝木正隆站在活动地板上,随着监刑官一声口令,闸门一推,"轰"的一声活动地板向两侧分开,镝木正隆就双脚悬空,整个身体被颈中的绳索死死地吊挂在房顶的绞架上,瞬间窒息而亡。随后,其尸体通过3楼、2楼的方孔,用绳索吊入下面的停尸房。接着准尉藤井勉,上等兵白川与三郎,曹长增井昌三、增田耕一相继入室就刑。他们的尸体经过法医验尸后焚化。曾任美军统帅和后任美国总统艾森豪威尔私人卫士的巴萨克中尉是该次对5名战犯实施绞刑的执行者。现场监刑者和证人有美军韦斯德上校,美新闻联络组凯脱中校,美军法庭法官威林斯少校、加蓝特上尉以及美国宪兵5人。其他无关人员

---

[1]《日本战犯五名昨绞决　在提篮桥监狱内执行》,载《前线日报》1946年4月23日。

和新闻记者一律禁止入内,谢绝参观和采访。[1] 镝木正隆等5人被执行绞刑的实况全程还被美军拍摄了纪录影片及系列照片。尽管岁月流逝,但是该绞刑房却保留至今,位于1999年12月建成开放的上海监狱陈列馆的3楼。

侵华日军中国派遣军总司令冈村宁次当得知台湾总督安藤利吉自杀死亡及部下镝木正隆等5人被处死的消息,十分不安,感到这也将是自己的归宿,在其日记中记下了以下文字:"安藤是我的同窗好友,镝木乃是我熟知的旧部下,开始听到他的死讯不胜哀悼。然而,余今同情他人,他日余也不免,对于死之感觉已麻木矣。""在停战初期,我自忖不仅判为战犯,且死刑也在所难免。"[2]

---

[1]《日战犯五名昨晨执行绞刑》,载《和平日报》1946年4月23日。《汉口暴行案要犯五人 昨在沪依法处死》,载《大公报》1946年4月23日。
[2] [日]稻叶正夫编:《冈村宁次回忆录》,中华书局1981年版。

1945年10月26日,参加台湾省受降典礼的中方代表在会后合影
——杨克林、曹红编著:《世界抗日战争图志》下册,上海画报出版社2005年版,第1641页

第二十七章

安藤利吉: 在狱中服毒自杀的末任台湾总督

一、末任台湾总督投降签字

俯视中华大地,台湾宝岛像一片芭蕉叶,漂浮在东海之上,在碧蓝色的海水衬托下,显得格外的翠绿。台湾物产丰富,景色宜人,被称为"中华宝岛"。16世纪中叶到17世纪初,日本倭寇频频对其侵犯。明代荷兰殖民者又接踵而至。1874年,日本派兵入侵台湾,进行扩张试探。1895年中日《马关条约》签订以后,日本将辽东半岛、台湾岛和澎湖列岛从中国的版图上分割出去,成为祖国母亲身上血淋淋的伤口。历史资料记载,从1895年清政府割台湾到1945年日本投降,台湾同胞共牺牲65万人。日本政府先后派19任总督到台湾。桦山资纪和安藤利吉分别为日本驻台湾地区的首任总督和末任总督。台湾总督集行政、司法、军务于一身,是台湾地区的"太上皇"。这19任总督整整统治台湾50年,使台湾人民处在水深火热之中。

第二次世界大战取得决定性胜利后,中、美、英三国首脑于1943年11月下旬在开罗举行会议。会后发表了《开罗宣言》,明确规定日本强占的中国领土,如东北地区、台湾和澎湖列岛等归还中国。1945年8月15日,裕仁天皇正式宣布日本投降。8月29日,福建省主席陈仪被国民政府任命为台湾省行政长官。不久他还兼任台湾警备总司令。经过多日准备,国民政府直属各机构驻台人员及部分驻防部队,分别乘坐 30 多艘军舰和 10 多架飞机,浩浩荡荡分批抵达台湾,受到台湾父老和各界人士的热烈欢迎。

日本投降的消息传到台湾,安藤利吉等人并不服输,认为日本驻台湾还有第 10 方面军的陆军 5 个师团、6 个独立混成旅团、1 个飞行师团及海军等,共计 10 多万人。而且日本人在台湾经营了半个世纪,可以将台湾变成第二个"满洲"。他授意部分军官,串联台湾部分汉奸发动所谓"台湾独立自治运动",企图作为日本振兴的海外基地。但是,安藤利吉的设想及举动真是白日做梦,螳臂当车。

10 月 25 日,中国战区台湾省受降典礼在台北公会堂(今称中山堂)举行。礼堂布置庄严,讲台中央高悬孙中山先生画像、"和平永奠" 4 个大字以及象征胜利的"V"字标志。上午 9 时 50 分,身着戎装的台湾省行政长官陈仪等精神抖擞地进入会场。美国陆海军军官及台湾地方知名人士和部分新闻记者等共 250 人出席了会议。两分钟后,面带哀容的 4 名日方投降代表、台湾总督兼第 10 方面军司令安藤利吉大将、日军第 10 方面军参谋长谏山春树中将等向陈仪等行礼后入场,在一边等候,听从传唤。

10 时整,受降典礼正式开始。陈仪发布第一号命令:本官为台湾受降主官,兹以第一号命令交予日本台湾总督兼第 10 方面军司令官安藤利吉将军受领,希即遵照办理。还命令安藤利吉即日起取消所有职衔,改称"台湾地区日军官兵善后联络部部长",受陈仪指挥。中国一切现行法律适用于台湾,日据时期颁行的法律、法令一律废止。陈仪把"日本受降书"通过助手转交安藤利吉。安藤拿起"受降书"粗粗地看了一看,提起毛笔,在"受降书"上工工整整地签上自己的名字,盖上印章后,通过助手呈交给陈仪。接着,安藤向陈仪等脱帽鞠躬行礼,解下所佩军刀,通过谏山春树等人转呈给陈仪将军,以示驻台湾 16 万日军缴械投降。陈仪将军对受降书审阅无误后,郑重地指出,日本

台湾受降签字堂
——翻拍于四川大邑"建川博物馆群落"抗战馆

政府已接受《波茨坦公告》的各项规定无条件投降,按照规定,台湾和澎湖列岛应交还中国,所有日本在台湾的政府、军队交出政权、武器,听候处理,命令日方代表退席。昔日趾高气扬的安藤利吉、谏山春树等日本军官,垂头丧气地退出会场。

接着,陈仪以台湾省行政长官身份,代表中国政府通过广播电台向台湾和全世界庄严宣告:自即日起,台湾及澎湖列岛正式重入中国版图,所有一切土地、人民、政事,皆已置于中国政府主权之下,本人奉命特向中国同胞及全世界报告周知。受降仪式结束后的当天下午,台湾各界在公会堂隆重举行庆祝大会,欢庆回归祖国(此后10月25日被定为"台湾光复节")。当晚,台湾各地一派喜气洋洋,到处张灯结彩,爆竹喧天,通宵欢庆。许多人家还点香燃烛祭祀祖宗,将此喜讯告慰先人。第二天,台北各界群众数万人,意犹未尽,再度聚集公会堂庆祝台湾光复。

台湾地区日军解除武装后,省警备总司令部组成战俘管理处,成立5个管理所,并责令日军成立官兵善后联络部,开始遣送日俘和日本侨民,共遣返日军战俘16.3万人,日侨28.5万人。

二、扫描安藤利吉

安藤利吉,日本宫城人,生于1883年,先后毕业于日本陆军士官学校和陆军大学。毕业后,他以日本驻英国使馆副武官的身份赴英国留学,专门进行军事研究。1925年8月,他先任驻外武官,后任参谋本部部员。1928年晋升为步兵大佐,并出任步兵第13联队联队长。后来又历任第5师团参谋长、陆军省军务局兵务课课长、驻英国大使馆武官。1932年8月,安藤利吉晋升为少将,后任参谋本部部附、步兵第1旅团旅团长、户山步兵学校校长、第5守备队司令官。1936年4月,他挂上中将军衔。抗日战争爆发后,安藤利吉任日本陆军教育总监部

第二十七章 安藤利吉：在狱中服毒自杀的末任台湾总督

部长。次年5月,接替板垣征四郎任日军第5师团长,率部参加徐州会战,而后南下进攻广州。同年11月升任第20军司令,并继续在广州境内作战。1939年11月至次年初,安藤利吉指挥第5师团等部进入南宁作战,在昆仑关一带遭到中国军队的沉重打击。1940年2月,安藤利吉出任新编华南方面军司令官,10月奉调回国,任参谋本部部附。1941年11月被日本当局委以重任,出任日本驻台湾军司令官。1944年1月晋升为陆军大将,同年9月,日本驻台湾军改称为第10方面军,安藤利吉担任司令官,12月又兼任日本第19任台湾总督。其官位走到了"顶峰"。

在日本侵华战争中,日本军队在台湾布防大量军事基地,结集大批日本军队。为了摧毁日本的军事体系,盟军美军飞机于1945年1月,从泰国的塞班岛起飞,连续不断地对台湾地区进行轰炸,把台湾总督府炸成一片废墟。日军就用高射炮还击,击伤了一些美军飞机,并俘获了共计14名跳伞逃生的飞行员。这批被俘的美军飞行员,经过严刑拷打和非法审讯后,全部被安藤利吉下令枪杀。[1]

三、毙命提篮桥

安藤利吉签字投降以后仍留在台湾,悠闲自在,若无其事,以为可以安然返回日本,但他错估了形势。台湾光复3个多月后,盟军美国统帅麦克阿瑟便把安藤利吉列为战犯,电请陈仪将他押解到东京接受审判,并派美军人员乘机前来押解。根据当时的规定,甲级战犯由远东军事法庭审判,乙级战犯和丙级战犯由各受害国进行审判。陈仪把此事交台湾高等法院办理,并指示由刑庭先在台湾开庭审讯。主要集

---

[1] 张子申、薛春德编著:《走向神社的哀歌:日军毙命录》,解放军出版社1994年版,第246—249页。

中审讯安藤利吉杀害同盟国美方空军人员的罪行。

1946年1月,美军在上海组建军事法庭审判日本战犯,以杀害战俘罪起诉安藤利吉。4月16日,安藤利吉和日本驻台湾地区第10方面军参谋长谏山春树中将等14名日本战犯,由美国军队用飞机押解到上海,关押在提篮桥监狱。当时《中央日报》还刊发了一条简讯,标题为《安藤利吉等十四人专机解沪》。

提篮桥监狱按照收监制度对入狱人员及随身携带物品进行严格检查,外衣、内衣、上身、下身,里里外外地检查了一遍,没有发现可疑物品。不料早有预谋的安藤利吉事先做了准备,他把体积极小的剧毒药品十分隐蔽地密藏在衣服的夹缝中,检查中漏网过关。当时日本战犯关押在狱内一幢6层高、呈放射状的监楼内。对他们都是采取独居关押,每人一间8平方米大小的牢房,里面配有固定的桌子、凳子、铁床和抽水马桶。每人的起居、活动受到严格的控制。安藤利吉自知罪孽深重,难逃一死。想当初自己在台湾一言九鼎,养尊处优,而如今却囚居狱中,度日如年。安藤利吉想起他们一行14人被指控的罪名系"杀害战俘罪",具体指1945年6月,美军麦克里莱、哈脱莱等14名飞行员在台湾海峡失事,后被日军俘虏,拷打审判后均被处死。自己是台湾当时的最高领导,涉及美国飞行员14条人命,现在日本战败,美国肯定要清算报仇。驻汉口的日本军队官兵曾经对被俘虏的3名美军飞行员虐待处死,结果涉案的18人中,美军军事法庭判处5人绞刑(当时尚未执行),判处1人无期徒刑,判处11人有期徒刑,仅1人无罪释放。可见美国人报仇心之强。所以,安藤利吉左思右想,与其审讯后判处极刑,倒不如体面地自我结束生命。

4月19日晚上,万籁寂静。茫茫夜色犹如一块巨幅的黑丝绒把提篮桥监狱"十字楼"裹得严严实实。安藤利吉给侵华日军头子冈村宁次写好遗书,然后吞服了密藏的剧毒药。深夜11时45分,正在监楼内巡查的一名管理人员凭着职业特有的敏感,注意到一种反常的呻吟

第二十七章　安藤利吉：在狱中服毒自杀的末任台湾总督

声。他赶到现场,看到安藤利吉正倒地呻吟,面目十分可怕,马上打电话通知监狱总值班和医生。等他们赶来,经过医务人员的专业检查,发现安藤利吉瞳孔放大,心脏停止跳动,已经气绝身亡,结束了他63年的罪恶一生。安藤利吉的尸体送交位于上海大西路上的美军172陆军医院作尸检后被火化。根据各方面资料反映,安藤利吉是中国境内自杀身亡的侵华日军最高将领。在安藤利吉自杀身亡后,各地的新闻媒体纷纷报道,《中央日报》《申报》《大公报》《新闻报》《民国日报》的标题分别是:《安藤服毒自杀》《前台湾总督安藤利吉狱中自杀》《台湾罪行负责人安藤利吉自杀》《日战犯竟自杀　安藤死于狱中》《日战犯安藤在沪监狱服毒自杀》等。

安藤服毒自杀后,监狱检查其毒品的来源及藏毒之处,经查发现毒品密藏在衣缝中,为此,对关押的日本战犯及嫌疑人一律更换服装,以绝后患。监狱的管理人员在安藤利吉关押的监室内对其遗物进行整理时,发现安藤临死前留下一封写给冈村宁次的遗书(冈村当时也关押在上海)。"冈村宁次大兄:余自知死期已至,故而自尽。多年承蒙关怀,不胜感谢,敬谢厚谊,并希珍重自爱。祝好。安藤利吉。"后来经过有关部门批准,这封遗书被转交给冈村宁次。事后,冈村宁次在其1946年6月19日的《日记》中也提到了这件事。"在上海公出的西浦参谋归来,带来在上海狱中自杀的安藤大将给我的遗书一封。"[1]

安藤利吉自杀身亡的3天后,即1946年4月22日上午,在汉口杀害美军飞行员的日本战犯镝木正隆等5人在提篮桥监狱"十字楼"(就是关押安藤利吉的同一幢楼)3楼绞刑房内被美军军事法庭执行绞刑。安藤利吉自杀身亡的5天后,也是5名日本战犯被执行绞刑的两天以后(即24日)的深夜,提篮桥监狱关押的另一个日本战犯也自杀身亡。他原是安藤利吉的法律顾问松尾正三少佐,是1946年4月15日与其

---

[1] [日]稻叶正夫编:《冈村宁次回忆录》,中华书局1981年版,第131页。

主子安藤利吉乘同一架飞机,被从台北押解到上海,关押在同一所监狱,又同在提篮桥监狱结束残生的。不同之处是,安藤利吉是服毒自杀,松尾正三是悬梁自尽。据查,松尾正三与安藤利吉涉及同一个案件,是虐待杀害 10 多名被俘美军飞行员的主要嫌疑人。[1]

1946 年 4 月 19 日至 24 日的 6 天内,先后有 7 名日本战犯(其中大将、少将、少佐、少尉各一人),通过被处以绞刑和自杀的方式毙命在提篮桥监狱的同一幢大楼内,这在中国监狱史及中国抗战史上也是罕见的。

---

[1]《松尾畏罪自缢狱中》,载《民国日报》1949 年 4 月 26 日。

第二十八章

田中久一：被判两次死刑的日本驻香港总督

被喻为"东方之珠"的香港,全境土地面积约为上海的六分之一,其中香港岛及周围小岛屿为 78.33 平方公里。香港在开埠前是一渔港。1842 年起,香港土地分阶段被割让和租借给英国,至 1997 年 7 月 1 日香港政权移交中国政府为止,历任英籍香港总督有 28 人。此外,自日本侵占香港后,也历经了三年零八个月的日据时期。其中有矶谷廉介、田中久一两个日本战犯为香港总督,而这两个战犯均在抗战胜利后被关押在上海。田中久一先后在上海和广州两处被判处死刑,最后在广州执行枪决。

一、一个凶残的日本战犯

田中久一,1889 年 3 月生于日本兵库县姬路市。1910 年 5 月毕业于日本士官学校第 22 期。田中久一从下士起入伍,不到一年就当上步兵少尉、连队副,后来他又进入陆军户山学校学习,学成后留校任教官、教育总监部附等。在此后的日子里,田中久一一路坦途,历任参谋本部副勤务、参谋本部部员、陆军大学教官、陆军省军务局课长、陆军步兵学校教官、近卫步兵第一联队长。1937 年晋升陆军少将,次年 2 月就任台湾军参谋长,参与侵华战争,同年 9 月调任第 21 军参谋长,10 月参与指挥第 21 军在广东大亚湾登陆,然后攻占广州,命令出动飞机百余架次对广东各地狂轰滥炸,仅广州一地就满地焦土,死伤平民达 10 多万人。1940 年 8 月,田中久一升任中将参谋,次年攻占香港。在进攻圣斯蒂芬学院时,日军发现校舍内住着 90 多名英国军队的伤病员,即用刺刀捅死 60 多人,并强奸医院的女医生和女护士,不服者尽数杀死。1944 年 2 月田中久一兼任香港占领地总督,直至 1945 年 8 月日本投降。[1]

侵华战争后期,田中久一一直是日军侵略广州的最高指挥官,被日本军人奉为"华南之虎"。1943 年 3 月,田中久一任第 23 军司令,主管华南军事,司令部设在中山大学。1944 年他参与指挥进攻广西、湖南的湘桂作战。在战区内肆意屠杀平民,破坏财物,奸淫掳掠,强拉夫役,滥施酷刑,无恶不作。1945 年初,田中久一下令将粤汉铁路沿线南端抓到的几十名中国士兵扒光衣服,捆绑在树上,毫无人性地用刺刀一块一块地割肉,直至鲜血淋漓,肢体分离,白骨显露。由于田中久一的一系列暴行及"功勋",日本裕仁天皇授予他金 A 三级勋章。[2]

二、南国羊城　初次受审

1945 年 8 月,日本宣布无条件投降。9 月 16 日上午 10 时,广东地区日军投降仪式在广州中山纪念堂举行。纪念堂外悬挂着中、美、英、苏四国国旗。中国战区陆军第二方面军司令官张发奎上将、参谋长甘丽初中将等 180 多人出席。田中久一作为日本驻华南军队的代表,向张发奎等鞠躬请罪,并在投降书上签字,标志华南日军 10.12 万人正式投降。同年 9 月 28 日,驻潮州、汕头地区的日军第 10 师团之一部约 4 460 人(其中病员约 300 人),也由田中久一等人向第 7 战区司令官

---

[1] 李宏编著:《香港大事记》,人民日报出版社 1988 年版,第 84 页。
[2] 张子申、薛春德编著:《走向神社的哀歌:日军毙命录》,解放军出版社 1994 年版,第 246—249 页。

侵华日军第21军司令官田中久一中将在投降书上签字
——张宪文主编:《日本侵华图志》第20卷,山东画报出版社2002年版,第114页

余汉谋将军投降。

日本投降后,田中久一列为战犯被国民政府拘捕,拘押在广州岭南大学的校园内。1946年4月转押到大岗日本战犯拘留所内。该拘留所原是太古洋行的货仓,日本占领时期变成日本人的军营,抗战胜利后,临时改为日本战犯拘留所。这座拘留所环境幽美,前临珠江,四周树木青葱,景色宜人。当时所内还有800多名日本俘虏,其中350名经"行营"当局检定的非战犯,待命随时有船就可送往日本。该拘留所地方很宽敞,里面分为三种关押场所:一是普通战犯,二是将官级战犯,三是非战犯。非战犯的人员比较自由,可以在拘留所内进进出出;普通战犯的关押场所,内外都装上了铁栅,警卫森严。田中久一等几名将级日本战犯住在一幢漂亮的别墅内,每天三顿可口的日本式饭菜,有鱼有肉。每天早操,日间还可以打打乒乓、排球和篮球,在室内绘画或下棋。[1] 军事法庭请来一名来自台湾的客家人为田中久一充当翻译。田中久一在拘留所关押期间,患肠胃病较厉害,每日进食较少,尤其不能吃坚硬的食物,虽然经过日本医生的治疗,但是病情并没有明显好转。随着日本战犯审判的开展,广州由军事法庭审判长刘贤年会同审判官廖国聘、叶芹生、许宪安、关振纲组成合议庭,对田中久一进行审判。广州审判战犯军事法庭主任检察官蔡丽金对田中久一的战争罪行提起公诉,主任书记官黄炎球担任记录员,曾广科担任翻译,指定薛祀光为辩护律师。

为了进一步调查田中久一的罪行,当年5月,广州军事法庭审判长刘贤年会同有关人员去台山、开平两县开展调查取证工作。据查证,仅台山县的"六二四"之役,两个乡的民众被屠杀的有姓有名可考者有245人,重伤5人,轻伤2人。此外,亲戚寄居及全家被毁,以致无苦主无报案者,还有数百人之多。就经济损失而言被毁店铺房屋559

---

[1]《天字第一号战犯 田中久一解沪记》,载《华侨日报》1948年8月7日。

间,如果按照当时价格计算已值70万余元,还有物品损失80万元,银钱损失300余万元。在新昌镇,店铺房屋全部被毁的有42家,局部被毁的有245家,经济损失大约有亿元以上。日本人使用毒气攻入该处的南楼,守楼的7位中国军队的战士全部阵亡,尸体被肢解抛入河中。其残暴行为骇人听闻。江口镇民众的经济损失,据统计有8394万余元。有3名中国同胞被日本人绑在庭柱上,被日本人活体肢解,摧残致死。[1]

三、 申城提篮桥　再次受美军审判

在广州开庭审判的过程中,由于田中久一涉及在港伤害美军飞行员一案,美国政府通过外交途径于1946年8月6日将田中久一从拘留所用吉普车押送到天河机场,由美军驻华陆军司令部美伦上校负责乘飞机提解去上海。让人啼笑皆非的是田中久一竟提出要携带他的英语通译官和一名副官共同前往。田中久一的无理要求,当即被中美双方严正拒绝。在押解途中,田中久一在香港停留一天,次日,由美军军舰押解到上海,关押在提篮桥监狱。一起乘军舰被押解的还有年过50、前香港日军军事法庭法官山口教一。[2]

田中久一涉及的案情主要是:1944年秋天,美军第14航空队派飞虎队员轰炸香港,约翰·荷克少校驾机失事,他跳伞降落地面后,被日军抓获,遭到多方虐待,后日军组成军事法庭,对荷克少校进行审判,最后把荷克少校放在赤柱沙滩上行刑致死,并对营救荷克少校的村庄进行血洗。田中久一作为香港总督,对日军虐待、杀害美军俘虏的罪行负有不可推脱的责任。

---

[1] 《检察官赴四邑侦查田中罪行证据》,载《工商日报》1946年5月13日。
[2] 《田中久一被控虐杀美军　昨移解上海受审》,载《星岛日报》1946年8月7日。《田中及山口由美解沪》,载《工商晚报》1946年8月7日。

| 审判从这里开始

1946年8月13日,由美军军事法庭在提篮桥监狱"十字楼"公开审讯田中久一和华南派遣军第21军参谋长富田直亮少将等人。法官、检察官、律师、翻译、记录员均由美军军官担任。在法庭上,田中久一沮丧万分,双眉紧锁,玳瑁眼镜之下,两目无光,在两小时的审讯中,始终未抬头。富田直亮也以同样的罪名被指控,在极度不安的处境下,他仍不能掩藏其内心的愤懑,在法庭与诸人怒目相视。同时受审的久保口外中佐、渡边昌盛少佐、山口教一少佐、浅川弘子上尉等,也多呈凶相,给人以"杀人犯"的印象。到主审官询问各犯的罪行环节时,田中久一等6人都高声回答"无罪",气焰非常嚣张。

美军军事法庭对当年一起参与该案的田中久一等人进行关押审讯,主要追究田中久一等人虐杀美飞行员荷克少校的罪行。法庭经过多方搜集证据后多次开庭。经过庭审,美军法庭认定,田中久一作为香港总督,系该地区的最高领导者,负有不可推卸的责任;富田直亮作为参谋长,同样负有不可推卸的责任。9月3日,美军军事法庭对他们两人判处死刑。同谋者久保口外中佐为当年开庭审判荷克少校的主审官,因亲笔判处荷克死刑而被判无期徒刑。作为当时法庭的陪审法官,渡边昌盛被判终身监禁,山口教一被判处有期徒刑50年。浅川弘子上尉被判无罪。[1]面对美军军事法庭的判决,田中久一和富田直亮故作镇静,而被判50年徒刑的山口教一十分伤心,双泪几欲夺眶而出。当时上海的许多媒体,对此判决结果也作了简要报道。

四、罄竹难书　在广州接受未竟的审判

田中久一在中华大地上犯下的罪行,较之杀害一个美军飞行员更

---

[1] 《日战犯田中久一昨日判处绞刑》,载《和平日报》1946年9月4日。《日二战犯判处绞刑　其余各犯分别判刑》,载《民国日报》1946年9月4日。

为深重。他必须为他曾经统治下发生的日军暴行负责。为此,死刑在身的田中久一,经过国民政府与美军军事法庭的交涉,又从上海押回到广州,继续接受广州军事法庭的审判。经法庭查证,田中久一在华南犯下多起战争罪行,如1942年1月,田中率日军进攻惠州时,就屠杀平民2 000余人;出动6架飞机,对惠州一家医院进行灭绝人性的狂轰滥炸,造成许多病员、医生伤亡。1944年7月,田中派人到台山县勒索粮食,遭到民众反抗,日军杀死乡民240多人;日军进攻开平县,对俘获的中国7名守军进行屠杀肢解;同年10月攻占广西蒙山后,将俘获的中国士兵集体屠杀。田中久一所率的日军在华南为祸之烈史无前例。平民遭其荼毒者不知凡几,财物损失难以数计。面对法庭的讯问,田中久一一再抵赖,谎称自己不知情,是部下的胡作非为,不应把账算在自己的头上。他还诡辩"几十万军人难免有不受控制的行为"。经过广州军事法庭长达4个月的十几次庭审,任凭田中久一巧舌如簧,也无法改变他罄竹难书的罪恶。广州军事法庭对田中久一的审判是抗战胜利后各地军事法庭对一名日本战犯历时最长、庭审次数最多的审判。大量的取证使其杀人、掠夺、施酷刑罪上升到破坏和平罪、反人道罪。田中久一最终不得不低头认罪。

1946年10月17日,广州广卫路广州行营军事法庭开庭。审判长刘贤年少将宣读判决书:"田中久一,住日本兵库县据滨市五轩邸第31番地,日本第33军司令陆军中将。他参与侵略战争,纵兵屠杀俘虏及非战斗人员,强奸抢劫,流放平民暨施酷刑,饿毙市民,强迫平民从事有关军事工作,肆意破坏财产,勒索过度征用,故意轰炸不设防地区医院,毁坏历史上之建筑物,推行散布毒品。应判处死刑。"审判长宣判后,继由上校翻译曾广科重新用日语宣读了一遍。田中久一被押回广州凤凰冈战犯拘留所关押。[1]

---

[1]《田中久一判处死刑》,载《星岛日报》1946年10月19日。

五、执行枪决

　　1947年3月27日下午3时,田中久一从战犯拘留所提押至广州审判战犯军事法庭。田中身穿黄色军衣,原以为法庭对他提审,手里还拿了一叠纸头,准备在法庭上进行最后的挣扎,却不知是他死期来临。到庭后,曾翻译官首先问田中久一是否饮酒?田中感到很奇怪,一时脑子还转不过弯来,随口答道:"可饮少许。"后由主任检察官告知:"今天你将被执行死刑。"田中久一脸色顿时大变,闭目低垂。隔了一二分钟后,田中久一发问,自己死后尸体如何处理?曾翻译官回答:"中国对日军将领都能以礼相待,身后事可请放心。"监刑官蔡丽金开庭,经过对田中久一验明正身后,询问有什么遗言。田中久一答:"无遗言。"

　　监刑官又问:"遗物如何处理?"田中久一答:"交家属。"监刑官又说:"如有遗书可以当庭书写。"田中久一摇摇头,长叹一声,连连说:"人之将死,书写这些文字有何用处?"

　　田中久一继而提出要一支香烟,并提出要喝点酒。对日本战犯的这一特殊要求,主任检察官也网开一面,立即吩咐法警,为其点燃一支日本产的香烟。翻译官从屋子里取出一个白瓷蓝樱花的小瓶,内装日本产"武士魂"的"御酒",另从一个6英寸的木盒里拿出一只日本天皇御赐的外用白丝巾保护的银质"御盏"(酒杯),把这"御酒"倒入半杯"御盏"中。田中久一清楚,这"御盏"是天皇"赐用"的,期待日军"凯旋"。[1] 今天他用这特定的酒杯来结束自己的生命。田中久一深知,这也是对他、对日本军队最大的讽刺。高举酒杯后,沉重地喝下"御酒",露出一丝苦笑。

---

[1]《曾任香港总督之田中久一伏诛记》,载《工商晚报》1947年2月29日。

第二十八章　田中久一：被判两次死刑的日本驻香港总督

　　法庭没有对田中久一进行捆绑，也没有在其背后插上写有名字的"亡命牌"。那时田中久一头戴一项日本军帽，身穿土黄色又带青色的军服，身子笔挺，风纪扣扣得严严实实。脚蹬一双咖啡色尖嘴薄底皮鞋。他坐在一张椅子上，左右各有两名宪兵看押，被押到敞篷卡车上游街示众。卡车顶上高悬着白布横幅，上面写着"枪决日战犯华南最高指挥官田中久一中将"18个大字。敞篷卡车巡游广州城一圈，万人争相围观，市民拍手欢呼。在刑场周围观看者成千上万。

　　下午4时20分，敞篷卡车到达刑场。田中久一下车后已经瘫软，不能走路，由两个彪形军汉一左一右，一只手抓住他的手，另一只手抓住他的肩膀，把他推向前行，来到铁路旁边的一块草地前。田中久一在宪兵指定的地点跪下，他面朝东方，也就是日本的方向，连磕了三个头，表示他是在拜别天皇，还在告别父母。随着一声令下，手握步枪的广州市中区宪兵队队长宋扬昭，朝田中久一的背后连开四枪。第一枪中其胸部，第二枪中其头部，第三枪中其手部，第四枪也就是最后一枪中其胸部，地上污血横流。[1] 经检察官验尸确认死亡后，在司法执行文书上签字，以告执行死刑完毕。同一时刻，摄影记者也拍摄了相关的照片。余恨未消的群众一拥而上，向这个大恶魔吐唾、脚踢。粤光殡殓公司几个殡葬工，抬着一副盖有"柏福长生"字样毯子的棺木到来。田中久一的尸体由四位殡葬工拖至附近一处洼地铲土埋葬。

　　对恶贯满盈的田中久一执行枪决的执行人宋扬昭，系后任台湾亲民党主席宋楚瑜的堂叔。在抗战胜利70周年前夕，他曾接受过有关媒体的采访，叙述起当年的情景。2015年9月3日《人民法院报》的《纪念抗战胜利70周年》特刊第44版上，还登载了一张宋扬昭晚年接受媒体采访时的照片。

---

[1]《田中久一昨被枪决》，载《华侨日报》1947年3月29日。《田中久一行刑续详　索酒一杯并无遗言　流花桥畔四枪毙命》，载《华侨日报》1947年3月29日。

1947年3月27日下午,田中久一被执行死刑前,在广州游街示众
——杨克林、曹红编著:《世界抗日战争图志》下册,上海画报出版社2005年版,第1661页

六、孤魂野鬼回到日本

枪决田中久一的 25 年以后,即开始中日邦交正常化的 1972 年,田中久一的后人来到花城广州,请求协助寻找当年田中久一的遗骸。经有关部门批准,两年以后,即 1974 年,广东省外事部门寻找到了当年参与掩埋尸体唯一健在的一位殡葬工(其余三人已去世),在他的引导下,组织有关人员到当年埋葬田中久一的地方寻找。凭借老人的记忆,终于在一个地方,挖掘到一具人体的遗骸。遗骸出土后,除骷髅头坚实完整外,其余肢体一碰就散。该遗骸是否为田中久一,谁也说不清楚,既不能随意肯定,也不能轻易否定,顿时陷入两难境地。而后田中久一的儿子一席话,为尸体的身份验证提供了一条重要线索。其父生前口腔中左右两颗大牙坏脱,换过两颗金牙,金牙上刻有"田中"两字。于是挖掘人员就弄来工具小心翼翼地清理了骷髅头骨中的泥土,果然看到口腔中有两颗金牙,于是专业人员从遗骸的牙床上拔出金牙,经过清洗干净,在放大镜下,看见了模糊的"田中"两字。田中的后代确认该遗体就是田中久一的遗骸,对参与挖掘工作的有关人员深表感谢,连连拱手,深深作揖。他们还在遗骸挖掘处慎重地挖掘了一些原土,带着中国人民"以德报怨"的情谊,连同骷髅头骨一起装进一个金属容器内,乘飞机离开广州带回日本。

第二十九章

桑岛恕一：
东方奥斯维辛的恶魔走进提篮桥的绞刑房

一、中国的"奥斯维辛集中营"

臭名昭著的奥斯维辛集中营位于波兰南部小城,是纳粹德国建立的"死亡工厂",从1940年4月至1945年1月,共杀害了30个国家25个民族大约150万人,其中被害最多的是犹太人。奥斯维辛旧址于1947年7月辟为殉难者纪念馆,1979年被列为世界文化遗产。

中国的"奥斯维辛集中营"是奉天战俘营。1941年12月太平洋战争爆发后,日军俘虏英、美等盟军近20万人,在东南亚各国建立了115处集中营,奉天战俘营就是其中之一,时称奉天俘虏收容所。成立于1942年11月奉天(沈阳)的北大营,1943年7月移迁到今沈阳市大东区地坛街。它东西长约320米,南北宽约150米,占地面积4.9万多平方米,四周建有高大的围墙,墙上布有电网,围墙四角建有巡视岗楼。战俘营内设有3栋二层监舍楼,1栋医院及战俘厨房,还有水塔、仓库等。日本人后来又在吉林省的双辽、辽源建立两个分所。据统计,从1942年11月至1945年8月,奉天战俘营及其第一、第二分所共关押美国、英国、澳大利亚、荷兰、加拿大、新西兰等盟国战俘2 018人,校级以

第二十九章 桑岛恕一：东方奥斯维辛的恶魔走进提篮桥的绞刑房

上军官 523 人，准将以上军官 76 人，其中中将 4 人、少将 23 人、准将 49 人，他们当中有美国 19 人、英国 41 人、澳大利亚 4 人、荷兰 12 人，还有菲律宾战场上的美菲联军指挥官乔纳森·温莱特、美军的长帕克等盟军高级军官、英国驻香港总督杨慕琦等。这些将军战俘不断变换羁押地点，从马尼拉到台湾，再到奉天，每一次转移的时机与路线，都与战场形势有着紧密的联系。奉天战俘营是"二战"中亚洲最大的集中营。[1]

奉天战俘营的一号长官是松田元治大佐，二号人物系石川上尉。其他管理人员还有村田中尉、安藤中尉、三木遂中尉、医官桑岛恕一大尉等人。战俘营管理人员初期有 61 人，后来增加到 150 多人。1945 年 8 月随着日军的投降，战俘营被解散。目前奉天战俘营的部分遗址得到了保护和复原纪念，2008 年被列为辽宁省文物保护单位，2013 年被列为全国重点文物保护单位，为世人保存了日军所犯战争罪行的铁证。2016 年 2 月，笔者去沈阳参观了复原后的奉天战俘营。

二、苦难的战俘营生活

奉天战俘营的管理是日军践踏国际准则、违反人道主义和国际公约的残暴行为。盟军战俘在战俘营期间必须从事繁重的劳役。他们的劳役大致分为三种：一是直属劳役，即在日本宪兵的看押下，每天步行往返 10 公里，去"满洲机械株式会社"劳役；二是派遣劳役，即到战俘所指定的工厂劳役；三是营区劳役，即在营区内从事厨房、勤杂、清扫、理发、养殖、搬运等工作。同时，战俘还要经常遭受日军看守的训斥、殴打。有时日本看守还会命令战俘在烈日、大雨、严寒下罚站，并

---

[1] 沈阳"九一八"历史博物馆编：《沈阳"二战"盟军战俘营史话》，辽宁人民出版社 2011 年版，第 29—31 页。王铁军、高建：《"二战"时期沈阳盟军战俘营研究》，社会科学文献出版社 2011 年版，第 2 页。

忍受各种非人的惩罚。

在奉天战俘营里,日军有专门的惩罚制度,如"重营仓"(单独关禁闭)和"重谨慎"(集体关禁闭)等,使战俘备受欺凌。最让战俘胆战心惊的是"重营仓",即一个人关押在用木头做的小屋内,人站不起来,还不准躺下去。被禁闭者必须在禁闭室内连续不停地从一角走到另一角,巡逻的日本哨兵不让战俘歇下来。如果停下,哨兵就用刺刀捅战俘,让他不停地走路跑步。这个地方夏天闷热窒息,冬天潮湿阴冷,到了晚上最可怕,屋子里四面透风,非常冷,日本人给战俘两条毯子,半盒水。晚上,战俘必须把盛水的盒子放到身边,如果把水忘在外面,水就冻成冰块。冬天的禁闭简直要人的命。这种单独禁闭最少是 3 天,最长是 30 天。那时,能活着从"重营仓"出来就已经是不幸中的万幸。很多时候,战俘由于小小冒犯而遭到日军的毒打,许多战俘在关押期间,饱受死亡、疾病、寒冷、饥饿、毒打的痛苦和磨难。战俘营中二号长官石川上尉凶狠毒辣,许多战俘遭受过其毒打。此人身材矮小,仅一米五,腰围二尺七,满脸横肉,脾气极坏,经常打人,是一个十足的恶棍。战俘在背地里给他起了一个外号叫"公牛"。

战俘营中战俘的伙食非常不好,量少质差,饥饿时刻袭扰着被关押的人员。他们千方百计地寻找食品。有一次,一条穿梭中的野狗引起了他们的注意,战俘开始捕杀野狗,这是战俘营里能够额外搞到的有营养的食品,附近的野狗都成为战俘猎杀的目标。后来野狗被猎杀光了,连鸟、猫、蚯蚓也成了战俘餐桌上的美味佳肴。

三、战俘集中营的虐待狂

战俘营的军医桑岛恕一大尉是一个虐待狂。他生于 1916 年 5 月 30 日,日本山形县人。早年曾在东京医专(今东京医科大学)、陆军军医学校学习,毕业后赴奉天陆军医院任职,1941 年获军医中尉军衔,

第二十九章　桑岛恕一：东方奥斯维辛的恶魔走进提篮桥的绞刑房

1942年12月至1944年10月任奉天战俘营医务官,其间晋升为大尉。1945年8月,他在济南航空队服役,同年12月他按照一般战俘的身份被遣送回日本,逃过一劫。随着调查工作的深入,1946年5月8日,桑岛恕一因战犯嫌疑被逮捕,关押在东京巢鸭监狱,6月10日被引渡到中国,关押于上海提篮桥监狱。

桑岛恕一毫无医德、心如蛇蝎,其看病方法更是花样百出、残酷无情。寒冷的冬天,他就让战俘赤裸站在零摄氏度以下的户外接受检查;为了诊断病人是否患了痢疾,他竟让病人光着脚在零下十几摄氏度的操场上跑步,如果病人没有出现虚脱或者拉肚子,就认为没有患病,强行让病人去干活。原本是普通的痢疾在战俘营成为置人于死地的杀手,100个患痢疾的病人中只有一个不大的便盆,很多人不得不钻出被子冒着严寒去户外上厕所,继而患上肺炎死去。1944年1月18日,近10名战俘在集体就诊时摔倒,其中有3人是脚趾冻伤,脚趾末端变黑。桑岛恕一要求他们脱去袜子,赤脚站在冰块上,当时气温低于零下21摄氏度。奉天战俘营几乎每天都有人死亡,第一个冬天就死了100多人。

桑岛恕一玩忽职守,对伤病者麻木不仁,故意不给治疗,还苛刻地控制药品的发放,隐匿红十字会送来的药品。如1944年1月,国际红十字会的首批救济药品抵达战俘营,交给日本人负责管理和发放。同年5月,国际红十字会的第二批救济药品也送达战俘营,但是桑岛恕一却在几个月后的8月首次开包,11月才允许给战俘使用。桑岛恕一还使用过期的药品给战俘治病,如1944年2月15日,一名叫布利斯特的战俘在劳动时受伤,在动手术时需提供血浆,可是桑岛恕一提供他的却是已经失效、保质期为1935年的血浆,最后导致这名战俘的死亡。战俘爱德华·S.考雷中士在禁闭室关押31天后,阑尾炎发作,3天后被送进战俘营医院就医,桑岛恕一参与手术,手术结束前,麻醉的效力已过,考雷疼痛不已,但是桑岛拒绝再给麻药,每当考雷喊叫呻吟的时候,桑岛恕一肆意殴打,并命令他"不许说话"。桑岛恕一还要考雷中士从手术台上爬下睡在担架上。诸如此类的虐待不胜枚举。有一年战俘营中的1 700余名俘虏因此而病死者达141人。

自1942年11月第一批战俘来到奉天,到1945年8月战俘营被全部解散,长达34个月,日军在此的暴行从未间断过。长期以来虐待和极端恶劣的生存条件造成战俘营的高死亡率。战后,据美国退伍军人管理局统计,盟军战俘在德国纳粹战俘营死亡率为1.2%,而在奉天日军战俘营死亡率高达16%,共有250名战俘死亡,是德国战俘集中营死亡率的13.3倍。[1]

四、审判群魔

1945年8月日本投降,1946年1月起,美军在提篮桥监狱组建军事法庭,并通过各种途径追捕日本战犯。为非作歹的奉天战俘营的主任松田元治、管理员三木遂、军医桑岛恕一也先后受到法律的惩处。

战俘营的主任松田元治,在沈阳盟军战俘营解散前夕,利用中国人与日本人肤色相同的特点,狡猾地穿上东北本地人的衣服,化装成一个中国的平民百姓,并用金钱为诱饵,藏身于一座民宅内。后来被人举报,身份暴露,1945年9月被盟军美国某救援队捕获,次年5月10日从沈阳通过飞机押到上海受审。[2] 奉天战俘营的管理员三木遂、军医官桑岛恕一也很快被抓获关押。曾经百般虐待战俘,被人切齿痛恨称为"公牛"的满脸横肉的日军上尉石川,却在战后失踪了,多方查找都杳无踪迹。

---

[1] 沈阳"九一八"历史博物馆编:《沈阳"二战"盟军战俘营史话》,辽宁人民出版社2011年版,第47页。
[2] 《沈阳第一号刽子手 松田飞沪受审》,载《华侨晚报》1946年5月10日。

第二十九章 桑岛恕一：东方奥斯维辛的恶魔走进提篮桥的绞刑房

美军军事法庭针对日本战犯虐待、虐杀战俘事件进行调查和审判。1946年3月，美军军事法庭首先对30岁的奉天战俘营管理员三木遂进行审讯。据查三木遂1942年11月至1943年12月在战俘营期间无恶不作，曾杀害美籍侨民钟氏。经庭审，被美军军事法庭判处有期徒刑25年，监禁期间罚做苦工。[1]

同年8月，美军军事法庭就松田元治大佐与桑岛恕一的恶行组建审判机构，由陆军丹尼·H. 麦伦上校任庭长，詹姆士·B. 里尔中校、C. 拉德福贝里中校、斯戴尔·沃特中校为审判官，威廉·J. 富勒尔少尉为检察官，瑞兰德·A. 科尔比为辩护律师。[2] 在1946年9月5日至16日的11天的庭审期间，法庭共收录副本证据7项、检方证据35项，其中包括温莱特将军等多名前奉天战俘营战俘提供的书面证据。法庭举行了多项庭上直接质证和辩方动议，包括美军战俘加格奈特等多人出庭作证。9月16日美军军事法庭做出判决，认为松田元治作为奉天战俘营的最高官员，蔑视且未履行其职责，没有对被关押的战俘给予应有的待遇和保护，没有提供足够的食物、衣服及药品，没能制止其下属人员多次施行惨无人道的殴打和其他暴行，没有按照《日内瓦战俘公约》对美国战俘予以人道待遇等；特别是在1944年12月7日，奉天战俘营遭到空袭轰炸，由于松田元治处置不当，造成17名战俘死亡、30多名战俘受伤。为此美军军事法庭判处松田元治大佐有期徒刑7年(1947年1月，松田被押送日本东京的巢鸭监狱服刑)。法庭认为桑岛恕一大尉作为战俘营的医官，玩忽职守，非法蔑视且没有履行其医务官的职责，故意违法对战俘施行残忍的、非人道的暴行，导致大量美国战俘死亡和长期患病，违反战争法则；其主观恶意已经超过了战场上

---

[1]《日战犯三木遂今日受审》，载《神州日报》1946年3月11日。《三木遂昨日宣判处廿五年苦工监》，载《和平日报》1946年3月15日。

[2] 杨竞：《盟军战俘在中国——奉天战俘营口述纪实》，人民出版社2016年版，第273—274页。

许多日本将军和战俘营的日军官长,故判处桑岛恕一死刑。[1]

1947年1月27日,美国驻华军事顾问团团长卢卡斯将军批复了对桑岛恕一大尉执行绞刑的决定。2月1日上午8时半,美军军事法庭在提篮桥监狱对其执行绞刑。[2]桑岛恕一是继镝木正隆、藤井勉、增井昌三、增田耕一、白川与三郎以后,在上海执行绞刑的第6个日本战犯。[3]对桑岛恕一执行前,美军军事法庭为其做了一个简单的宗教仪式。随后,美军宪兵先用绳索把桑岛恕一的脚扎住,然后用黑布大口袋把整个头部罩住,再用绞架上的绳索扎紧其颈部。桑岛恕一站在活动地板上,随着监刑官一声口令,闸门一推,"轰"的一声,活动地板向两侧分开,桑岛恕一双脚悬空,整个身体被颈中的绳索死死地吊挂在房顶的绞架上,瞬间窒息而亡。随后,尸体通过3楼、2楼的方孔,用绳索吊入下面的停尸房。其他无关人员和新闻记者一律禁止入内,谢绝参观和采访。次日,上海的有关媒体也作了报道,由于文字翻译等原因,有的媒体把"桑岛"写成"川岛"。原沈阳战俘营看守野田荣一以虐待盟军战俘罪,之后被美军横滨军事法庭判处有期徒刑20年。[4]

日升月移,光阴似箭,70余年过去了。位于提篮桥监狱内、当年处决桑岛恕一、镝木正隆等6名日本战犯的绞刑房,依然保存至今,成为见证盟军处置日本战犯史实的一个组成部分。

[1] 《日战犯川岛判处死刑》,载《救国日报》1946年9月17日。《被俘盟军备遭荼毒 日战犯川岛判处绞刑》,载《申报》1946年9月17日。
[2] 《沈阳集中营日医官桑岛执行绞刑》,载《申报》1947年2月2日。
[3] 《日本战犯医官桑岛昨晨在沪执行绞刑》,载《大公报》1947年2月2日。
[4] 沈阳"九一八"历史博物馆编:《沈阳"二战"盟军战俘营史话》,辽宁人民出版社2011年版,第196页。

第三十章

残害杜立特飞行员的罪犯受审记

1946年初,盟国在上海提篮桥监狱组建美军军事法庭,1月至9月间,该法庭共审判47名日本战犯,涉及多名将级人员,其中就有侵华日军第13军司令官泽田茂中将。他于1946年3月26日被关押在提篮桥监狱。[1] 该案的起因还得从当时震惊远东的"杜立特突袭东京"事件说起。

一、杜立特突袭队轰炸日本

1942年4月18日早晨,为报复珍珠港受辱,美军詹姆斯·杜立特中校率领16架B-25轰炸机从"大黄蜂"号航空母舰上起飞,沿着北纬40度线的方向向日本进发,午后1点30分左右,飞临日本本土的上空,空袭日本的东京、横滨、大阪、名古屋、神户等地,狠狠打击了日本人的嚣张气焰。"二战"结束后,据美军公布的杜立特空袭给日本造成的损失是:50人死亡、252人受伤,90座建筑物遭到破坏或彻底摧毁。据日本柴田武彦、原藤洋所著的一书中统计,日本主要损失是:空袭直接人员损失死亡87人、重伤151人、轻伤311人,房屋损失全毁、全烧

---

[1]《上海监狱人犯身份簿》,上海市档案馆档案,档案号:Q177-2-36。

112栋(180间),半毁半烧53栋(106间)。[1]

  轰炸完毕达到预定目的,美军轰炸机原计划直飞中国的浙江衢州机场加油。由于载有这些轰炸机的美军航空母舰在距日本650海里的洋面上被日本警戒船只发现,故轰炸机提前了一天多起飞。美军来不及通知中国方面,又加上衢州机场没有降落灯光和必要的导航着陆设施,所以,完成轰炸任务的美军16架飞机无法在衢州机场降落。8号机组因燃料不足,只好就近向北迫降在苏联海参崴机场,5名机组成员被拘留,3个月后逃脱,经伊朗返回美国。另外15架飞机飞向中国东部上空时已近黄昏,天空灰暗,能见度差。当时中国东部的上海、杭州等大城市以及铁路沿线与沿海一带多被日军控制,杭州以西,特别是山区及交通不便的地区仍在中国政府的控制之下,所以这15架飞机中有4架在海边着陆,另11架飞机的机组人员跳伞,飞机坠落地点大体沿浙赣铁路两侧,南昌、上饶、金华、衢州、浙江象山湾、三门湾一带,他们在浙江、江西等地迫降、跳伞。这75位机组人员中,3人在跳伞或在海边迫降时牺牲,8人被日军俘虏。其他64人在中国军民的营救下脱离险境,在浙江衢州会合后,经湖南衡阳乘飞机到达重庆,撤退到安全的大后方。这就是著名的"杜立特突袭东京"行动的前后经过。[2]

  杜立特中校因"B-25行动"成为美国人心目中的英雄。杜立特1896年出生于美国加利福尼亚,他身材矮小。1917年,他加入美国陆军航空兵部队,由于出色的表现,仅半年时间就晋升为教官。1922年9月4日,成为首个完成一天内横跨美国本土的飞行员。此后,从中校破格晋升为准将,1942年9月担任驻北非的第12航空队司令,次年任

---

[1] 郑伟勇:《非常营救——衢州与杜立特突袭行动》,商务印书馆2016年版,第181—182页。
[2] 朱庚、贺绍英:《杜立特机组袭击东京前后》,《作家文摘》1997年9月26日。

1942年4月美军飞机对日本轰炸前，杜立特在航空母舰上把日本勋章系在炸弹上，表示其战斗之决心
——郑伟勇：《降落中国：杜立特突袭东京》，科学普及出版社2016年版，第374页

驻地中海的第 15 航空队司令,1944 年 1 月任驻英国的第 8 航空队司令,军衔升至中将。他指挥的飞机轰炸过三个轴心国的首都:日本东京、德国柏林和意大利罗马。1945 年战争结束后他退出现役。鉴于他对美国空军的杰出贡献,1985 年里根总统授予他四星上将军衔,1988 年布什总统授予他美国最高文职勋章——总统自由勋章。历届美国总统说到中美关系时总是要提到这段故事。

二、八位突袭队员被捕关押

美军飞行员 1942 年 4 月 18 日执行任务后,16 架 B-25 飞机都冲出重围飞往各地,其中 6 号机组迫降在浙江省象山县爵溪乡城东南大约 2 公里的牛门海面上(台咀外),在羊尾巴礁与牛仓咀之间。[1] 两位机组成员溺水遇难。霍尔马克、米德尔和尼尔森 3 人虽经民众营救,但不幸于 4 月 21 日被日军俘获。后来日方派遣一艘军舰打捞出坠毁的美机残骸,并把它运走。16 号机组在江西省南昌附近弃机跳伞,5 位机组成员法罗、海特、巴尔、德谢泽(跳伞时肋骨断裂)、斯帕兹,于 4 月 19 日被驻守南昌的日军第 11 军第 34 师团俘获。坠落在南昌西侧潮王洲上的 16 号飞机残骸为日军所获,日军将部分残骸空运到东京。[2]

东京、名古屋等城市遭到美军的空袭,使日本人在物质上与精神上受到极大的创伤,他们非常恼怒,为了探究美军空袭日本的细节,日军就把 8 名被俘虏的美军飞行员经过集中关押后,空运到东京。审问时日本人使用拷打、电击等各种酷刑,企图获取各类情报资料。在收获微小的情况下,6 月 15 日,日本人又把他们押往长崎,接着在长崎登

---

[1] 郑伟勇:《降落中国:杜立特突袭东京》,科学普及出版社 2016 年版,第 168 页。
[2] 同上,第 242 页。

船把他们押往上海。经过多天的航行,19日船抵上海,把这8名美军飞行员关押在位于虹口北四川路与崇明路口的大桥监狱。囚室只有10英尺宽,15英尺长。这是一个充满污秽、臭气、疾病、死亡的地狱。当时正值夏天,囚室热如蒸笼一般,气味难闻。他们不被允许洗澡,也无法洗澡。每天只能得到半杯水,平时伙食很差,早饭每人一碗稀饭,中饭和晚饭都是4盎司面包。有时供应米饭,发黄的米饭中杂有沙子、蛆虫。他们整天待在囚室里,不准外出放风活动。他们通常被强迫盘腿坐着或静止站在地板上,面对囚室的门,一整天不允许讲话或移动。他们须发蓬乱,脸部瘦削。人高马大的霍尔马克原来身体强壮、肌肉发达,后因身患重病,瘦得只剩下一副骨架。

三、三人遭枪决,五人判无期

1942年4月28日,即杜立特率队空袭日本的10天以后,8名被俘的美军飞行员由日本驻上海的第13军组成军事法庭进行审判。中条丰马任审判长,和光勇精任主审法官,冈田隆平任陪审法官,畑逸郎为主检察官。同年8月20日,8位身患疾病的飞行员被转押到上海江湾五角场的日军第13军军部。军事法庭设在该军部。日本审判官坐在会议室的长桌后面,美国飞行员面对他们站成一排。屋里有一位拥有一半葡萄牙血统的日本轻刑犯当翻译。

9点整,法庭开庭。审判长向各被告核对姓名、年龄、国籍,接着检察官畑逸郎宣读起诉书。然后,主审法官和光勇精对美军飞行员逐个讯问:何时从美国出发的?怎样接近日本?如何对东京、名古屋等地进行空袭轰炸?带了多少炸弹?多少架飞机参与了这次袭击?每位飞行员都尽力抵抗这种审问。军事法庭经过草草审讯,没有律师的辩护,也没有给飞行员申辩的机会,就宣布8名被告犯罪事实清楚,证据确凿,应共同承担法律责任,全部判处死刑。审判后,霍尔马克等被送回大桥监狱,被关在 6 号牢房。他身患痢疾,却没有得到任何医治。米德尔、尼尔森等 7 位飞行员被关在第 13 军军部附近的日本陆军监狱上海支所,又称江湾日本陆军监狱。监狱长是立田外次郎。7 个人被关在单人囚室里。每餐只有一碗很脏的米饭和少量汤水。关押期间,他们饥饿难熬,有时只能用冷水填充肚肠,度日如年。

与此同时,第 13 军的军事法庭把 8 名美国飞行员的死刑判决报给东京核准。10 月 10 日,总参谋长杉山元批准了对 6 号机机长霍尔马克中尉、16 号机机长法罗中尉和斯帕兹中士执行死刑,其余 5 人改判终身监禁。5 天以后,即 10 月 15 日上午,霍尔马克、法罗和斯帕兹被带上法庭。中条丰马审判长向 3 名美国飞行员宣布执行死刑。霍尔马克的罪名是:"有目的轰炸东京。"法罗、斯帕兹的罪名是:"有目的轰炸名古屋。"处决他们的刑场设在江湾高境庙火车站对面的上海市立第一公墓内(位于今殷高西路以南,逸仙路以西)。刑场上竖立了三个用木头做的十字架。

下午 4 点半,霍尔马克等 3 人被押到刑场,带到十字架前跪在地上,每人的两个手臂都绑在十字架上。眼睛戴上白色眼罩,在眼罩的额头中心位置用黑色墨水画一个标记。行刑队有 6 个射击手,他们 3 人一组,分两批先后对 3 个美国飞行员开枪,第一批负责射击,第二批作为替补,其任务是补枪。行刑现场有法务官、医疗人员、宪兵和翻译。田岛少尉为行刑队的指挥官。在距离 30 英尺的地方,射手的子弹都击中目标,3 名美军飞行员倒在血泊中。法医验尸完毕,证实确定死亡,经法务官拍摄照片,留存归档。3 人的尸体由看守放置在事前准备的棺木内,并搬到祭坛前。日本人按照武士道的习俗,所有人都集中站在桌子的另外一边进行短暂的静默。3 具棺木被快速地装到一辆卡车上,送往日本侨民协会火葬场火化。11 月 14 日,骨灰盒转移到胶州路的万国殡仪馆。日本人对霍尔马克等 3 人的处决开了一个很坏的先例,就此日本方面开始了杀害落入日军手中的同盟国突击队员的罪恶行径。而后巴比·海特、米德尔、尼尔森、巴尔、德谢泽等 5 人虽然死里逃生,但是长期的监狱生活使他们的健康迅速恶化,都患了痢疾、水肿、脚气病等。其中海特的身体状况最差。

1943 年 4 月 18 日,袭击东京一周年的这一天,被关押在上海江湾监狱里的 5 位杜立特队员被转押到南京的一所陆军监狱。狱内同样受到恶劣的生活待遇。同年 12 月 1 日下午,来自美国俄亥俄州克利夫兰市的鲍勃·米德尔在南京陆军监狱囚室里死去,年仅 26 岁。他的死因是心脏衰竭、脚气病和肠道发炎。当时日军只要稍微对其治疗,米德尔就不会死亡。米德尔死后,监狱的日本官员对在押的美国人增加了伙食,由原来的每人两餐改为每日三餐,并给他们提供了《圣经》等宗教书籍。1945 年 6 月 15 日早上,4 位幸存者从南京的关押处被带出,他们的手和脚被绳子绑住,看守牵着他们上火车。他们披着长雨衣,蒙着面罩。为了不让外人认出,日军在路上对每个战俘都有一个专职看守,用绳子系在他们的腰上。尼尔森等人乘了三天三夜的火车转押到北平日军陆军监狱。8 月 15 日,日本已经无条件投降。8 月 20 日,在北平的 4 位被俘杜立特队员从死亡线上由尼科尔少校率领的一个 6 人小组解救出来,重见天日,其中巴尔从 8 月 9 日开始就处于昏迷状态。美国媒体很快做出报道,4 位失踪的杜立特轰炸队成员还活在人世间。当月 24 日,海特、尼尔森、德谢泽 3 人告别病中的巴尔乘飞机前往重庆,次日举行了新闻发布会,9 月 5 日抵达美国华盛顿。接受医疗的巴尔也几经波折,于 10 月 12 日飞抵旧金山。

"二战"结束后,美国开始寻找战争失踪军人,把散落在世界各地的牺牲军人遗体迁回美国安葬。美国调查委员会的调查人员在上海万国殡仪馆内,找到了几个简陋的骨灰盒。经过身份鉴别,确认是美军飞行员的遗骨。为此,霍尔马克、法罗、斯帕兹等人的遗骨及骨灰被带回美国。死在南京的鲍勃·米德尔的骨灰后来也被找到带回美国。霍尔马克、米德尔、法罗 3 人被安葬在阿灵顿国立墓地,斯帕兹则是被

抗战胜利后,被营救出狱的3名杜立特突击队队员
——郑伟勇:《降落中国:杜立特突袭东京》,科学普及出版社2016年版

安葬在夏威夷的国立墓地。4位美军飞行员终于魂归故里。[1]

1946年1月16日,美军有关部门在上海百老汇大厦二楼举行中外记者招待会,由尼尔森讲述美军杜立特机组成员1942年4月18日首次轰炸日本东京,被俘后受日本人摧残的经过情况。[2]

四、美军军事法庭审判日本战犯

1946年初,美军在上海组建军事法庭审判日本战犯。法庭组成人员由主审法官麦兰莱诺上校和陪审官加勃上校、华爱斯上校、穆菲上校、迪梭斯威上校、贝利中校等6人组成。检察官为韩德伦中校、杜亚少校。

2月18日上午10时,美军军事法庭首次对杜立特飞行员被害案开庭。麦兰莱诺上校、加勃上校等多名法官入座,被告辩护律师鲍廷中校、费洛士上尉也相继入席。紧接着法官传唤作为被告的4名日本战犯。首先带上法庭的是侵华日军第13军司令官泽田茂中将,时年59岁,身穿西装,光头,鼻梁上架着深度眼镜。他系日本高知人,生于1887年,在日军服役有40年,曾被派往土耳其、波兰、巴西等国担任驻外武官,侵华战争中对中国人民犯下滔天罪行。其实他是瞎眼司令,他在任陆军大佐时就因为患青光眼病而摘除一只眼球,另一只眼也渐近失明,视力很差。他先被押入法庭,然后其他3名日本战犯紧跟其后。原江湾监狱监狱长立田外次郎面色苍白,和光勇精装作保持军人气概;冈田隆平年已50余,头发蓬松、花白,鼻子下留着小胡子。他们4人故作镇静,向法庭深度鞠躬以后,被令坐下。[3]

---

[1] 郑伟勇:《降落中国:杜立特突袭东京》,科学普及出版社2016年版,第346页。
[2] 《轰炸东京飞行员述被俘遭虐待经过》,载《申报》1946年1月19日。
[3] 《杀害杜立特飞行员 日战犯初审》,载《正言报》1946年2月20日。《轰炸东京失事飞行员被杀案开始审讯》,载《申报》1946年2月19日。

检察官韩德伦中校宣读起诉书,起诉理由主要是:日军不正当审理和判决8位杜立特飞行员;审理时不配备辩护人及翻译,非法判决3名杜立特飞行员死刑;在狱所内殴打、虐待杜立特飞行员,拒绝给他们充足的食物、卫生设施和医疗救助。因此提请法庭调查审理。被告律师鲍廷起立,讯问美军当局是否有权在中国地区执法审判日本战犯。主审官回答,此问题与上次汉口的18名日本战犯案相同,予以驳回。辩护律师提出为搜集辩护证据,拟法庭延后几天审理。主审官同意,宣布几天后再开审。

2月27日上午10时,美军军事法庭在提篮桥监狱再次对泽田茂等4人进行审讯。被告律师提出,希望法庭对4名被告分别开庭审理。对此要求,美军军事法庭予以否定。法庭认为他们4人属于同一案件,应对这4人一同继续进行庭审。[1] 3月11日以后,军事法庭继续多次开庭,曾参加轰炸的美军飞行员出庭作证。航空队飞行员被日本人抓捕以后,受到审判,并强迫他们写悔过书;要他们承认轰炸东京、名古屋等地的时候,曾经对医院、学校、教堂、慈善机构等进行轰炸,而当时8名美军飞行员并不知情,在日本人威逼利诱下,他们在文本上签字画押;后来日本人就以此为依据,判处各飞行员有罪。当时他们都没有经过辩护和申辩的程序,就被判处死刑;后根据日本天皇的指令,对其中5人改判为终身监禁。被告律师提出两点:一、各飞行员曾经轰炸日本的非军事区;二、他们签字曾承认轰炸军事区,故他们并非被迫签字。

3月18日,美军军事法庭继续开庭。美第20航空队司令派克柯震将军到庭旁听。开庭后,检察官特连,即传参与轰炸东京而被捕的第8航空队飞行员尼尔森上尉出庭作证。检方和辩方分别进行了多轮的举证、质证和辩论,有超过600页的证据、论据和其他书面证据,

---

[1]《杀害杜立特飞行员案 日战犯昨受审》,载《大公报》1946年2月28日。

记录了8名被俘突击队员的遭遇。出庭的证人,包括原来第13军法务部长伊东章信。[1]

3月21日,美军军事法庭继续审理。法庭将洋洋万言的证据交给翻译咸龙俊等3人译成日文。第8航空兵司令杜立特也写了书面证据,从美国华盛顿寄来,指出当时美军所炸地区都是指定轰炸的工厂区与军事区,所以日军说美军飞行员轰炸医院、学校等非军事区是捏造事实。法庭又传与当时被害人之一的霍尔马克中尉同押狱中的电讯工程师钟德霖、苏联人克特勒、英国人史罗利等出庭作证,申述他们在日本人管理的牢狱中的遭遇及被害者的苦难。霍尔马克与他们囚禁在毫无阳光的斗室内,每天仅有一碗稀饭及少量面包。数月在狱,没有衣服更换,没法洗澡,屋内老鼠、跳蚤为患,席地而坐,只有一条肮脏不堪的薄毛毯。8名飞行员中,3人被害,1人病亡,4人侥幸出狱。3年的监狱生活,犹如一场噩梦。[2]

五、法庭对泽田茂等人的宣判

4月,美军军事法庭又多次开庭审问泽田茂等4人。检方与辩方的辩论十分激烈。被告律师认为泽田茂等人审判、枪决美军飞行员是执行上级命令,法庭不应追诉下属的罪行。同时他又展示了东京附近的小学老师所提供的证据,美军首次轰炸东京等地的时候,市民未及防范,学校有损伤残破,师生精神上受影响。与此针锋相对的是法庭传来日本第13军司令部的一位日本上士出庭作证。他于1942年在江湾集中营服务时曾见杜立特飞行员8人,其中一人沉疴待毙,至于日军在江湾设法庭审判美军飞行员的详细情况,他不清楚,只知道提

---

[1]《杀害杜立特飞行员案开庭审讯》,载《和平日报》1946年3月19日。
[2]《杀害杜立特飞行员案 日战犯昨继续审讯》,载《和平日报》1946年3月22日。

审其中3名。他奉命预备执行地及棺材以安葬死者。3人枪决前,他在边上听到日军曾问美军飞行员有否遗言。后来就用白布遮盖他们的面孔,死后放入棺木中,后来搞了一个简单的葬礼。

泽田茂的供词中指出,对于杜立特飞行员的被杀案,罪在日本东京政府。此案案情重大,自己对美军飞行员无权处置。军人以服从命令为天职,东京有令,他们按照东京政府的指示办事。法庭不应追究下属的罪责。但泽田茂也无法否认,自己参与了其中的工作,在判决书上签字。和光勇精系当时日军审判美军飞行员的审判官,所以被美军法庭连连追问。当军事法庭审问冈田隆平时,他承认当时没有对受审的美军飞行员进行深入调查,也没有给他们辩护及申辩的机会。当军事法庭审问立田外次郎时,他以年老昏花、记忆不佳为借口,几次三番地更改供词。被告的辩护律师则提出不少对被告有利的问题,如泽田茂等是否有权下达对美军飞行员执行死刑的命令。

在法庭的第6次审讯中,美军军事法庭传来曾经在日军第13军工作过的士兵铃木,以及服务于集中营的一个卫兵,他们都指证这3名美军飞行员确实为日军所杀害。法庭传唤美军韦拔中尉到庭,他在去年年底奉命去上海万国殡仪馆搜出被害人的骨灰盒,上面刻有被害者3人的名字,还有他们的死亡日期。法庭又传万国殡仪馆馆主史某到庭。史曾于1942年10月捡拾死者的骨灰,藏在一个小木盒里,他特地回去拿出送上,以作证据。当时死难者之一霍尔马克的妻子也到庭旁听,看到丈夫的骨灰盒、听到他们的供述,不觉悲痛万分,热泪盈眶。

经过法庭的多次审讯,4月15日下午,美军军事法庭正式宣判虐待、杀害杜立特队员一案的相关人员。审判长宣判时,泽田茂与和光勇精仍穿了西装,冈田隆平与立田外次郎则穿着军装和皮靴。他们都新近理了头发,态度端静,似乎显得十分轻松,站立着听候法庭的宣判。主审官麦罗伦宣读判决书,判处泽田茂有期徒刑5年,判处和光

1946年2—4月,侵华日军第13军军长泽田茂中将(左起第2人)等4人受到美军军事法庭审判
——翻拍于上海监狱陈列馆

勇精有期徒刑9年,判处冈田隆平有期徒刑5年,判处立田外次郎有期徒刑5年。[1]

美军军事法庭对泽田茂等人的重罪轻判,令人意想不到,大大出乎人们的心理预期。当时不少媒体曾这样如实报道:"……各犯接受判令后,喜出望外,彼等初不料受刑如此之轻也。泽田茂弯腰领其同僚向法官深深一鞠躬后,微笑而退,其后被告之辩护律师频频向法庭道谢,感其大恩。有一日本被告律师喜极而笑,盖亦有愧于心乎。"[2]"……各犯闻判不重,意外欣喜,深度前屈向各审判官审判之公允,表示衷心感谢,此一幕戏剧性之审判于是终结。"[3]为什么会出现这样的结果?事后,有关媒体曾采访了美军法官。美军法官袒护他们,牵强地认为,泽田茂等人的行为是执法行为,而不是战争行为,所以从轻处罚。

六、不能遗忘的青东大屠杀及其他罪行

虐待杀害杜立特队员案中的泽田茂,在1939年10月至1942年期间,担任中国派遣军第13军司令官,他对上海青东地区进行了持续半个月的血腥屠杀,制造了震惊淞沪的大惨案。铁证如山的青东大屠杀,他负有不可饶恕的罪行。日军作恶多端,杀人手段骇人听闻。

翻开1940年4月29日和5月1日的《申报》,上面清晰地记载:"青松县境乡民惨遭大屠杀,人口损失千名。""沪西五千余村,悉惨遭蹂躏,周围达百余里,受害者五万户。"其范围从当年的区域东自诸

---

[1] 《杜立特飞行员案各犯仅处徒刑 被告泽田茂等喜出望外》,载《民国日报》1946年4月16日。

[2] 《杀害美飞行员案 日战犯判徒刑》,载《申报》1946年4月16日。《杜立特飞行员案 各犯仅判处徒刑》,载《华美晚报》1946年4月16日。

[3] 《杀害杜立特飞行员案 日战犯各判徒刑》,载《正言报》1946年4月16日。

翟、蟠龙,西止白鹤,南从陈坊桥、七宝,北到纪王庙、黄渡止,周围百余里。

1940年4月14日至27日,日本侵略军与伪军、顽固势力4 000余人,在青东地区实施残忍的大屠杀。他们杀人手段骇人听闻,有汽油焚烧、稻柴火烧、开水烫、水溺、活埋、刺刀乱戳、军犬撕咬、刀斩砍头、强奸、剖颅、劈头分身、枪杀等二三十种。日寇野蛮成性,灭绝人性的滔天大罪,罄竹难书。仅据青浦凤溪、徐泾、赵巷、重固等乡镇224个村的不完全统计,杀害群众就达915人,房屋烧毁2 287间。观音堂(今凤溪镇)附近村庄受灾最重,十余里内荒无人烟,大片村庄成为焦土,成为"空壳村""寡妇村"。青东大屠杀使多少人家破人亡,妻离子散。[1] 时隔几十年,这里的老人仍记忆犹新,切齿痛恨日军暴行。中国人民将永远记住这场历史灾难!

经过权威部门调查,在1940年4月的青东地区大屠杀中,被枪杀、刺死、酷刑致死,有名有姓的遇难者就达803人,烧毁房屋4 400间。这一重大惨案就是以泽田茂为首的日独立混成第17旅团长谷川正宪、日本上海宪兵特务机关长前田正实共同策划指挥的。泽田茂是这一重大罪案的首犯,但是美军在审判中对泽田茂的以上罪行竟只字不提。美军军事法庭在调查、取证过程中还遗漏或没有追究他们的其他重要罪行,如在1942年的浙赣战役中,在金华地区,泽田茂鼓励部下使用毒气,纵容其军队和日军第11军屠杀中国军民,使当地无辜中国百姓的生命和财产遭到巨大损失,中国军队和平民百姓25万余人死亡。真是罪恶累累。

所以,美军军事法庭对泽田茂等各判处有期徒刑5年或9年,这样的审判结果在报上公布后,中美两国人民及许多媒体都认为美军军事法庭对泽田茂等人的判罚过轻,有人还写信给美国总统和各位议员

---

[1] 相守荣主编:《上海军事志》,上海社会科学院出版社1994年版,第596—600页。

表示愤慨,日本战犯的罪行没有得到清算。

1946年4月,瞎眼司令泽田茂中将在上海被美军军事法庭判处5年徒刑,后在日本巢鸭监狱服刑,1950年1月释放。70岁的时候他学会了盲文。1980年12月1日病亡,时年93岁。

第三十一章

对三起台湾地区日本战犯案的审判

日本偏于海东一隅,是近代最贪婪的国家之一。自诩为亚洲文化的保存者,以世界文明国家自居,妄想作为领袖主宰亚太地区。1868年明治政府制定了"开拓万里波涛,布国威于四方"的侵略政策。在不断地对外侵略扩张中,日本在台湾地区驻扎军队。日本对台湾人民的政治奴役主要表现在建立军人专制的总督制度,实行特殊的警察制度,建立户籍制度,对民众实行保甲连坐;对当地居民实行镇压、归化和改造的"理蕃"政策。在文化教育方面实行不平等的民族差别教育和奴化教育,推行同化政策,强制普及日语,强迫台湾人民生活方式日本化。[1] 抗战胜利后,盟军美军军事法庭对台湾地区的日本战犯进行清算,并在提篮桥监狱审判了几起案件。

一、泽牧良夫少佐虐待案

1946年5月9日,美军军事法庭在提篮桥监狱第一次审判自台湾押解来沪的日本战犯泽牧良夫。泽牧良夫,时年32岁,1944年10月

---

[1] 张宪文主编:《日本侵华图志——侵占台湾五十年》第3卷,山东画报出版社2015年版,第3—6页。

审判从这里开始

在台湾任日军部少佐情报员。[1]

1944年前后,美军海军一支部队在台湾海峡一带从事侦察工作,美海军军士霍利比斯被日军逮捕。霍利比斯遭到日本军队泽牧良夫等官兵的百般摧残,他们企图从他口中获取美军的军事机密。由于被俘的霍利比斯坚不吐实,没有吐露日军所需要的军事机密,泽牧良夫就对其施加酷刑,而后就把霍利比斯关押在狱中,通过饥饿、打骂、虐待、不给放风、不让休息睡觉等各种方式对其进行精神上及肉体上的折磨。霍利比斯受刑负伤后,又不予以医治,致使其伤口恶化,一度生命垂危。

抗战胜利后,泽牧良夫被美军逮捕,从台湾押解到上海,关押在提篮桥监狱。受审时,泽牧良夫身穿军服,事先他经过充分准备,自供书竟长达34页,千方百计为自己辩护。他自称当时日军奉政府命令对美军被俘人员严密看守,以免发生越轨行动,并须查明各犯的行踪及来历。泽牧良夫又称,当时日军部队的官兵对被俘人员实行人道主义,所以被俘的美军人员都得到良好待遇,他们在监狱内都有吸纸烟的机会。总之,泽牧良夫不承认用刑及伤害美国军人霍利比斯。

在法庭上,检察官严词指出泽牧良夫罪状的要害在于违反国际公法虐待战俘,背叛人道,将霍利比斯重打至晕,伤害其肉体,受刑后又不予以医治。同时他身为日军少佐,又受过高等教育,具有较高的文化水平,知法犯法,法不可赦,请求主审官予以重判。被告律师认为泽牧良夫虽然对被害人打骂虐待,但是情有可原,他是执行上级命令,只不过在执行过程中有出格的举动,但对受害人没有危及生命,因此有从宽从轻的情节,而且到案后认罪态度较好,事前还准备了长达30多

---

[1]《台湾战犯泽牧良夫昨日首度审讯》,载《申报》1946年5月10日。《泽牧良夫昨受审 定今日下午宣判》,载《民国日报》1946年5月10日。

位于台北的日军台湾军司令部
——[日]胜山吉作编:《台湾绍介最新写真集》,台北胜山写真馆1931年版,第87页

页的书面材料,陈述了一些理由,对其中部分要义,希望法庭考虑采纳。由于泽牧良夫虐待霍利比斯案,案情较为简单,并不复杂,犯罪事实清楚,美军军事法庭经过调查侦讯,于当月10日下午宣判泽牧良夫有期徒刑30年。[1]

二、 中野良雄大尉虐待案

1946年6月6日上午9时,美军军事法庭在提篮桥监狱审讯日战犯中野良雄大尉、川井清海兵长、井村秀一兵长、关晋上等兵。他们4人被控1945年在台湾战俘集中营,犯有伤害虐待美军哈特中尉的罪行。[2]

1945年5月美军哈特中尉奉命驾机轰炸台湾时,飞机不幸被高射炮击中,冒着黑烟瞬间坠落,他连忙跳伞,在波涛汹涌的台湾海峡中几经搏击,由于体力不支,再加上这一带海域均为日军控制,被驻防在台湾的日军俘虏。日军违反国际公法,由中野良雄等人对哈特施以吊打、电刑、灌辣椒水等种种酷刑,企图获取情报。但哈特虽受虐待、折磨,坚不吐露军情,以致被打得伤痕累累,并被日军囚禁几个月。1945年日本投降后一个月,哈特获得自由返回美国,与家人团聚,后在医院疗养了4个月,身体才逐渐康复。

1946年6月6日,美军军事法庭在提篮桥监狱开庭审讯中野良雄等人。由培莱中校、约吉少校、哈尔顿少校担任审判官,组成合议庭。主审官培莱中校,身材高大,头发半秃,陪审官约吉少校与哈尔顿少校,一胖一瘦,显得十分引人注目。上午9时整,法庭开庭,法警带上日战犯中野良雄大尉、川井清海兵长、井村秀一兵长、关晋上等兵等4

---

[1] 《日战犯泽牧良夫判三十年》,载《申报》1946年5月11日。
[2] 《虐待美飞行员案　日战犯俯首认罪》,载《华美晚报》1946年6月6日。

人。他们坐在法庭的被告席上。4名被告中,要数中野良雄年龄最大,长相也最凶。川井清海与井村秀一皆戴玳瑁眼镜,眼睛兀自在眼镜里向下望,模样丑陋,颇为可怕。他们4人已全部穿上美军夏季制服,但鞋子还是以前作恶时穿的黄皮靴。检察官福娄中尉,说话沙沙声,起立宣读起诉书。胖胖的被告辩护律师退纳中尉,以证据确凿无话可说而放弃辩护。法庭请来证人美军海军哈特中尉。此次他特地从美国伊利诺伊州橡花公园家中飞来上海作证。他坐上证人席,态度镇静,唯发音颇低。他详细叙述如何在美国受训,如何受命侦察台湾近海日本军情,如何为敌高射炮火击落,如何在海中搏击而被日军捕去。当讲到在台湾被中野良雄等4人刑讯拷打时的情况,他紧咬牙齿,面呈愤色,余怒不尽。待翻译官将哈特的证言译为日语,中野良雄等4人也自知以往作恶,必自食其果,均低头默默无语。[1]经美军军事法庭允许,中野良雄等人请来日军第6军军法处长上村勇土助大佐到庭,代为辩护。上村大佐在发言中,把日军对美海军哈特中尉的虐待折磨,轻描淡写地说成他们系奉命执行公务,现在哈特中尉已经康复,没有留下什么后遗症,所以从后果来说中野良雄等人的行为并未触犯刑律。

中野良雄在台湾虐待美国飞行员一案,经美军军事法庭二审终结。1946年6月8日上午,由主审官培莱中校宣读判决书:"中野良雄大尉处无期徒刑,川井清海兵长、井村秀一兵长及上等兵关晋各处有期徒刑30年,拘禁期间,罚以苦役。"[2]各犯听到判处结果后,面色灰白,低首无言,随宪兵押回监舍。

---

[1]《虐待美飞行员案 日战犯俯首认罪》,载《华美晚报》1946年6月6日。
[2]《虐待美俘虏案日战犯处罪 中野良雄无期徒刑三兵长各判三十年》,载《华美晚报》1946年6月9日。

三、 谏山春树中将等非法处死美飞行员案

1946年7月1日,美军军事法庭在提篮桥监狱提审一批日本战犯,人数众多,其中有前日军驻台湾第10方面军参谋长谏山春树中将,第10方面军司令部军法处长古川大佐及所属部队的杉浦成孝中佐,中野良雄、伊藤忠夫、松井正治大尉,伊达宾夫、藤井健中尉等8人。

1945年6月19日,美军飞行员麦克里莱、哈脱莱、施巴凡、劳伦斯、里格斯、阿屈路、麦克凡、卡德、勃区耐、派克、威尔逊、哈萨惠、恰柏、莱及铁等14人,在台湾海面因飞机失事被台湾日本驻军逮捕。在对他们经过一番虐待、折磨后,台湾总督安藤利吉大将即命令参谋长谏山春树中将,及军法处长古川大佐设立军事法庭,将被俘的麦克里莱等14名飞行员加以非法审判。由松浦中佐任审判长,杉浦中佐等5人分任陪审官及检察官。他们不依法律程序,违反国际公法,不给麦克里莱等人提供辩护律师,也不给他们自我辩解、发言的机会,贸然将麦克里莱等14名美军飞行员在极短的时间内判处死刑。经安藤利吉大将、谏山春树中将、古川大佐批准后,就把这14名美国飞行员就地执行枪决,麦克里莱等14人的遗体及遗物也随之遗弃。两个月以后,日本政府宣布无条件投降,这14名美军飞行员的家属联名向美军要求依法抚恤,并及时惩处涉案的日本人。美军当局认为谏山春树等日本人对美国飞行员的行为实属非法,经拘捕后,自台湾押解来上海关押受审。

总督安藤利吉于1946年4月16日,从台湾押解到上海,三天后他畏罪在提篮桥监狱内,用密藏在衣服夹缝中的剧毒药自杀死亡。谏山春树作为第一被告,和其他7名日本战犯押解到庭。美军军事法庭由马兰上校为主审官,贝利中校、皮史推华尔特中校为副审官,霍路斯上尉与奥斯勃中尉为检察官,凯莱上尉与退纳中尉为辩护律师,并另聘

两名日籍律师为之辩护。这8名日本战犯中,谏山春树身材矮小,獐头鼠目,是个典型的日本巨奸。古川已年迈,故呈老态龙钟。其余6人,都生得浓眉宽脸,一望便是杀人不眨眼的屠夫。他们依等级高低坐于二排,逐一起立静聆检察官宣读他们所犯的罪行。

7月23日,美军军事法庭又一次在提篮桥监狱审讯谏山春树、古川大佐等人。在庭审中,控辩双方展开激烈的辩论。首先由日本辩护律师向主审官发话,认为台湾第10方面军参谋长谏山春树是台湾总督、司令官安藤利吉命令的执行者,他仅是签发司令官的指示,所以组织军事法庭对14名美军飞行员审讯的事与他无关。至于被任命为主审法官的古川大佐所签署的判决书,事先已由上级决定,不过以他的名义而宣判罢了,他对此事更无权过问。至于杉浦中佐、中野大尉等人更是无权过问,因此他们是无辜的。该日本律师还大言不惭地说,前在台湾所组建的日军军事法庭非常公正,而且合法,一切依照日本驻台湾地区第10方面军的意图而执行。其后美军检察官霍路斯上尉及奥斯勃中尉发言,对日本律师的言论进行反驳:"我们绝对不同意台湾第10方面军军事法庭的公正性,法庭开庭应该公开,应该按照国际公法而施行。具体理由有三点:(1)东京方面曾下令组织军事法庭审讯战犯,但日军审讯的14名美军飞行员根本不是战犯,你们颠倒黑白,把所要审讯对象的身份都弄错了。为此,日军方面应负责。(2)军事法庭审讯时应予公正态度审讯,不应通过诬陷之言辞而定罪。(3)谏山春树、古川大佐等人明知他们的身份是美军飞行员,却把他们判处死刑,又不给他们上诉及申诉的权利,就匆忙地执行枪决,这是有违国际公法,不顾一切加罪于无辜者身上的。所以要求法庭对谏山春树判处死刑,以身赎罪。"控辩双方的辩论一直进行至下午1时。[1]

被控在台湾杀害美飞行人员14人一案,经美军法庭审讯四五个

---

[1]《谏山等八个日战犯 辩论终结定后日宣判》,载《民国日报》1946年7月24日。

星期,于7月25日上午宣判。上午8时谏山春树等8名日军被告由美军宪兵押解入庭。主审官宣读他们的罪状及判决主文。第一个谏山春树中将,系前日本驻台湾第10方面军参谋长,虽然没有直接到庭参加审判美军人员,但他下令组织法庭,又示意将无辜者处死负有领导责任,所以判无期徒刑。第二个古川大佐,为当时日本军事法庭主审官,系直接判刑者,判处死刑。第三个杉浦成孝中佐,任法庭检察官,他伪造证据,罗织美军飞行员罪名,也依法判处死刑。第四个中野良雄大尉,系该案的法官,判处无期徒刑。第五个伊藤忠夫大尉,判处有期徒刑20年(事后,他于1949年初又被上海军事法庭再次审判)。其他,松井正治大尉判处有期徒刑40年,伊达宾夫中尉判处有期徒刑30年,藤井健中尉判处有期徒刑30年。[1]

---

[1]《日战犯八名判决　谏山中将终身监禁　古川杉浦各处死刑》,载《申报》1946年7月26日。

第三十二章

五名菲律宾人蒙难雪耻
三名日本战犯受审获刑

菲律宾是一个位于东南亚的多民族群岛国家,主要分吕宋、米沙鄢和棉兰老岛三大岛群,共有大小岛屿7 000多个,面积29.97万平方公里。14世纪前后建立了海上强国苏禄王国。从1565年起被西班牙侵占并统治了300多年,1898年被美国占领,1942年又被日本占领,第二次世界大战后重新沦为美国殖民地。1946年7月,菲律宾独立。菲律宾与美国长期保持密切的盟国关系。抗战胜利后,设于提篮桥监狱的美军军事法庭对日本战犯进行了多次审判,其中也涉及日本战犯虐待菲律宾人员案件。

1946年4月18日,美军军事法庭在提篮桥监狱初次审讯日本战犯星川森次郎上士、向山国忠准尉、永井正次通译员等3名。军事法庭由加勃上校、贝利中校、哈顿少校及凯利上尉4人组成合议庭。审讯开始,由主审官加勃上校宣布开庭,检察官奥斯勃中尉宣读起诉书,分别控告星川森次郎等人的罪行。星川森次郎等人对与美军合作的菲律宾人,以反对"东亚共荣圈"的罪名予以逮捕。被害者是伊文其立斯太、美托斯、爱斯皮诺、克罗士、维拉等5人。在1944年2月28日至4月15日间,星川森次郎等人在上海极斯菲尔路94号(今万航渡路)日兵司令部,对伊文其立斯太等拳打脚踢,用香烟烫灼其皮肉,用打火机烧其体肤,还施以电刑,通过电流摧残他们的身心,前后虐待折磨半个月,最后把他们5人各判处有期徒刑11年,关押在提篮桥监狱服刑。直到抗战胜利后才释放出狱,恢复自由。伊文其立斯太等菲律宾人向美军军事法庭举报。法庭接受举报后极其重视,在派员调查的基础上,把隐姓埋名、冒充华人杂居在上海城区内的星川森次郎等拘捕归案,并把他们关押在提篮桥监狱。

初审那天,伊文其立斯太等5名菲律宾人也到庭作证。作为被告的星川森次郎等3人穿着整洁、衣冠楚楚,毫无悔罪之意。他们虽在法庭受审,但仍无惧色,当美军士兵将其押到法庭时还谈笑自若,并且与前来听审的日本联络官点头打招呼。法庭上,星川森次郎等3人拒不认罪,进行狡辩,提出这些菲律宾人的口述无凭,系他们添油加醋,信口胡说。日方被告辩护律师顺势起立,请求法庭假以时日,再行调查,补充证据。为此,军事法庭主审官宣布本月4月22日上午9时再次审讯。

4月22日(星期一),3名日本战犯虐待5名菲律宾人案,在美军军事法庭经过控辩双方的辩论,被告日本战犯在确凿的事实面前不得不低头认罪。[1] 1946年4月26日上午,美军军事法庭在提篮桥监狱再次开庭,宣判日军上士星川森次郎有期徒刑27年,准尉向山国忠有期徒刑22年,通译员永井正次有期徒刑20年。[2] 昔日曾经把5名菲律宾人囚禁于提篮桥监狱的3名日本战犯,今后也将被拘押在这所监狱内服刑。这身份的互换、角色的对调,也许是他们没有预料到的。

---

[1]《日战犯五名今午执行绞刑 虐待菲律宾人案今晨再度开审》,载《申报》1946年4月22日。

[2]《虐待五人菲人案 三日战犯判决》,载《申报》1946年4月27日。

第三十三章

石原勇：上海盟军战俘营的恶魔

1941年珍珠港事件以后，日本军队对太平洋上的威克岛、关岛、东南亚地区发动突然袭击，俘虏了大批美国、英国等盟军士兵。为了管理这些外籍战俘，日军在中国的台湾、香港、奉天（沈阳）、海南岛等地设立战俘营。日军对上海也不放过，先后在吴淞、江湾、北四川路、华德路等处设立了多个战俘营。

上海盟军战俘营，又称上海盟军集中营，包括吴淞战俘营、江湾战俘营两个地方。吴淞战俘营设立于1942年2月1日，位于长江边今宝山区塘后路，遗址是今海军上海博览馆的一部分。该战俘营由七个营区组成，除了一个较小的以外，其余的大约220英尺长，50英尺宽。营区里还分成若干小间，每个小间可容36人。为防止战俘逃跑，战俘营周围架起电网，后来又在其内部和厕所也架设了一圈电网，整个营区由两道电网环绕。1942年3月28日，吴淞战俘营收押了1500多人，其中威克岛战俘占了绝大部分。此外，还有英美等国驻上海的海军战俘、美国驻华北的海军陆战队官兵、少数被俘的盟军高级将领、飞行员及其他人员。吴淞战俘营条件很差，健康和卫生设施缺乏。[1]

1942年12月6日，吴淞战俘营迁往江湾高境庙附近的高境乡，遗

---

[1] 李健、苏智良：《侵华日军在沪集中营考论》，载《上海师大学报》2017年第3期。

址为今殷高路的上海高境戒毒所。上海盟军战俘营关押的战俘总数，每年都有变化，具有流动性。1942年至1944年，分别为1 434人、980人、1 023人。在整个关押期间共有40人死亡。1945年5月，日方将上海的盟军战俘营转移到北京丰台，后又转移到朝鲜半岛的釜山，最终在日本的北海道被美军解散。同年5月9日，上海战俘营关闭，剩余的身体不好的20余名战俘，被送往位于今长阳路的上海警察医院。

上海战俘营首任主任汤濑刚一大佐，1942年10月初因患疟疾性心脏麻痹症死亡。后由另一个日本人继任主任。吴淞战俘营的管理者还有新藤、秋山、令木和翻译石原勇。迁移到江湾后，管理者基本上还是原班人马。其中打人特别凶狠的就是石原勇。战俘营管理人员对战俘随便打耳光。他们还实行株连措施，几个战俘的"违纪"，会导致所有战俘受罚。受罚办法五花八门，如站在雨中几个小时、几天不供应食品、关禁闭等。吴淞战俘营战俘承担开挖吴淞某河道的劳役，每天必须从天亮干到日落。据一名美军军官回忆，每个日本兵都有自己的"法条"，我们时常在无意中稍不留神，就会触犯他们的"法规"。有次一个人由于拒绝给日本兵摇动卡车前面的马达驱动器被打得半死。还有一名战俘，仅仅看了一下营地四周的电网，就以"侦探地形、谋图脱逃"的罪名，被日本人枪杀。在战俘营内，日军对战俘经常打罚、鞭挞、虐待，他们还实施"水刑"和"指刑"。所谓"水刑"就是把战俘捆绑在梯子或木板上，灌水使其呕吐，反复多次让受刑者肠胃充满水，一整天都不能闭嘴巴。所谓"指刑"就是用绳索套在战俘手指上慢慢收紧，直至骨折或脱臼为止。

战俘营的日常生活简单乏味。早上起床、点名、训话、整理床铺、呼喊口号。早餐后劳动，分成两拨，一拨人到营外，另一拨人在营内种菜或修补衣物。中午简单就餐后继续劳动。下午6点用晚饭，8点半训话，9点到11点熄灯。到了冬天，战俘的日子更糟糕，由于战俘营修建简单，抵挡不住寒风的侵袭，战俘尽管可以每人领到一个草垫子，一

第三十三章　石原勇：上海盟军战俘营的恶魔

条毯子,但是这种毯子又薄又小,根本不能御寒。1942 年 12 月至 1945 年 5 月,盟军江湾战俘营中有 22 人死亡。在盟军战俘的回忆中,饥饿最常见,饭粒中多石块,有时甚至把牙齿硌坏。所谓的"茶水"就是柳树叶子泡的树叶水,被战俘戏称为"东条水"。"炖菜"则是菜少水多,没有一点营养。众所周知,战俘是受到战争影响的重要群体之一,一个国家对待战俘的态度亦体现其文明程度。日军对待盟军各国战俘非常残暴,充满了法西斯式的氛围。

抗战胜利后,美军军事法庭多次在提篮桥监狱审讯上海江湾与吴淞日军战俘营的翻译石原勇。1946 年 2 月 7 日上午,是美军军事法庭首次对石原勇的侦讯。审判官为米都顿上校、莱克脱上校、杰克逊上校、米撒中校、史璜生中校。检察官由杰拉德上尉及奥斯勃中尉充任,被告辩护律师为利咸巴中校、蒙罗上尉。法庭提上战犯石原勇,他身穿黑色西装,留着小胡子,头发蓬松,鼻上架深度眼镜。法庭宣布开庭,法庭书记、翻译官 2 人,主审官 5 人,相继举行宣誓,坚决以最公平、最理智的方式及心情处理审判,否则愿受政府及上帝的责罚。[1]

宣誓结束,主审官宣布审讯开始,由检察官杰拉德上尉宣读对石原勇提起的公诉书:石原勇,36 岁,早年在夏威夷公立学校就读,故熟悉英语,继在中国居住 10 年。1941 年太平洋战争爆发后,即任吴淞与江湾两日军战俘营的翻译。他在任内无恶不作,对战俘营的美国战俘横加凌辱。石原勇于 1942 年 5 月至 1945 年 1 月间,担任吴淞及江湾战俘营翻译主任。由于他熟悉英语,日军对美军人员审讯时,他都在场翻译,美军战俘对他印象最深,仇恨最大。尽管 1945 年 1 月石原勇离开上海去汉口经商,但是他逃脱不了法庭对他的追究。抗战胜利后,在汉口经美军拘捕后押到申城。石原勇是上海各战俘营中最早被人举报而受审的。1946 年 3 月 4 日下午,法庭传证人矢泽利彦到庭作

---

[1]《日战犯两名今日在沪受审》,载《世界日报》1946 年 2 月 7 日。

证。他曾在吴淞、江湾两处工作。石原勇所虐待各战俘，大多为美军海军陆战队队员。[1]

石原勇在任盟军战俘营的翻译期间，经常毒打战俘，被战俘称为"东方野兽"和"恐怖骷髅"。在审讯时，他袒露自己受日本军国主义"武士道"精神的影响，看不起被俘人员。他认为战争中，大男人应该在火线上搏击，战死在沙场，如果被对方俘虏成为战俘是可耻的。既然当了战俘就应该无条件地卖命当苦力，为献身战场的人"赎罪"。石原勇自认为自己有学历、有文化，但不为上级官长"赏识"，在战俘营管理缴械投降的战俘属"大材小用"，大有怀才不遇之感；所以他就把个人的情绪发泄到战俘身上，以打人为自豪。有一次，有个被俘的美国海军上尉由于寻找工具修理了自己的床位，就被石原勇一顿毒打，几天爬不起身体。英国驻香港总督杨慕琦也被石原勇用刀架在脖子上威胁过。[2] 在多次的庭审中，各位证人列举了石原勇对在押的美军战俘28人用足踢、鞭打、灌水，以及在酷日暴晒下久站等恶行。检察官还宣读曾在战俘营遭石原勇虐待的各美军战俘来函14件，都详述其亲身所受虐待，字里行间无不透露出愤恨之情绪。起诉书宣读结束后，主审官询问被告石原勇是否听清楚。石原勇本任翻译官，熟悉英语，所以不需要译成日语，点头表示明了。但是石原勇面对大量的犯罪事实和众多证人证言却死命抵赖。

经美军军事法庭于1946年的2月、3月的四度审讯后，吴淞与江湾两个战俘营的翻译主任石原勇，于1946年3月7日被美军军事法庭判处终身监禁，给予严厉的法律惩处。[3]

---

[1] 《日战犯石原勇受美军军事法庭审讯》，载《申报》1946年3月5日。
[2] 《美军三审石原勇》，载《申报》1946年3月7日。《石原勇被宣判终身监禁》，载《民国日报》1946年3月7日。
[3] 《石原勇昨宣判终身监禁服役》，载《和平日报》1946年3月8日。

附录

一、日本重要战犯名单

抗战胜利后,国民政府分批公布了日本侵华战争罪犯名单,因人数众多,战争罪犯处理委员会于1947年7月又择其重要战犯公布了《日本重要战犯名单》,共计261人,以供各地各级政府组织进一步调查日本战犯罪行。这261名战犯及主要职务如下。[1]

1. 土肥原贤二,大将,侵华日军第14师团长,教育总监兼陆军参议官
2. 板垣征四郎,大将,陆相,朝鲜军司令官
3. 南次郎,陆军大将,陆相,军事参议官
4. 荒木贞夫,陆军大将,陆相,文相,军事参议官
5. 畑俊六,陆军元帅,陆相,遣华军总司令
6. 东条英机,大将,陆相,总理大臣
7. 平治骐一郎,男爵,枢密院副院长,首相
8. 阿部信行,陆军大将,陆相,朝鲜总督,首相
9. 米内光政,海军大将,海军司令,首相

---

[1] 本名单原载《北京档案史料》1990年第1—4期,1991年第1—2期,刘庆旻整理。

10. 小矶国昭,陆军大将,关东军参谋长,朝鲜总督,首相
11. 高田繁太郎,海军大将,遣华舰队司令官,海军军令部总长,海相
12. 吉田善吾,大将,第二舰队司令官,遣华舰队司令官
13. 及川古志郎,大将,第三舰队司令官,海相
14. 广田弘毅,外相,首相
15. 松冈洋右,满铁总裁,外相
16. 东乡茂德,外相
17. 梅津美治郎,陆军大将,关东军司令官,驻伪满特使,参谋总长
18. 谷正之,外相
19. 有田八郎,外相
20. 末次信正,大将,联合舰队司令官
21. 青木一男,藏相
22. 贺屋兴宣,藏相
23. 岸信介,商工大臣
24. 池田成彬,藏相
25. 中岛知久平,铁道大臣,军需大臣
26. 松井石根,大将,上海派遣军司令官
27. 天羽英二,情报部长
28. 白鸟敏夫,情报部长
29. 田中国重,明伦会主持人
30. 菊池武夫,贵族院议员,神武会主持人
31. 杉山元,陆军元帅,陆相,本土总军司令官
32. 寺田寿一,元帅,侵华日军华北方面军司令官及南方军总司令官
33. 永野修身,海军元帅,军令部总长
34. 木村兵太郎,大将,侵华日军第32师团长,关东军参谋长及东北军管区司令官
35. 藤江惠辅,大将,侵华日军第16师团长及西部军司令官

36. 今村均,大将,侵华日军第5师团长,华南方面军司令官及第8方面军司令官
37. 田中静一,大将,侵华日军第13师团长,军事参议官兼陆军大学校长及东部军司令官
38. 多田骏,大将,侵华日军华北方面军司令官及军事参议官
39. 林铣十郎,大将,陆相,首相
40. 长谷川清,大将,侵华日军第三舰队司令官及台湾总督
41. 山胁正隆,大将,侵华日军第3师团长
42. 近藤信竹,大将,侵华日军中国方面舰队司令官
43. 植田谦吉,大将,侵华日军中国驻屯军司令,朝鲜军司令及关东军司令,驻伪满大使
44. 后宫淳,大将,侵华日军华南方面军司令官及参谋次长
45. 安藤利吉,大将,侵华日军第10方面军司令官及台湾总督
46. 山田乙三,大将,侵华日军华中方面军最高指挥官及关东军司令官
47. 冈部直三郎,大将,蒙藏驻屯军司令官,侵华日军第六方面军司令官
48. 东久迩宫稔彦王,大将,侵华日军第2军司令官,防卫总司令官及军事参议官
49. 朝香宫鸠彦王,陆军大将,侵华日军总指挥官
50. 河边正三,陆军大将,陆军教育总监本部长,航空总司令官,中国派遣军总司令部参谋长
51. 野村直邦,大将,海军大臣
52. 西尾寿造,大将,中国派遣军总司令部总司令官
53. 西义一,陆军大将,侵华日军第8师团长
54. 吉木贞一,大将,侵华日军第1军司令官,东部军司令官
55. 泽本赖雄,海军大将,侵华日军华南方面海军最高指挥官
56. 丰田副武,大将,华北海军最高指挥官,联合舰队司令官
57. 篠塚义男,中将,侵华日军第10师团长,第1军司令官及军事参

议官

58. 牛岛实常,中将,侵华日军第 20 师团长及台湾军司令官

59. 井关隆昌,中将,侵华日军第 14 师团长及南洋方面军施政官

60. 藤田进,中将,侵华日军第 13 军司令官及金泽师管区司令官

61. 饭治守,中将,侵华日军第 110 师团长

62. 七田一郎,中将,侵华日军驻蒙军司令官

63. 田边盛武,中将,侵华日军第 41 师团长及陆军参谋次长

64. 舞傅男,中将,侵华日军第 36 师团长

65. 黑田重德,中将,侵华日军第 26 师团长及菲律宾最高指挥官

66. 土桥一次,中将,侵华日军第 22 师团长,第 13 军司令官及熊本区师管区司令官

67. 田康一,中将,侵华日军第 104 师团长

68. 滨本喜三郎,中将,侵华日军第 104 师团长

69. 桑木崇明,中将,侵华日军第 110 师团长

70. 林芳太郎,中将,侵华日军第 110 师团长

71. 小仓达次,中将,侵华日军驻蒙军司令部附及 131 师团长

72. 清水喜重,中将,侵华日军第 116 师团长

73. 太田腾海,中将,侵华日军第 22 师团长

74. 寺仓正三,中将,侵华日军第 22 师团长

75. 石井嘉穗,中将,侵华日军第 32 师团长

76. 鹫津松平,中将,侵华日军第 21 师团长

77. 板西一良,中将,侵华日军第 35 师团长及 20 军军长

78. 赤鹿理,中将,侵华日军第 13 师团长

79. 佐久间为人,中将,侵华日军第 68 师团长

80. 宫泽齐四郎,中将,侵华日军第 40 师团长

81. 酒井隆,中将,侵华日军天津驻屯军参谋长及华南方面军司令官及第 23 军军长

82. 小松辉久,中将,侵华日军华中舰队司令官

83. 井上成美,中将,侵华日军中国方面舰队参谋长

84. 秦彦三郎,中将,侵华日军第 34 师团长

85. 片山省太郎,中将,侵华日军第 4 混成旅团长及第 62 师团长

86. 野副昌德,中将,侵华日军第 63 师团长

87. 太田米雄,中将,侵华日军第 65 师团长

88. 井上贞卫,中将,侵华日军第 69 师团长

89. 三浦忠次郎,中将,侵华日军第 69 师团长

90. 本乡义夫,中将,侵华日军第 62 师团长

91. 佐伯文郎,中将,侵华日军第 26 师团长

92. 细川忠康,中将,侵华日军第 8 炮兵司令官及第 59 师团长

93. 柳川悌,中将,侵华日军第 59 师团长

94. 下野一霍,中将,侵华日军第 58 师团长

95. 堤三树男,中将,侵华日军第 60 师团第 55 旅团长及第 68 师团长

96. 稻叶四郎,中将,侵华日军第 6 师团长

97. 桥本欣五郎,中将

98. 影佐桢昭,中将,伪组织顾问及侵华日军第 38 师团长

99. 牟田口廉也,中将,侵华日军第 18 师团长及第 15 军司令官

100. 矶谷廉介,中将,侵华日军第 10 师团长及香港总督

101. 关龟治,中将,侵华日军第 34 师团长及第 2 军司令官

102. 横山勇,中将,侵华日军第 11 军军长

103. 安田卿辅,中将,侵华日军第 105 师团长

104. 伊东政喜,中将,侵华日军第 104 师团长

105. 富士井末古,少将,侵华日军独立混成第 11 旅团长,第 9 师团第 35 旅团长

106. 前田治,中将,侵华日军第 35 师团长

107. 富永信正,中将,侵华日军第 27 师团长

108. 田中勤,中将,侵华日军第 61 师团长
109. 花谷正,陆军中将,侵华日军山西日军参谋长,济南、长沙、九江等地特务机关长及缅甸日军第 55 师团长
110. 池田上贤吉,中将,侵华日军第 9 独立混成旅团长
111. 甘粕重太郎,中将,侵华日军蒙疆驻屯军司令官
112. 森田宣,中将,侵华日军第 25 师团长
113. 岩村清一,中将,舰政本部部长
114. 平田正判,中将,侵华日军东部军司令部附及第 22 师团长
115. 高桥坦,中将,侵华日军驻北平武官
116. 香月清司,中将,侵华日军天津驻屯军司令官及第 1 军司令官
117. 酒井镐次,中将,侵华日军第 109 师团长
118. 阪口芳太郎,中将,侵华日军第 10 飞行联队长,第 14 飞行师团长
119. 三国直福,中将,侵华日军第 21 师团长,南京特务机关长
120. 下山涿磨,中将,侵华日军航空司令部参谋,第 3 飞行师团长,第 5 航空军司令
121. 安田武雄,中将,侵华日军航空技术研究所所长,第 1 航空军司令
122. 佐野忠义,中将,侵华日军第 38 师团长
123. 铃木重康,中将,侵华日军第 25 师团长
124. 矶田三郎,中将,侵华日军第 22 师团长
125. 岩松义雄,中将,侵华日军第 1 军司令官
126. 尾高龟藏,中将,侵华日军第 2 军司令官
127. 上月良夫,中将,侵华日军驻蒙军司令官
128. 永津佐比重,中将,侵华日军中国派遣军总司令部总参谋副长
129. 菅原道大,中将,侵华日军第 2 飞行团长,航空本部部长,第 2 航空军司令
130. 河边虎四郎,中将,侵华日军航空总务部部长,航空本部总务部部长

131. 恒宪王,中将,侵华日军陆军航空总监部部附
132. 田副登,中将,侵华日军飞行师团长,航空总监部总务部长
133. 德川好敏,中将,明野飞行学校校长,航空兵团长,航空士官学校校长
134. 福田良三,海军中将,侵华日军厦门联络部部长,中国方面舰队司令官
135. 斋藤弥太平,中将,侵华日军关东军高参旅团长,第25军司令官
136. 人见秀三,中将,侵华日军第132旅团长,第12师团长
137. 十川次郎,中将,侵华日军第10师团长,第6军司令官
138. 中泽三夫,中将,侵华日军第1师团长
139. 内藤正一,中将,侵华日军第11师团长
140. 原守,中将,侵华日军第9师团长
141. 坂田顺,中将,侵华日军第11师团长
142. 上村清太郎,中将,侵华日军第12师团长及西部军司令官
143. 宇佐美兴屋,中将,侵华日军第7师团长
144. 石原莞尔,中将,侵华日军第16师团长
145. 吉冈安置,中将,侵华日军关东军司令部附兼关东军参谋
146. 楠木实隆,中将,侵华日军第57师团长及兴亚院联络官
147. 佐佐木到,中将,侵华日军华北驻屯宪兵司令及第10师团长
148. 松井命,中将,侵华日军第4师团长及西部防卫军司令官
149. 河村恭辅,中将,侵华日军第1师团长,机械化国防协会副会长
150. 铃木贞一,中将,企划院总裁,兴亚院政务部长与兴亚院总部长官,大日本产业板国会会长
151. 森国皋,中将,侵华日军华北派遣军军务部长,北京兴亚院联络部长
152. 小畑敏四郎,中将,陆军大学校长,无任所大臣
153. 坂口静夫,中将,通善寺师团长,侵华日军第65师团长

154. 远山登,中将,侵华日军第 71 师团长

155. 饭田贞固,中将,侵华日军第 12 军司令官及军事参议官

156. 山冈厚重,中将,侵华日军第 109 师团长

157. 岩永汪,中将,侵华日军第 34 师团长及第 116 师团长

158. 内田孝行,中将,侵华日军第 70 师团长

159. 中山惇,中将,侵华日军第 68 师团长

160. 小林信男,中将,侵华日军第 60 师团长

161. 毛利末广,中将,侵华日军独立混成第 3 旅团长及第 58 师团长

162. 牛岛贞雄,中将,侵华日军第 18 师团长

163. 之纳诚一,中将,侵华日军第 18 师团长及第 22 军军长

164. 大贺茂,中将,侵华日军第 34 师团长

165. 天谷直次郎,中将,侵华日军第 40 师团长

166. 大城户三治,中将,侵华日军第 22 师团长

167. 安达二十三,中将,侵华日军第 37 师团长及第 18 军司令官

168. 村上启作,中将,侵华日军第 39 师团长及总力战研究社社长

169. 澄田睐四郎,中将,侵华日军第 29 师团长

170. 佐佐真之助,中将,侵华日军西部军参谋长及第 39 师团长

171. 末松茂治,中将,侵华日军第 114 师团长及日本忠灵显彰会常务理事

172. 川岸文三郎,中将,侵华日军第 20 师团长及东部防卫司令官

173. 本同雅晴,中将,侵华日军第 27 师团长及参谋本部附

174. 饭田祥二郎,中将,侵华日军近卫师团长及第 15 军司令官

175. 谷寿夫,中将,侵华日军第 6 师团长

176. 伴健雄,中将,陆军重炮兵学校校长,侵华日军第 34 师团长

177. 百武晴吉,中将,侵华日军第 18 师团长及通信兵监

178. 井关仞,中将,侵华日军第 36 师团长

179. 井出铁藏,中将,侵华日军第 32 师团长及参谋本部附

180. 落合甚九郎,中将,侵华日军中国派遣军总司令部御门挂,第27师团长

181. 矢野音三郎,中将,侵华日军第26师团长

182. 柴山兼四郎,中将,侵华日军第26师团长及陆军次长

183. 冈崎清三郎,中将,侵华日军第16军参谋长及第2师团长

184. 铃木贞次,中将,侵华日军第104师团长

185. 长野佑一郎,中将,侵华日军第37师团长

186. 青木成一,中将,侵华日军第40师团长

187. 町尻量基,中将,侵华日军第6师团长及化学兵监

188. 内田银之助,中将,侵华日军第118师团长,独立混成第5旅团长

189. 松浦淳太郎,中将,侵华日军第106师团长

190. 太谷敬一,中将,侵华日军第15师团长及北海道长官

191. 丸山政男,中将,侵华日军第2师团长

192. 北野宪造,中将,侵华日军第4师团长及中国驻屯宪兵司令官

193. 丰岛房太郎,中将,侵华日军第3师团长及第2军司令官

194. 高桥多贺二,中将,侵华日军第3师团长

195. 山本三男,中将,侵华日军第3师团长

196. 吉住良辅,中将,侵华日军第9师团长

197. 山室宗武,中将,侵华日军第11师团长及炮兵监

198. 荻村立兵,中将,侵华日军第13师团长

199. 清水规矩,中将,侵华日军第41师团长及教育总监部本部长

200. 中野英光,中将,侵华日军第48师团长

201. 山路秀男,中将,仪葬委员长及侵华日军战车第3师团长

202. 平林盛人,中将,侵华日军第17师团长

203. 中岛今朝吾,中将,侵华日军第16师团长兼中部防卫司令官

204. 篠原诚一郎,中将,侵华日军第116师团长

205. 武内俊二郎,中将,侵华日军第116师团长

206. 建川美次,中将,侵华日军第 110 师团长及驻苏联大使
207. 原田熊吉,中将,侵华日军第 35 师团长
208. 平田健吉,中将,侵华日军第 37 师团长及炮兵监
209. 安井藤治,中将,侵华日军第 2 师团长,第 6 军司令官
210. 内山英太郎,中将,侵华日军第 13 师团长,第 12 军司令官及中部军司令官
211. 田中久一,中将,侵华日军第 21 师团长及华南方面军司令官,第 23 军司令官
212. 园部和一郎,中将,侵华日军第 6 师团长,第 11 军司令官及军事参议官
213. 滕井津治,中将,侵华日军第 38 师团长,中部军司令官及军事参议官
214. 竹下义晴,中将,侵华日军第 27 师团长及平壤师管区司令官
215. 三宅光治,中将,侵华日军第 104 师团长,伪满协会中央部长
216. 远藤三郎,中将,侵华日军陆军航空本部总务部长,陆军航空总监部总务部长及军需省航空兵器总局长官
217. 新见政一,海军中将,侵华日军华南方面海军最高指挥官
218. 杉山六藏,海军中将,侵华日军华北方面海军最高指挥官
219. 原田宇一郎,中将,侵华日军第 60 战队队长,独立第 20 飞行师团长,第 1 飞行师团长
220. 宇野积藏,海军中将,侵华日军上海特别陆战队司令官兼第 3 舰队司令部附
221. 清水光美,海军中将,侵华日军华北方面海军最高指挥官
222. 樋口季一郎,中将,侵华日军第 9 师团长
223. 鹰森孝,中将,侵华日军第 11 师团长
224. 盐泽清宣,少将,侵华日军华北派遣军特务部之特务部长暨驻北京公使,侵华日军第 119 师团长

225. 奥村伴二,少将,侵华日军独立混成第6旅团长
226. 高品彪,少将,侵华日军独立混成第17旅团长
227. 小原一明,少将,侵华日军骑兵第4旅团长
228. 萱岛高,少将,侵华日军独立混成第18旅团长
229. 专田盛寿,少将,曾任土肥原贤二及板垣之副官,驻北京公使馆总务部长,侵华日军独立混成第81旅团长
230. 樱庭子郎,少将,侵华日军中国派遣军总司令部附,侵华日军独立混成第82旅团长
231. 田中隆吉,少将,侵华日军关东军第二课长兼张家口特务机关长及关东军与天津驻屯军联络员,陆军生兵务局长
232. 中西良介,少将,侵华日军第4飞行团长
233. 田中友道,少将,陆军航空通讯学校校长,侵华日军第7飞行团长
234. 山中繁茂,少将,侵华日军第25飞行团长
235. 吉冈文六,东京《日日新闻》主笔
236. 半泽玉城,《外交时报》主笔
237. 高石真五郎,大阪《每日新闻》主笔
238. 中西敏宪,伪自治会指导员
239. 驹井德三,职务不详
240. 川良一,国粹会会长
241. 甘柏正彦,无任所藏相
242. (缺)
243. 芳泽谦吉,外相
244. 西田税,白浪社首领
245. 川越茂,驻华大使
246. 鲇川义介,伪满开拓会社总裁
247. 星野直树,伪满总务长官
248. 大谷光瑞,日本最荒谬之佛教徒

249. 光濑久忠,厚生大臣

250. 十河信二,兴中公司总经理

251. 河田烈,藏相

252. 津岛寿一,日本银行副总裁,伪华北开发会社总裁

253. 野村吉三郎,驻美大使

254. 石渡庄太郎,藏相

255. 丰田贞次郎,商相,外相,拓相

256. 樱内幸雄,藏相

257. 千石与太郎,农商大臣

258. 伊藤述史,内阁情报局总裁

259. 本多熊太郎,驻华(南京)大使

260. 绪方竹虎,国务大臣兼情报局总裁

261. 河东修,特务工作员

这份名单列举了各战犯在侵华战争时期的军衔、职务和主要罪行(本书略),基本上包括了侵华日军旅团长(少将)以上的军官,还有少量的日本政府官员、经济战犯和文化战犯。

不少研究者认为,这份名单在各地审判军事法庭审判中并没有起多大作用,因为下达此战犯名单是在1947年7月,而国民党政府要求各法庭审判工作到1947年底结束。如果按这份战犯名单去审判,再用几年也审不完,因为这200多名战犯名单中的大多数并不在各法庭所列的已经受理的战犯名单中。对这些战犯的调查取证和审判要耗费很长时间。国民党政府出于反共需要,再次没有把冈村宁次列入战犯名单。[1]

---

[1] 刘统:《国民政府对日本重要战犯的审判》,载《军事历史研究》2015年第6期。

二、抗战胜利后曾在上海关押过的部分日本战犯及嫌疑人

姓名	籍贯	年龄	军衔	主要职务
冈村宁次	东京	65	大将	侵华日军中国派遣军总司令
安藤利吉△	宫城	63	大将	侵华日军驻台湾总督,第10方面军司令官
冈部直三郎△	广岛	60	大将	侵华日军第六方面军司令官
田中久一△	兵库	58	中将	侵华日军华南派遣军第23军司令官,日本驻香港总督
矶谷廉介△	兵库	64	中将	侵华日军关东军参谋长,日本驻香港总督
福田良三△	东京	59	中将	侵华日军中国方面海军舰队司令官
左近允尚正	鹿儿岛		中将	侵华日军中国方面舰队参谋长
原田清一		55	中将	侵华日军海军厦门根据地司令官
谏山春树			中将	侵华日军驻台湾第10方面军参谋长
奈良晃	长崎	58	中将	侵华日军第11军司令官
鹰森孝△	三重	60	中将	侵华日军第11师团长
泽田茂	高知	57	中将	侵华日军第13军司令官
松井太久郎	福冈	61	中将	中国派遣军总参谋长,日本驻汪伪政府最高军事顾问
谷寿夫△	福冈	65	中将	侵华日军第6师团长,南京大屠杀主犯
神田正种	爱知		中将	侵华日军第6师团长

续　表

姓名	籍贯	年龄	军衔	主要职务
三国直福△	东京		中将	侵华日军第 21 师团长
十川次郎△	山口	58	中将	侵华日军第 10 师团长，第 6 军司令官
柴山兼四郎△	茨城	60	中将	侵华日军第 26 师团长
落合甚九郎△	枥木	57	中将	侵华日军第 27 师团长
伴健雄△	福冈	56	中将	侵华日军第 34 师团长
宫川清三	东京	59	中将	侵华日军第 40 师团长
细川忠康△		58	中将	侵华日军第 59 师团长
落合松二郎			中将	侵华日军第 60 师团长
田中勤△			中将	侵华日军第 61 师团长
船引正之	东京	58	中将	侵华日军第 64 师团长
梨冈寿男	东京	55	中将	侵华日军第 64 师团长，第 55 旅团长
堤三树男△	宫崎		中将	侵华日军第 68 师团长
三浦忠次郎△	宫城	61	中将	侵华日军第 69 师团长
内田孝行△	山梨		中将	侵华日军第 70 师团长
小仓达次△	东京	60	中将	侵华日军第 84 师团长，第 131 师团长
菱田元四郎	东京		中将	侵华日军第 116 师团长
内田银之助△	东京	55	中将	侵华日军第 118 师团长
盐泽清宣△	长野	56	中将	侵华日军第 119 师团长
野地嘉平	宫城		中将	侵华日军第 133 师团长
专田盛寿△	东京	50	中将	侵华日军独立混成旅第 81 旅团长

续表

姓名	籍贯	年龄	军衔	主要职务
藤田类太郎			中将	侵华日军青岛特别陆战队长官,日本中国派遣海军第2舰队司令长官
樱庭子郎△	青森	56	中将	侵华日军第20军独立混成第82旅团长
土桥勇逸	东京	57	中将	侵华日军广州第38军司令官,日本驻越南总督
矢崎勘什			中将	侵华日军第321师团长
三浦三郎			中将	侵华日军上海宪兵队长,第114师团长
粟岩尚治	长野	56	少将	侵华日军第3师团辎重联队队长
黑濑平一	山口	54	少将	侵华日军第68师团步兵第57旅团长
四方谅二	神户	52	少将	侵华日军第131师团长
浅海			少将	侵华日军第13集团军参谋长,"梅机关"机关长
前田正实			少将	侵华日军上海特务机关机关长
谷川正宪			少将	侵华日军第17混成旅团长,上海警备队司令
富田直亮	熊本	49	少将	侵华日军第23军参谋长
镝木正隆	石川	49	少将	侵华日军第34军参谋长
田中透	佐贺	56	少将	侵华日军驻台湾混成旅第2联队联队长
下河边宪二	京都		少将	侵华日军独立混成第23旅团长
加藤章	兵库		少将	侵华日军步兵第8旅团长
大井川八郎	福岛	61	少将	侵华日军独立混成第83旅团长

续 表

姓名	籍贯	年龄	军衔	主要职务
松井省吉			少将	侵华日军台湾地区军队成员
茂川秀和	爱知	52	少将	侵华日军某地特务机关长
佐藤田子男			少将	侵华日军第六方面军经理部长
梶浦银次郎			少将	侵华日军第132师团第97旅团长
伊达顺之助	东京	56		奉系军阀张作霖顾问
白川一雄				前日本驻伪满洲国外交官
谷正之	熊本	57		日本内阁情报局总裁,外务省次官,外相,日本驻汪伪政府大使
船津辰一郎	佐贺	74		汪伪上海市政府顾问官,日本驻汪伪政府经济顾问
土田丰				日本驻汪伪政府大使馆一等秘书,北平总领事,大使馆全权公使
田尻爱义	岛根	51		日本驻汪伪政府大使馆上海事务所全权公使,汪伪政府最高经济顾问
小山贞知				新民会顾问
福本龟治			大佐	侵华日军汉口日本宪兵队司令
服本守次			大佐	侵华日军汉口日本宪兵分部队长
古川			大佐	侵华日军驻台湾第10方面军司令部军法处处长
佐泽秀雄			大佐	侵华日军驻台湾军队军官
松田元治			大佐	侵华日军奉天战俘营主任
松本一郎	兵库		大佐	侵华日军海军厦门某部军官
前崎正雄			大佐	侵华日军驻台湾地区军官
大寺敏	鹿儿岛	59	大佐	上海海防路俘虏收容所所长

续 表

姓名	籍贯	年龄	军衔	主要职务
石山虎夫			大佐	山炮第 71 联队成员
淞浦龙一			大佐	第 7 师团 85 联队成员
森木五郎			大佐	华东派遣军宪兵队长
朝生平四郎			大佐	第 9 师团第 7 联队成员
永田胜之辅	东京		中佐	上海沪北宪兵队成员
远藤多喜雄	宫崎	53	中佐	侵华日军独立第 17 旅团独立步兵第 88 大队队长
杉浦成孝			中佐	侵华日军驻台湾军队军官
久保口外			中佐	侵华日军华南派遣军第 23 军军官
若林文一	石田	35		侵华日军驻沈阳藤本部情报主任
吉川原一	大阪	29		藤本部队机关枪中队长
村川俊				日本驻上海总领事
荒木和夫				侵华日军北京宪兵队队长
三谷春一	东京			温州日本特务机关长
美浓轮武夫	崎阜			青岛日本宪兵队队长
板梶秀一	石川			华北交通株式会社北平铁路局警务课长
坂田朝南	长野	33	少佐	宪兵
泽牧良夫		32	少佐	侵华日军驻台湾某部情报员
松尾正三			少佐	台湾总督安藤利吉的法律顾问
南健藤吉	鹿儿岛		少佐	金华日本宪兵队长
田中军吉	东京	43	少佐	日本竹山部队情报人员
梶尾政一	广岛	52	少佐	独立步兵第 55 大队成员

续　表

姓名	籍贯	年龄	军衔	主要职务
矢吹忠一			少佐	独立步兵第52大队成员
山口教一			少佐	侵华日军香港军事法庭法官
酒井定次			少佐	侵华日军汉口日本宪兵队成员
青木喜代老			少佐	侵华日军驻台湾军队成员
赢泽义夫			少佐	侵华日军驻台湾军队成员
山郎光三			少佐	侵华日军驻台湾军队成员
棉子多一			少佐	侵华日军驻台湾军队成员
今藤好勇			少佐	
西村平八郎			少佐	宪兵
渡边昌盛			少佐	侵华日军华南派遣军第23军军官
南健藤吉	鹿儿岛		少佐	金华日本宪兵队成员
阿南虔二郎	大分		少佐	上海沪西宪兵队成员
水谷五郎			少佐	上海宪兵队成员
中岛信一	东京		少佐	杭州日军梅机关长
加藤政雄	石川		少佐	河北沧县日军联络部成员
桑田民雄	广岛	36	大尉	独立混成第92旅炮兵
长村贡	广岛		大尉	杭州宪兵队队长
妻苅悟			大尉	越南日本宪兵队本部特高课中国班主任兼河内宪兵队队副
小阪庆助			大尉	侵华日军汉口日本宪兵队司令部成员
松井正治			大尉	侵华日军驻台湾地区某部军官
中野良雄			大尉	侵华日军驻台湾地区某部军官

续 表

姓名	籍贯	年龄	军衔	主要职务
伊藤忠夫			大尉	侵华日军台湾军司令部裁判所法务官
南部博之	熊本		大尉	第68师团独立第61大队长
大野茂	高知		大尉	浦东日本宪兵队队长
水上喜景	山梨	31	大尉	青岛日本海军法务官
桑岛恕一	山形	30	大尉	侵华日军沈阳战俘营军医
松尾美夫	政阜	31	大尉	苏州日本宪兵队队长
南椎藤吉			大尉	杭州日本宪兵队队长
宫本仁平	德岛		大尉	上海沪东日本宪兵队队长
上川路信			大尉	上海浦东日本宪兵队队长
有元俊夫	大阪	34	大尉	日本宪兵
八木义男	兵库		大尉	上海日本宪兵乘警派遣队大队长
大场金次	静冈	40	大尉	宁波日本宪兵队队长
管谷瑞人	栃木		大尉	侵华日军厦门海军警备队成员
饼田实			大尉	海军青岛根据地舰队中队长
沼仓孝义	岩手			上海沪北日本宪兵队队长
久保寺德次				侵华日军海军参谋部军官
土田村川				上海日侨自治会会长
谷瑞人				侵华日军厦门某部法务官
门屋博	宫城			上海梅机关嘱托,汪伪政府经济顾问
永井正次				日本翻译官
石原勇		37	大尉	吴淞、江湾战俘营翻译主任

续 表

姓名	籍贯	年龄	军衔	主要职务
芝原平三郎	德岛	48		杭州日本宪兵队情报主任
伊藤百郎	大分			青岛海军航空队翻译
桂定治郎				河北开滦矿冶局顾问
中原狮郎				河北井陉煤矿病院院长
浅川弘子				侵华日军华南派遣军第23军军官
和光勇精			上尉	侵华日军第13军军法官
冈田隆平			上尉	侵华日军第13军军法官
立田外次郎			上尉	侵华日军上海江湾监狱监狱长
田中军吉	东京	43	上尉	侵华日军第6师团第45联队长
本田同	东京	39	中尉	上海海防路俘虏收容所总务主任
藤井健			中尉	侵华日本驻台湾地区军队军官
河东			中尉	侵华日本驻台湾地区军队成员
松井正治			中尉	侵华日本驻台湾地区军队成员
伊远			中尉	侵华日本驻台湾地区军队成员
藤井			中尉	侵华日本驻台湾地区军队成员
石非稔			中尉	侵华日本驻台湾地区军队成员
久留田岩			中尉	侵华日本驻台湾地区军队成员
船冈正生			中尉	侵华日本驻台湾地区军队成员
茗杉治郎			中尉	侵华日本驻台湾地区军队成员
川井田进			中尉	侵华日本驻台湾地区军队成员
加茂下良重			中尉	侵华日本驻台湾地区军队成员
日置史郎			中尉	侵华日本驻台湾地区军队成员

续　表

姓名	籍贯	年龄	军衔	主要职务
玉木舆二中			中尉	侵华日本驻台湾地区军队成员
吉川闲道			中尉	侵华日本驻台湾地区军队成员
桑原博			中尉	侵华日本驻台湾地区军队成员
三谷春一			中尉	独立混成第89旅团成员
丸岛靖			中尉	侵华日本驻台湾地区军队成员
田中宫一	香川	45	中尉	宪兵

注一：本表格资料来源于各媒体及书籍，因所占篇幅较大，故而省略。
注二：表格中日本人的年龄，系他们关押或审判时的年龄，由于来自各种资料，计算标准不一致，其中有的为虚岁，有的为周岁。
注三：表格中名字后带△者，系国民政府战争罪犯处理委员会于1947年7月公布的261名日本重要战犯。

三、提篮桥监狱关押、审判、执行日本战犯及德国纳粹战犯要录

1945 年

12 月 24 日,在汉口杀害 3 名美军飞行员首名战犯、侵华日军第 34 军参谋长镝木正隆少将等人从东京引渡抵沪,押入提篮桥监狱。

1946 年

1 月初,提篮桥监狱除了关押日本战犯 51 人以外,还有英、俄、美、法、犹太等战犯。

1 月,盟军美军在提篮桥监狱设立军事法庭审讯日本战犯。

1 月 18 日,美军军事法庭首次在提篮桥监狱开庭提审在汉口杀害美飞行员 3 人的镝木正隆少将、汉口日本宪兵队司令福本龟治大佐等 18 人。这是抗战胜利后,在中国境内首次审判日本战犯。

2 月 1 日,美军军事法庭续审镝木正隆、福本龟治等 18 人。

2 月 3 日,美军军事法庭续审镝木正隆等 18 人。

2 月 5 日,侵华日军第 13 军司令官泽田茂中将自东京被押解狱中。

2 月 7 日,美军军事法庭审讯上海吴淞与江湾集中营翻译主任石原勇上尉。

2 月 11 日,美军军事法庭续审镝木正隆等 18 人,允许各界人员旁听,人数 100 名,凭券入席,在大门口发完为止。

2 月 12 日,美军军事法庭续审镝木正隆等 18 人。

2 月 13 日,美军军事法庭续审镝木正隆等 18 人。

2 月 14 日,美军军事法庭续审镝木正隆等 18 人。

2 月 15 日,美军军事法庭续审镝木正隆等 18 人。

附　录

2月16日,美军军事法庭续审镝木正隆等18人。

2月17日,美军军事法庭续审镝木正隆等18人。

2月18日,美军军事法庭续审镝木正隆等18人。陈纳德到庭旁听,法庭为陈纳德设立首席旁听席。

2月20日,美军军事法庭续审镝木正隆等18人。

2月21日,美军军事法庭续审镝木正隆等18人。

2月22日,美总统华盛顿诞生纪念日,美军军事法庭不休庭,续审镝木正隆等18人。

2月24日,美军军事法庭续审镝木正隆等18人。

2月25日,美军军事法庭审讯第13军司令官泽田茂中将、江湾日军事监狱监狱长立田外次郎上尉、日本军事法官和光勇精上尉及冈田隆平上尉等4人。

2月26日,美军军事法庭续审镝木正隆等18人。

2月27日,美军军事法庭续审泽田茂、立田外次郎等4人。

2月28日,美军军事法庭宣判镝木正隆等5人死刑,福本龟治无期徒刑,酒井定次等11人处20年至1年半不等有期徒刑,1人无罪释放。

3月1日,美军军事法庭续审泽田茂案。

3月4日,美军军事法庭审讯上海吴淞与江湾战俘营翻译主任石原勇。

3月5日,美军军事法庭续审石原勇。

3月6日,美军军事法庭续审石原勇。

3月7日,经美军军事法庭四度审讯后,判处石原勇无期徒刑。

3月11日,美军军事法庭续审泽田茂案。

3月12日,美军军事法庭续审泽田茂案。

3月14日,美军军事法庭判处奉天战俘营管理员三木遂有期徒刑25年。

3月18日,美军军事法庭续审泽田茂案。

3月19日,国民政府军令部自1945年12月至1946年2月底下达七批日本战犯名单,日前已逮捕日本战犯48人,均拘捕于狱中。

3月21日,美军军事法庭续审泽田茂案。

3月22日,常熟日本宪兵队队长米村春喜、江阴日本宪兵队军曹下田次郎从无锡移押上海,关押狱中。

3月23日,美军军事法庭续审泽田茂案。

3月25日,美军军事法庭续审泽田茂案。

4月1日,美军军事法庭续审泽田茂案。

4月9日,美军军事法庭续审泽田茂案。

4月12日,美军军事法庭续审泽田茂案。

4月15日,美军军事法庭宣判泽田茂有期徒刑5年,和光勇精有期徒刑9年,立田外次郎有期徒刑5年,冈田隆平有期徒刑5年。

4月15日,德国谍报安哈特中校等7人被美军军事法庭逮捕关押狱中。

4月16日,日本占领时台湾总督、司令官安藤利吉大将,台湾地区第10方面军参谋长谏山春树中将等14人由台湾乘专机解沪,侵华日军华南派遣军第23军参谋长富田直亮乘美军驱逐舰由香港押解来沪,以上人员均关押狱中。

同日,杭州日本宪兵队情报主任芝原平三郎关押狱中。

4月18日,美军军事法庭初审虐待菲律宾人的日本战犯星川森次郎上士、向山国忠准尉、永井正次通译员3人。

4月19日,深夜,安藤利吉大将在狱中服毒自杀死亡,终年63岁。他是抗战胜利后在中国境内自杀死亡的日本最高将领。

4月22日上午,镝木正隆等5人被美国宪兵在提篮桥监狱执行绞刑。

同日,美军军事法庭审讯星川森次郎等3人。

4月23日,因安藤利吉服用密藏衣缝中的毒药自杀,监狱更换在押日本战犯原穿的衣服,全部提供美军新军服。

4月24日,安藤利吉的法律顾问松尾正三少佐在狱中悬梁自尽。

4月26日,美军军事法庭判处星川森次郎有期徒刑27年,向山国忠有期徒刑22年,永井正次有期徒刑20年。

5月8日,意大利籍战犯阿素里尼被关押狱中。

5月9日,美军军事法庭审讯日本驻台湾军队军部情报员泽牧良夫少佐。

5月10日,美军军事法庭判处泽牧良夫有期徒刑30年。奉天战俘营主任松田元治大佐从沈阳通过飞机押到上海,关押狱中。

6月6日,美军军事法庭审讯驻台湾地区虐待美军被俘飞行员的日本战犯中野良雄大尉、川井清海兵长、井村秀一兵长、关晋上等兵等4人。

6月8日,美军军事法庭判处中野良雄无期徒刑,判处川井清海、井村秀一、关晋等3人各有期徒刑30年,拘禁期间罚以苦役。

6月10日,奉天战俘营军医桑岛恕一大尉通过飞机从日本引渡到中国,关押狱中。

6月16日,溧阳日本宪兵队军曹富田德从江湾战犯拘留所移押狱中。

6月24日,狱中关押日本等外籍战犯71人。

7月1日,美军军事法庭对侵华日军第10方面军参谋长谏山春树中将等8人进行审讯。

7月4日,杭州艮山门日本宪兵队宣抚班成员黑泽次男关押狱中。

7月8日,日本战犯松本一郎海军大佐、法务官谷瑞人、署长浅川浅人,以及木四直治、友金一引、田佐金吾、富高增木、岛田明、佐藤力、池田利平、政本宣夫、长谷川寿夫、三好正一、久保田卯一、江佳岩石、柳原兼次、吉武元海、张锡球、肖达政等19人从厦门押解抵沪关押狱中。

7月12日,侵华日军第68师团长堤三树男中将、第14独立警备队司令官大井川八郎少将及上海俘虏收容所所长大寺敏大佐等押入狱中。

7月23日,美军军事法庭续审谏山春树等8人。

7月25日,美军军事法庭判处谏山春树无期徒刑,古川死刑,杉浦成孝死刑,中野良雄无期徒刑,伊藤忠夫有期徒刑20年,松井正治有期徒刑40年,伊达宾夫有期徒刑30年,藤井健有期徒刑30年。

8月3日,谷寿夫、矶谷廉介从狱中押出,乘火车解往南京。

8月6日,侵华日军第6方面军司令官冈部直三郎大将自武汉乘船抵沪,押解狱中。

8月8日,侵华日军第23军司令官、香港总督田中久一,香港日军军事法庭法官山口教一,由美军军舰从香港起航押解到上海,抵沪后关押狱中。

8月13日,美军军事法庭续审讯侵华日军第34军司令官田中久一中将、参谋长富田直亮少将等人。

8月15日,美军军事法庭续审田中久一等人。

8月19日,美军军事法庭续审田中久一等人。

8月21日,美军军事法庭续审田中久一等人。

8月22日,美军军事法庭续审田中久一等人。

8月26日,美军军事法庭初审德国纳粹战犯欧哈德等23人。

8月28日,美军军事法庭分别审讯渡边昌盛和富田直亮。

9月3日,美军军事法庭判处田中久一、富田直亮死刑,久保口外中佐、渡边昌盛少佐无期徒刑,山口教一少佐有期徒刑50年,浅川弘子上尉无罪。

同日,侵华日军第64师团长船引正之中将、第68师团步兵第57旅团长黑濑平一少将关押狱中。

9月5日,美军军事法庭审讯沈阳战俘营主任松田元治大佐、沈阳俘虏营军医桑岛恕一大尉。

9月7日,美军军事法庭续审松田元治、桑岛恕一。

9月9日,美军军事法庭续审松田元治、桑岛恕一。

9月16日,美军军事法庭判处松田元治有期徒刑7年,判处桑岛恕一绞刑。

9月18日,美军军事法庭续审欧哈德案。

9月20日,美军军事法庭续审欧哈德案。

9月21日,美军军事法庭续审欧哈德案。

同日,上海日本宪兵队准尉浅野隆俊、崇明日本宪兵队队长大庭早志关押狱中。

9月22日,从北平解来与欧哈德等共同从事间谍活动的纳粹战犯4人(内有女性1人),至此狱中关押的德国纳粹战犯共计27人。

10月7日,美军军事法庭续审欧哈德案,前驻沪日军情报部主任森丙出庭作证。

10月9日,美军军事法庭续审欧哈德案。

10月11日,美军军事法庭续审欧哈德案。

10月14日,美军军事法庭续审欧哈德案。

10月15日,美军军事法庭续审欧哈德案,德国投降前雇用的意大利人蒙吐凡尼出庭作证。

10月16日,美军军事法庭续审欧哈德案,受日军雇用的青山晴光出庭作证。

10月17日,美军军事法庭续审欧哈德案,前日本华北情报部长高富明出庭作证。

10月19日,美军军事法庭续审欧哈德案,前驻沪日军情报部主任森丙出庭作证。

10月28日,美军军事法庭续审欧哈德案。

11月2日,美军军事法庭续审欧哈德案。

11月11日,美军军事法庭续审欧哈德案。

11月13日,美军军事法庭对欧哈德案中的沈克等6人宣判无罪释放,余犯续审。

同日,上海沪南宪兵队准尉田中初义,杭州宪兵队准尉安冈辉忠,上海沪南、沪东、沪西、沪北各宪兵队曹长甲斐明义、沼野贞吉、朝比奈茂、未光贞夫、坊地正纠、佐藤忠治、贯送司、管元堪三郎、望月久雄、田村二贞、日塔大三、酒隆俊,苏州宪兵队曹长野口五郎,杭州宪兵队曹长外谷刻夷,上海各宪兵队军曹野真二郎、小松清己、濑贺勇吉、若村文一、平良正弘、丸山安雄、鸟泻贤次郎、朱屋誓军曹等26人关押狱中。

11月15日,美军军事法庭续审欧哈德案。

11月17日,美军军事法庭续审欧哈德案。

11月19日,美军军事法庭续审欧哈德案。

同日,崇明日本宪兵队特高课课长中野久勇关押狱中。

11月28日,冈部直三郎大将在狱中患脑溢血死亡,终年60岁。系抗战胜利后,病亡中国的日本最高将领。

12月2日,美军军事法庭续审欧哈德案。

同日,湘鄂地区日本宪兵队宪兵田中宫一、立花鹤五郎关押狱中。

12月5日,美军军事法庭续审欧哈德案,被释放的德国人沈克出庭作证。

12月12日,美军军事法庭续审欧哈德案。

12月13日,美军军事法庭续审欧哈德案。

12月18日,美军军事法庭续审欧哈德案。

12月19日,美军军事法庭续审欧哈德案。

12月20日,美军军事法庭审讯欧哈德案中唯一的女性缪勒夫人。

12月21日,美军军事法庭续审欧哈德案。

12月22日,美军军事法庭续审缪勒夫人。

12月24日,美军军事法庭审讯欧哈德案中的前德国驻广州领事西伯。

12月28日,美军军事法庭审讯欧哈德案中的间谍犯哈瑟和欧哈德局广州支部助手尼曼。

1947年

1月13日,美军军事法庭续审欧哈德案。

1月14日,美军军事法庭续审欧哈德案。

1月16日,美军军事法庭续审欧哈德案。

同日,原押提篮桥监狱的186名日本战犯移押江湾战犯监狱,其中有侵华日军第27师团长落合甚九郎中将、台湾混成旅第2联队联队长田中少将等将级战犯七八人。

1月17日,美军军事法庭对德国纳粹战犯21人进行宣判,其中欧哈德处终身监禁,普开麦等2人各处苦役30年,莫斯保等4人各处苦役20年,拉斯基处苦役15年,罗特劳夫等6人各处苦役10年,奥顿保处苦役8年,庇许基等6人各处苦役5年。

1月,被美军军事法庭判处有期徒刑7年的松田元治押往日本东京的巢鸭监狱服刑。

2月1日,美军军事法庭对桑岛恕一大尉执行绞刑。

2月14日,"十字楼"原美军军事法庭暨日本战犯拘留所撤销。

4月27日,侵华日军海军舰队司令福田良三中将、汉口派遣军司令奈良晃中将、日本驻伪满外交官白川一雄,以及开滦煤冶局顾问桂定治郎、高桥英臣准尉、前崎正雄等6人,由美军从台湾乘轮船押解抵沪,关押狱中。押解途中还有一日本战犯跳海自杀。

6月17日,江阴日本宪兵队军曹下田次郎、常熟日本宪兵队队长米村春喜从狱中押出,经游街示众,在江湾刑场由中国军警执行枪决。

8月12日,日军第22师参谋部招抚工作班成员黑泽次男在监狱刑场由中国军警执行枪决。

8月14日,日军溧阳宪兵队军曹富田德在监狱刑场由中国军警执行枪决。

11月22日,日本宪兵队杭州情报主任芝原平三郎在监狱刑场由中国军警执行枪决。

12月10日,上海日本宪兵队准尉浅野隆俊在监狱刑场由中国军警执行枪决。

1948年

3月15日,上海日本宪兵队浦东分队特高课准尉班长久保江保治、日本宪兵队浦东分队军曹野间贞二在监狱刑场由中国军警执行枪决。

4月8日,崇明日本宪兵队队长大庭早志、崇明日本宪兵队特高课课长中野久勇在监狱刑场由中国军警执行枪决。

4月20日,越南日本宪兵队本部特高课中国班主任兼河内宪兵队大尉队副妻苟悟、越南岘港日本宪兵队特高课曹长田岛信雄、岘港日本宪兵队特高课军曹小西新三郎在监狱刑场由中国军警执行枪决。

6月24日,宁波日本宪兵队队长大场金次在监狱刑场由中国军警执行枪决。

7月24日,曾任张作霖顾问的伊达顺之助从国防部战犯监狱移押狱中。

9月1日,日军杭州、松江派遣队附员松谷义盛在监狱刑场由中国军警执行枪决。

9月9日,伊达顺之助在监狱刑场由中国军警执行枪决。

四、国民政府审判日本战犯的数据及各地审判日本战犯两张表格的考述

抗战胜利后,国民政府自1946年开始在南京、北平、上海、沈阳、太原、济南、徐州、汉口、广州、台北等10个城市组建军事法庭审判日本战犯。但是全国各军事法庭究竟审判了多少名日本战犯,究竟有多少名日本战犯分别被判处死刑、无期徒刑、有期徒刑及无罪释放,具体数字不统一。据笔者不完全统计,目前有几个版本,而且其数据的截至年月也有不同,即使截至年月相同其数字也有差异。为了提供进一步研究,我初步整理如下。

(一) 全国性的数据

1. 截至1947年12月底。

(1) 1947年12月25日,战争罪犯处理委员会宣布:全国各地军事法庭受理战犯案件共计1 523案(计2 388人),现已结1 045案(计2 170人),未结478案(计218人),截至1947年底止,计判处死刑者110名,无期徒刑者41名,有期徒刑者167名,无罪283名,不起诉661名,不受理30名,非战犯遣返日本878名,余218名,尚待审理。[1]

(2) 国防部审讯战犯军事法庭庭长石美瑜,1948年2月28日告中央社记者:抗战胜利以来,全国军事法庭受理日本战犯2 388名,迄三十六年底止,已结案者2 170名,其中判死刑者有谷寿夫、酒井隆、田中久一等110名,处无期徒刑者41名,处有期徒刑者167名,宣判无罪者283名,不起诉者661名,不受理者30名,非战犯遣返日本者878

---

[1] 秦孝仪主编:《中华民国重要史料初编:对日抗战时期》第二编(四),第450页。《中日外交史料丛编》(七),第469页。

名,现尚有218名未结,正在陆续审讯中,预计5月底前可告结束。[1]

(3) 从1945年12月至1947年12月,计审判日本战犯2 435人,其中被判处死刑149人,实际执行145人(4人在执行前病死或减刑),其余被判处无期或期限不等的徒刑,也有部分因证据不足被释放。[2]

2. 截至1948年6月19日。

(1) 国防部1948年6月19日宣布,日本战犯的审讯工作即将结束。过去两年中曾审讯战犯1 427名,还没有审讯的案子仅53件。审讯过的战犯中462人已定罪,其中141人死刑,81人无期徒刑,240人有期徒刑,另有364人无罪释放。审讯的战犯中有27个将军,其中6人判死刑,8人处无期徒刑,4人处有期徒刑,9人无罪释放。[3]

(2) 关于战犯之概况,综合探之如此:判处死刑者,将官6人、校官9人、尉官29人、士兵52人、其他45人。判处无期徒刑者,将官8人、校官10人、尉官2人、士兵35人、其他26人。判处有期徒刑者,将官4人、校官15人、尉官28人、士兵93人、其他100人。无罪者,将官9人、校官23人、尉官37人、士兵138人、其他157人。不起诉者,将官9人、校官33人、尉官64人、士兵157人、其他316人。不受理者,将官1人、尉官3人、士兵8人、其他10人。总计死刑者141人,无期徒刑者81人,有期徒刑者240人,无罪364人,不起诉579人,不受理22人。此外,尚有未结案55人。[4]

3. 截至1949年1月底。

(1) 1949年1月末,国防部军事法庭宣称,所有战犯案件,现已全

---

[1]《审理战犯工作五月底前可结束》,载《和平日报》1948年2月29日。
[2]《国民政府战犯处理委员会第77次会议记录》附录《国防部军法处统计表》(1948年6月18日),台北"国史馆"藏外交部档案,典藏号:172-1-0895(1)。
[3]《日战犯将审完 两年内已审十四百余名》,载《大公报》1948年6月20日。《国防部在两年内审讯战犯统计一千四百二十七人,内一百四十一人处死》,载《星岛日报》1948年6月20日。《我审判战犯即将结束》,载《南洋商报》1948年6月20日。
[4]《日本战犯一百四十一人被我判处死刑》,载《中华日报》1948年6月19日。

部审毕,该庭决定于 2 月底结束。据统计,受理战犯案共 2 200 余件,判处死刑者 145 件,判处有期或无期徒刑者 400 余件。[1]

(2) 1949 年 1 月末,据上海军事法庭宣称,受理战犯案共 2 200 余件,判处死刑者 145 件,判处有期或无期徒刑 400 余件,其余无罪送还。又据日本厚生省调查统计,战犯被处死及在狱中死亡者共 192 人。[2]

(3) 到 1949 年初,中国 10 所军事法庭共受理案件 2 200 件,其中判处死刑 145 名,有期及无期徒刑 300 名。[3]

(4) 截至 1949 年 1 月,中国 10 所军事法庭共判处日本战犯死刑 148 人,无期徒刑 81 人,有期徒刑 229 人,无罪释放 59 人。[4]

(5) 截至 1949 年 1 月,中国 10 所军事法庭共判处日本战犯死刑 149 人,无期徒刑 83 人,有期徒刑 272 人,[5]

(6) 截至 1949 年 1 月,判处日本战犯死刑 147 人,无期徒刑 83 人,有期徒刑 276 人,无罪释放 365 人。[6]

(7) 截至 1949 年 1 月,中国审判战犯军事法庭共受理案件 2 200 余案,其中判处死刑 145 人,有期徒刑或无期徒刑约 400 人,其他无罪遣送回国。[7]

综上所述,截至 1949 年 1 月底,判处死刑者有 145 人、147 人、148 人、149 人四种数据,判处无期徒刑者有 81 人、82 人两种数据,判处有期徒刑者有 229 人、272 人、276 人三种数据,判处无罪释放者有 59 人、365 人两种数据。

---

[1]《战犯案件全部审毕 军庭二月底结束》,载《申报》1949 年 1 月 27 日。
[2] [日]稻叶正夫编:《冈村宁次回忆录》,中华书局 1981 年版,第 141 页。
[3]《国防部审判战犯法庭庭长石美瑜公布的数字》,载《大公报》1949 年 1 月 27 日。
[4] [日]茶园义男:《日本 BC 级战犯资料》,不二出版社 1983 年版。王辅:《日军侵华战争(1931—1945)》,辽宁人民出版社 1990 年版,第 2851 页。
[5] [日]丰田隈雄:《战争裁判余录》,泰生社 1986 年版。
[6] 杨竞:《盟军战俘在中国——奉天战俘营口述纪实》,人民出版社 2016 年版。
[7] 张宪文主编:《日本侵华图志——投降与受审》第 25 卷,山东画报出版社 2015 年版,第 205 页。

（二）各地审判日本战犯的两张表格

目前，从书籍或报纸上，我们可以得到 1946 年 4 月至 1949 年 1 月的南京、北平、上海、沈阳、太原、济南、徐州、汉口、广州、台北等 10 个军事法庭审判日本战犯的死刑、无期徒刑、有期徒刑、无罪释放的两张统计汇总表。

1946 年 4 月—1949 年 1 月各地军事法庭审判日本战犯统计表（一）[1]

地点	被审判总人数	死刑	终身监禁	有期徒刑	无罪释放
上海	183	13	21	88	61
广州	171	48	21	47	55
南京	37	8	2	16	11
汉口	151	7	19	23	102
北平	112	28	11	34	39
济南	24	9	1	8	6
徐州	25	8	3	11	3
太原	11	2	0	4	5
沈阳	136	23	5	28	80
台北	21	1	0	17	3
共计	871	147	83	276	365

1946 年 4 月—1949 年 1 月各地军事法庭审判日本战犯统计表（二）[2]

地点	起止时间	被审判总人数	处死刑	处终身监禁	处有期徒刑	无罪释放
上海	1946 年 4 月—1949 年 1 月 26 日	116	14	22	75	5

---

[1] 杨竞:《盟军战俘在中国——奉天战俘营口述纪实》，人民出版社 2016 年版，第 272—273 页。
[2] 王辅:《日军侵华战争(1931—1945)》第 4 册，辽宁人民出版社 1990 年版，第 2851 页。

续 表

地点	起止时间	被审判总人数	处死刑	处终身监禁	处有期徒刑	无罪释放
广州	1946年7月—1948年3月10日	118	46	16	39	17
南京	1946年5月—1947年12月	24	8	2	12	2
汉口	1946年6月—1948年5月15日	80	7	20	26	27
北平	1946年4月—1948年12月17日	78	31	13	31	3
济南	1946年8月—1947年11月13日	19	9	1	7	2
徐州	1946年7月—1947年7月12日	22	7	3	11	1
太原	1946年12月—1948年1月14日	7	3	0	4	0
沈阳	1946年7月—1948年1月	38	23	4	9	2
台北	1946年12月—1948年12月22日	15	0	0	15	0
总计		517	148	81	229	59

对比这两张表格的数据，判死刑者及判终身监禁(无期徒刑)者，两表的数字很接近，差距较小。判死刑者，"表(一)"为147人，"表(二)"为148人；判无期徒刑者，"表(一)"为83人，"表(二)"为81人。而被审判的总人数、判有期徒刑者、判无罪释放者，两表的数字差别很大。审判总数，"表(一)"为871人，"表(二)"为517人；判有期徒刑者，"表(一)"为276人，"表(二)"为229人；判无罪释放者，差距特别大，"表(一)"为365人，"表(二)"为59人。如果分解到各军事法庭，以"无

罪释放"及"被审判总人数"为例,沈阳军事法庭两张表格的数字差距最大,分别高达 78 人和 98 人,其次为汉口、上海、广州、北平,从 70 多到 30 多不等。为了说明问题,现把两张表格相关资料列表如下:

10 个军事法庭审判日本战犯总数及处以无罪释放的对照表

军事法庭所在地	宣判无罪释放者			被审判日本战犯总人数		
	表一	表二	两者差距数	表一	表二	两者差距数
沈阳	80	2	78	136	38	98
汉口	102	27	75	151	80	71
上海	61	5	56	183	116	67
广州	55	17	38	171	118	53
北平	39	3	36	112	78	34
台北	3	0	3	21	15	6
济南	6	2	4	24	19	5
太原	5	0	5	11	7	4
南京	11	2	9	37	24	13
徐州	3	1	2	25	22	3
总计	365	59	306	871	517	354

那么,这两张表格哪一张比较准确?根据笔者的长期研究,认为"表(一)"的数据比"表(二)"准确。其理由如下:

1. 根据日本法务省战后统计的《中国军事裁判概见表》中所述,中国 10 个军事法庭共审判案件 605 件,判决 833 人,其中被判无罪 350 人,占 40%(日本国立公文馆档案,法务省,平成三年,档号 4A－21－7155)。

2. 据战后日本法务部的统计,中国对日本乙级、丙级战犯审判情况为:共计 605 件,涉及人数 883 人,其中死刑 149 人、无期徒刑 83 人、有期徒刑 272 人,无罪 350 人,其他 29 人。尽管该统计数与"表

"(一)""表(二)"不完全吻合,但是与"表(一)"比较接近,与"表(二)"差距较大。

3. 据日本田中宏巳的《BC级战犯》(筑摩书房2002年版)记载,中国法庭审判日本战犯,广州军事法庭起诉171人,汉口军事法庭起诉151人,北平军事法庭起诉112人。这三个数字与"表一"的数字相符。

4. 据《人民法院报》2015年9月3日,《纪念中国人民抗日战争胜利70周年特刊》(以下简称《70周年特刊》)第41版,该报特约撰稿人慈延年、唐新利的文章《徐州军事法庭审判日本战犯概述》中写道:1946年6月15日至1947年4月3日期间,徐州军事法庭共审理日本战犯案13起,涉及25人,其中8人处死刑,3人处无期徒刑,11人处有期徒刑,3人无罪释放。该数字与"表一"的数字相符。

5. 据《战后中国国内对日本战犯审判》(上海书店2019年版)书中熊昆旗所写的《"徐州审判"研究》一文所载资料反映,徐州审判中,共审判25人,其中死刑8人,无期徒刑3人,有期徒刑11人,无罪释放3人。上述数字与"表一"完全相同。

6. 据《70周年特刊》第47版,该报记者陈小康、通讯员陈娅梅的一组文章中写道:据民国山西省高等法院留存档案记载,太原军事法庭对16名日本战犯嫌疑人中的11人进行审判,其中大竹善夫处刑6年,冢越大三郎处刑7年,中村秀夫、濑户山魁处刑10年,橙田睐四郎等5人暂缓审判。该数字与"表(一)"的数字相符。

7. 据《70周年特刊》第48版,该报记者张之库、王伟宁的《沈阳军事法庭审判日本战犯史实》一组文章中写道:"在辽宁省档案馆,记者翻阅了从1946到1947年沈阳军事法庭出具的101份判决书,有27名战犯被判刑,其中死刑16名,无期徒刑4人,有期徒刑7人,因审判期间死亡不受理5人,无罪74人。"我认为该段文字至少说明:(1)"表(二)"沈阳军事法庭审判日本战犯的数据有很大的遗漏;该表说,1946年7月—1948年1月期间,沈阳审判总数为38人,处无罪的为2人。

(2)该段资料与"表(一)"沈阳军事法庭审判日本战犯人数的数据虽然不完全吻合(而且两者的起止时间也有所不同),但比较接近,而与"表(二)"差距较大。

8. 据《国民政府主席广州行辕审判战犯军事法庭审判录》记载,广州法庭共审理判决日本战犯 166 人,其中死刑 51 人,无期徒刑 16 人,有期徒刑 44 人,无罪 55 人。这个数字尽管与"表(一)""表(二)"不完全吻合,但是与"表(一)"比较接近,与"表(二)"差距较大。

9. 据《中华日报》(台南)1948 年 6 月 19 日《日本战犯一百四十一人被我判处死刑》中称:"两年中各军事法庭共审讯战犯 1 427 名,总计死刑者 141 人,无期徒刑者 81 人,有期徒刑者 240 人,无罪 364 人,不起诉 579 人,不受理 28 人。"其中"无罪 364 人"与"表(一)"的无罪释放 365 人,仅有 1 人之误差。

10. 据《星岛日报》1948 年 6 月 20 日报道:"国防部今日宣布:审讯日本战犯工作已近尾声。"该项宣布称:"过去两年被判决战犯达 1 427 名,仅有 53 起案件现仍待判决,已定谳之战犯计 462 人,141 人被判死刑,被判无期徒刑者 81 人,有期者 240 人,被判无罪开释者 364 人。"该段文字充分说明,截至 1948 年 6 月,各军事法庭判处 364 名日本战犯无罪释放,该数字与"表(一)"所述"无罪释放 365 名"几乎一样。

11. 以北平军事法庭审判日本战犯的情况为例,据《新民报日刊》1948 年 4 月 14 日的报道称,北平军事法庭 1946 年 1 月成立,其间共处理 119 起案件,其中有 28 人处死刑,26 人无罪,判处徒刑 55 人,不起诉 48 人,死亡 3 人。该数据与"表(一)"较接近,其中死刑、处徒刑的数字与"表(一)"完全相同;无罪 26 人与"表(一)"的无罪 39 人相接近,但是与"表(二)"的各项数字区别较大。

12. 以上海军事法庭审判日本战犯的具体人员为例,也说明"表(一)"的数据比"表(二)"准确。(1)处死刑的日本战犯"表(一)"为 13

人,"表(二)"为14人。经笔者对上海军事法庭判处死刑的日本战犯一一查对,初审时确为14人,但是最后实际执行死刑的却只有13人,原威海卫日本宪兵队队长星野多喜雄(神奈川人,时年29岁),1947年9月13日曾被上海军事法庭判处死刑,1948年12月8日改判为有期徒刑10年。所以,"表(一)"死刑13人是正确的。(2)无罪释放者,"表(一)"为61人,"表(二)"为5人,但是据笔者目前已经查到有名有姓的日本战犯,并有具体职务、判决日期的就有50多人,其中就有侵华日军第40师团长宫川清三中将、第131团师团长小仓达次中将、华中宪兵司令四方谅二少将,还有部分宪兵、军曹等人,尽管名单不全,尚有缺漏,但是充分说明了上海军事法庭审判的日本战犯中被无罪释放的绝不是5人,而是大大超出了5人,是其10倍。

日本侵华战争中,作为占领地的韩国和中国台湾省有很多人被征召参军,与日军一起对中国军民犯下罪行。战后国民政府下令调查,与日本战犯同样处理。所以,在各地审判及判刑的日本战犯中也就包含了少数的韩国人及中国台湾省人员。据有关材料披露,被中国各军事法庭判处死刑的149人,其中日本人137人,韩国人8人(如北平军事法庭判决的韩国人白天瑞等人),中国台湾省籍4人(如广州法庭判处的台湾人李安,北平军事法庭判处的台湾人陈焕新,台北军事法庭判处的陈水云等)。至于被判处无期徒刑、有期徒刑、无罪释放的日本战犯中,日本人、韩国人、中国台湾省人各有多少,目前没有看到具体的数字。其实,早在当时的审判过程中,有人就对台湾省籍战犯与日本战犯等同身份提出质疑。1947年5月13日,广州的《中山日报》曾发表署名文章《战时台籍人犯不应作战犯论》。文章指出:"台湾人犯作为战犯论,实有不当,因敌人始称战犯,台湾人根本是我国同胞,不是敌人。台湾人在战时若有为敌人做爪牙,倚其势力加害民众的行为,即应作汉奸论罪,不当作战犯论,其中界限不可不分清。"但是,在实际上,目前我们看到的审判日本战犯的各项数据中,已经把少数韩国人及中国台湾省籍人员混合在日本战犯的统计数据中,现在要把两者严格区分开来有一定的难度。

总之,抗战胜利后国民政府10个军事法庭对日本战犯的审判数据存在两种不同的版本,而且相差很大,从受审判的日本战犯的总人数来说相差354人,从宣判无罪释放者来说,相差306人,按百分比来计算,前者占83.8%,后者占40.6%。目前,明显数字有误的"表(二)"的数据,却长期出现在各书籍及报纸上,经笔者不完全统计,其中就有:《侵华日军通览(1931—1945)》(徐平主编,解放军出版社2012年版,第397页)。《日军侵华战争(1931—1945)》第4册,王辅著,辽宁人民出版社1990年版,第2851页;2015年版,第2411—2412页。《人民法院报》2015年9月3日的《70周年特刊》(第41版)。而"各军事法庭审判日本战犯"的数字正确的"表(一)"的资料,却较少出现的各书籍及报纸上。我仅看到杨竞所著的《盟军战俘在中国——奉天战俘营口述纪实》(人民出版社2016年版)及有关论文引用的是"表(一)"的数字。

数字是反映一个事物、一项活动的重要依据,在当前大数据时代更为重要。对审判日本战犯的数字,目前各资料差距很大,我们有必要予以厘清,当然最好的办法就是把10个军事法庭对所有受到审讯、判决的日本战犯的姓名、职务、军衔、宣判日期、宣判结果一一列出。由于缺乏原始档案、资料不全等原因,目前恐怕难以做到,但是我们应尽可能努力为之。

抗战胜利后,国民政府各军事法庭对日本战犯的审判,是中国现代史、中国抗战史、世界反法西斯史上的一个重大事项。我们有必要对各地审判日本战犯的基本情况、基本数据有一个比较正确、接近实际、比较权威的数据,不应该让误差较大的数据流传或出现在我们的抗战研究资料或相关书籍上。

参考文献

报纸(1945—1948)

《中央日报》(南京)

《申报》(上海)

《大公报》(上海)

《大公报》(天津)

《新闻报》(上海)

《和平日报》(上海)

《华美晚报》(上海)

《中华时报》(上海)

《文汇报》(上海)

《立报》(上海)

《神州日报》(上海)

《前线日报》(上海)

《正言报》(上海)

《中美日报》(上海)

《中美晚报》(上海)

《星洲日报》(新加坡)

《华侨日报》(中国香港)
《世界日报》(北京)
《工商日报》(中国香港)
《工商晚报》(中国香港)
《星岛日报》(中国香港)
《力行日报》(南昌)

档案

中国第二历史档案馆档案资料
上海市档案馆档案资料
上海市监狱管理档案资料

图书

《民国三十五年上海年鉴》,中华书局1946年版。
《第一绥靖区司令部绥靖工作纲要》,1947年4月。
《"二战"后审判日本战犯报刊资料选编》,国家图书馆出版社2014年版。
徐家俊:《提篮桥监狱》,中国文史出版社2011年版。
徐家俊:《上海监狱的前世今生》,上海社会科学院出版社2014年版。
麦林华主编:《上海监狱志》,上海社会科学院出版社2003年版。
相守荣主编:《上海军事志》,上海社会科学院出版社1994年版。
相守荣主编:《上海军事编年》,上海社会科学院出版社1992年版。
周武主编:《"二战"中的上海》,上海远东出版社2015年版。
张宪文主编:《日本侵华图志》,山东画报社2015年版。
杨竞:《盟军战俘在中国——奉天战俘营口述纪实》,人民出版社2016年版。
张子申、薛春德编著:《走向神社的哀歌:日军毙命录》,解放军出版社1994年版。
李惠、李昌华、岳思平编:《侵华日军序列沿革》,解放军出版社1987年版。
刘统:《大审判——国民政府处置日本战犯实录》,上海人民出版社2021年版。

张明金、刘立勤主编:《侵华日军历史上的 105 个师团》,解放军出版社 2010 年版。

胡菊蓉:《中外军事法庭审判日本战犯》,南开大学出版社 1988 年版。

强重华编:《抗日战争时期重要资料统计集》,北京出版社 1997 年版。

徐平主编:《侵华日军通览(1931—1945)》,解放军出版社 2012 年版。

韩文宁、冯春龙:《日本战犯审判:见证 1945》,南京出版社 2005 年版。

[日]稻叶正夫编:《冈村宁次回忆录》,中华书局 1981 年版。

章绍嗣、田子渝、陈金安主编:《中国抗日战争大辞典》,武汉出版社 1995 年版。

马洪武、王德宝等编写:《抗日战争事件人物录》,上海人民出版社 1986 年版。

刘统编:《战后中国国内对日本战犯审判研究》,上海书店出版社 2019 年版。

郑伟勇:《非常营救——衢州与杜立特突袭行动》,商务印书馆 2016 年版。

逢复:《侵华日军间谍特务活动纪实》,北京出版社 1993 年版。

郑伟勇:《降落中国:杜立特突袭东京》,科学普及出版社 2016 年版。

秦风:《岁月台湾:1900 年以来的台湾大事记》,广西师范大学出版社 2015 年版。

刘深:《香港大沦陷(1941.12—1945.8)》,人民日报出版社 2013 年版。

张铨、庄志龄、陈正卿:《日军在上海的罪行与统治》,上海人民出版社 2015 年版。

王希亮:《日本来的马贼》,济南出版社 1995 年版。

金阳编:《日本侵华战争罪犯实录》,黑龙江大学出版社 2017 年版。

李峻:《日伪统治上海实态研究(1937—1945)》,中央编译出版社 2004 年版。

天津编译中心编:《日本军国主义侵华人物》,中国文史出版社 1994 年版。

邹安和:《寻——忆我的父亲邹任之》,海南出版社 2016 年版。

期刊

《新上海》1946 年。

《上海警察》1948年第3卷第3期。
《红绿灯》1948年第20期。
《北京档案史料》1990年第1—4期,1991年第1—2期。

文章

张帅、苏智良:《上海战俘营考略》,载《历史研究》2016年第1期。
李健、苏智良:《侵华日军在沪集中营考论》,载《上海师大学报》2017年第3期。
杨竞:《奉天战俘集中营考略》,载《历史研究》2009年第1期。
郑伟勇:《杜立特突袭队员上海蒙难记》,载《上海滩》2015年11期。
李坚:《三林塘乡亲舍命营救美军飞行员》,载《新民晚报》2005年7月16日。
唐国良:《飞虎勇士浦东获救记》,载《浦东时报》2015年8月20日。
李业初:《"常熟狼"与"江阴虎"的末日》,载《上海滩》1989年第2期。

对相关人员的采访

时任上海军事法庭主任书记官李业初。
时任上海军事法庭庭长李良的女儿李景瑾。
时任国防部战犯监狱典狱长邹任之的儿子邹安和、邹安泰。
时任提篮桥监狱典狱长兼战犯拘留所所长江公亮的儿子江通。

后记

上海是中国抗日战争时期的正面战场之一,两次淞沪抗战的发生地,抗战初期全国抗日救亡文化运动的中心。抗战胜利后,上海是审判日本战犯的初始地和终结地,是全国10个军事法庭中存在时间最长、审判日本战犯最多的城市。许多日本战犯曾关押在上海,有22名日本战犯在上海被处决,其中江湾刑场2名、提篮桥监狱20名。上海留下众多抗战遗址及设施,目前有6处被列为国家级抗战遗址和设施。上海在中国抗战史及世界反法西斯战争史上具有特殊、重要的地位,在抗战史的研究方面留下浓墨重彩的篇章。

我对上海抗战史及日本战犯的研究不是科班出身,也没有受过史学的专业训练。我原系66届初中生,1968年11月去江苏大丰的上海农场务农,1972年10月调提篮桥监狱工作,成为人民警察中的一员。先后在基层与机关等多个岗位工作(后经自学考试获华东政法学院法律专业大专文凭),1989年1月起开始监狱史志的编撰及研究。1992年,我在上海军事书店看到《上海军事编年》中有日本战犯在提篮桥监狱执行枪决的记载,出于工作职业的敏感,我追根寻源,向该书的编写单位上海警备区写信询问史料的来源。不久收到复信,告诉资料出自当年《申报》的报道。后来,我在上海图书馆《申报》的缩印本上,果然找到有关内容。为此,我关注起提篮桥监狱关押、审判、处决日本战犯的专题。以后,我又系统地翻阅了1946—1948年的《申报》。通过不懈努力,我陆续查到多名日本战犯在提篮桥监狱刑场被执行枪决的报道和美军军事法庭在提篮桥审判日本战犯的情况。上海淞沪抗战纪念馆开始筹建时,经虹口区政协推荐,我受聘为"上海淞沪抗战纪念馆特邀征集研究员"。

1994年8月,我调任于上海市监狱管理局(时称劳改局)史志办,工作范围及研究对象也从提篮桥监狱扩大到全市各监狱。后来我先后参与了《上海通志·公安司法卷》《中华民国史大辞典》《新中国监狱工作五十年》《旧监狱寻踪》的编撰出版。多年来,我多次去上海图书馆、上海档案馆、北京国家图书馆、中国第二历史档案馆、江苏档案馆查阅资料。记得有一年,我与一位同事一年内曾五次赴南京查档案。同时,我又系统查阅了1945—1948年间的《申报》《大公报》《新闻报》《民国日报》《和平日报》《华美晚报》《中央日报》等。在掌握大量资料的基础上,我以提篮桥监狱为"学术基地",对中共党史、民国史、抗战史、监狱史等领域做了一定的探索,撰写了一些文章。在领导的支持下,1997年7月,我提议并执笔起草了关于提篮桥监狱日本战犯关押、审判、执行原址保护的申报材料;同年8月,经过上海市人民政府批复,提篮桥监狱被列为"上海市抗日纪念地点"。与此同时,东方电视台新闻节目的黄金时段播放了5分钟的专题片,我又在《解放日报》刊发了相关消息。而后,我根据当年的审判史实,于20世纪90年代,提出"提篮桥监狱是抗战胜利后中国境内最早审判日本战犯场所"的论断,并先后撰文发表在《上海党史研究》《党史信息报》《抗日战争研究》《上海文博》等报刊上,获得学界、政界的认可。

1997年8月,我分别在上海市方志办与宝山区政协,上海市政协与上海市社会科学院、上海市社联联合召开的有关上海市纪念抗日战争胜利60周年的大会上作了"提篮桥监狱关押、审判、执行日本战犯"的专题发言。后来该发言稿收录在由上海人民出版社出版的抗战专题论文集中。次年8月,在领导的支持下,与提篮桥邮电局合作制作发行了"提篮桥监狱关押审判执行日本战犯"的一套两枚专题明信片。20世纪末,参与了上海监狱陈列馆的筹建工作(2015年经中共中央、国务院批准,列为全国首批抗战遗址、设施)。2007年12月,我执笔起草了"提篮桥监狱为全国重点文物保护单位"的申报材料,2013年成功获批。

2015年8月,时值抗战胜利70周年之际,《人民法院报》编印了100版的特刊,用一个整版的版面刊发了我的3篇文章,并配发了1篇对我的"专访记"。同时我为中共四大纪念馆作了抗战历史研究的口述历史,后收录于《来者勿忘》口述实录一书,由上海人民出版社出版。当年我受邀在上海东方广播电台,与节目主持人合作,制作了一期以审判日本战犯为主要内容的广播节目。近年来,我还对原上海军事法庭和国防部战犯监狱作了调研,并挖掘到不少珍贵资料,增补了上海审判史、上海抗战史上的若干空白。2017年8月12日,上海抗战与世界反法西斯战争研究会成立,我有幸忝为理事,给自己提供了一个抗战研究的平台。

历史无法复制,未来可以开创。在和平、发展、合作、共赢已是时代潮流的今天,我们牢记上海审判的这段历史并不是要延续仇恨,而是要以史为鉴,面向未来,让正义的审判,以法治的力量惩治邪恶,永保和平。历史承载着一个国家、一个民族的共同记忆。正视历史是为了和平,认识历史才能开创未来。中国是最早遭受日本侵略的国家,中国人民坚持抗战14年,以伤亡3500万人、4200万难民无家可归、930座城市被占领、经济损失6000亿美元的代价,取得了抗日战争的伟大胜利,同时为世界反法西斯战争做出了特殊贡献。日军在侵华战争中对中国人民犯下了种种惨绝人寰的暴行,惩处战争罪犯是中华民族和各国人民的意愿。"二战"后,从审判日本战犯的人数来说,东京法庭共审判了28人(后来2人病亡,1人精神失常,实际为25人),其中判处死刑执行绞刑7人、无期徒刑16人、有期徒刑2人;南京法庭审判37人，其中执行死刑8人。而在当时的上海，先后有220多名日本战犯受到审判，其中美军军事法庭审判47人；上海军事法庭审判183人，占当时国民政府10个军事法庭审判日本战犯总人数的五分之一。在提篮桥监狱中有20名日本战犯被执行死刑，其中绞刑6人、枪决14人。当年对日本战犯执行绞刑的绞刑房（原物）及刑场遗址仍保留至今（而东京审判时，关押及执行绞刑的巢鸭监狱现已荡然无存）。大量事实充分说明上海在中国抗战史、世界反法西斯战争史上的重要作用和历史地位，以及挖掘和保护历史遗址的重要性。

  审判日本战犯专题研究，既有政治和历史意义，又有学术价值，相关资料浩如烟海，有中文，还有大量外文。本书只是以上海法庭审判日本战犯为切入点进行论述及梳理。为了牢记难忘的历史，我在原有积累资料的基础上，写下这本《审判从这里开始：日本战犯在上海的审判》一书。这也是我继《提篮桥监狱》《上海监狱的前世今生》《上海监狱的旧闻往事》后，个人出版的第四本书。为了全书阅读的顺畅，我将1946年3月至1947年8月的上海第一绥靖区军事法庭、1947年8月至1949年1月移驻上海的国防部军事法庭，除个别地方作了特别交代外，都统一写成上海军事法庭。本书的资料来源，主要是档案、报刊资料，极少数为口述资料等。对于人名、细节、日期、职务，需要花很多的精力查找和核实。目前很难看到美军军事法庭及上海军事法庭审判日本战犯的原始卷宗，我主要通过各种媒体及部分档案资料来整理研究。另外，同一个日本人的人名在媒体及书刊上由于文字翻译等原因，则有多种写法，存在音近或音同字不同的情况，需要我们通过多种资料来相互印证推敲。当年各军事法庭审判日本战犯的名单和统计人数中，还混杂了如"韩国人"及中国"台湾人"，也需要我们加以区别。

  此外，在2015年纪念抗日战争胜利70周年的时候，由中华地图学社出版了《上海抗战史迹图集》，该书图文并茂，内容翔实，分为淞沪激战、救亡图存、群英荟萃、罪行见证、伟大胜利等五大部分，但遗漏了

后　记

上海军事法庭和国防部战犯监狱两块重要的资料,希望今后有机会予以补正。

本书写出初稿以后,承蒙抗战史专家、复旦大学历史系原主任余子道教授通读了全书,并提出了宝贵的修改意见;上海抗战与世界反法西斯战争研究会会长、国防大学政治学院博导张云教授在百忙之中为本书作序,在此深表感谢。同时我还要感谢生活·读书·新知三联书店的责任编辑麻俊生先生及各级领导和同事为本书的出版所付出的精力,感谢从事医务工作的妻子张文兰的支持,感谢从事广告工作的儿子徐旻为本书设计了封面。

随着对外开放和中外的文化交流,随着原始档案的解密,对日本战犯审判这一专题也必将有进一步的深入研究。由于自己水平所限,书中的差错和遗漏难免,恳请各位读者不吝赐正。